2030
마켓 트렌드

20030

마켓 트렌드

5년 후 부의 미래를 바꿀 27가지 시그널

제프 데자댕 지음　박유안 옮김　이상우 감수

여의도
책방

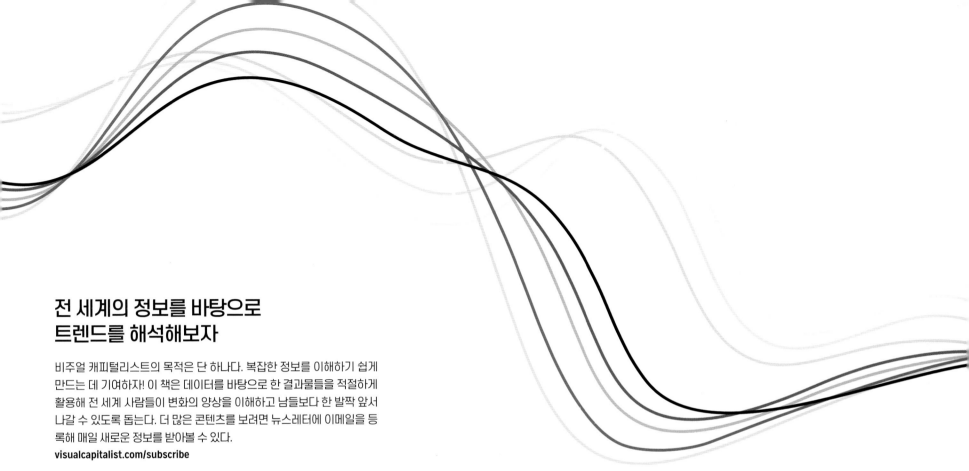

전 세계의 정보를 바탕으로
트렌드를 해석해보자

비주얼 캐피털리스트의 목적은 단 하나다. 복잡한 정보를 이해하기 쉽게
만드는 데 기여하자! 이 책은 데이터를 바탕으로 한 결과물들을 적절하게
활용해 전 세계 사람들이 변화의 양상을 이해하고 남들보다 한 발짝 앞서
나갈 수 있도록 돕는다. 더 많은 콘텐츠를 보려면 뉴스레터에 이메일을 등
록해 매일 새로운 정보를 받아볼 수 있다.
visualcapitalist.com/subscribe

| 책임편집 |

제프 데자댕   책임편집

| 편집팀 |

닉 루틀리   편집자
애런 알리   작가
카르멘 앙   작가
도로시 뉴펠드   작가
고빈 부타다   작가
이만 고쉬   작가
제나 로스   작가
케이티 존스   작가
마커스 루   작가
니컬러스 르팬   작가
옴리 왈라크   작가
테라스 우드   작가

| 크리에이티브팀 |

멜리사 아비스토   크리에이티브디렉터
알레한드라 댄더   그래픽디자이너
에이미 쿠오   그래픽디자이너
베넷 슬레이터   그래픽디자이너
클레이튼 위즈워스   일러스트레이터
해리슨 쉘   그래픽디자이너
제니퍼 웨스트   그래픽디자이너
조이스 마   그래픽디자이너
미랜더 스미스   그래픽디자이너
퍼니아 잼쉐드   그래픽디자이너
로지 이슨   그래픽디자이너
사브리나 포틴   그래픽디자이너
사브리나 램   그래픽디자이너

| 그 외 도움주신 분들 |

애슐리 카롤   편집자
샐리나 부옹   편집자 및 회계담당
아우렐리아 아리탄토   사업개발
크리스 배럿   사업개발
조지아 터커   사업개발
잔 모이어   사업개발
루이스 스토다트   커뮤니케이션 매니저
리디아 아델리   회계담당
미셸 다케나카   마케팅담당

CONTENTS
차례

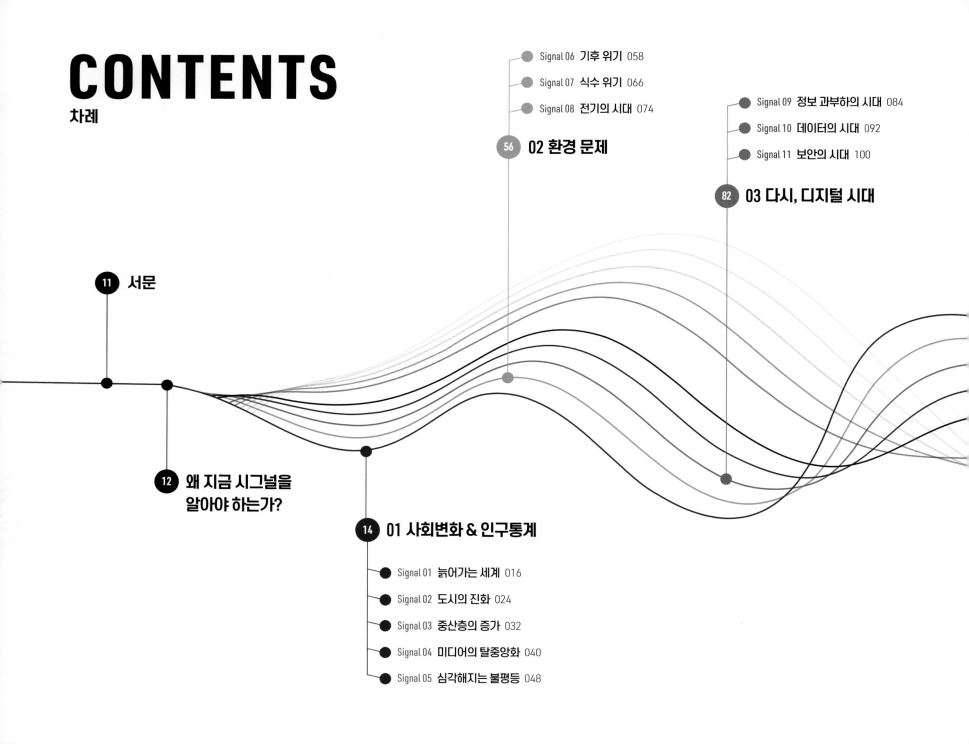

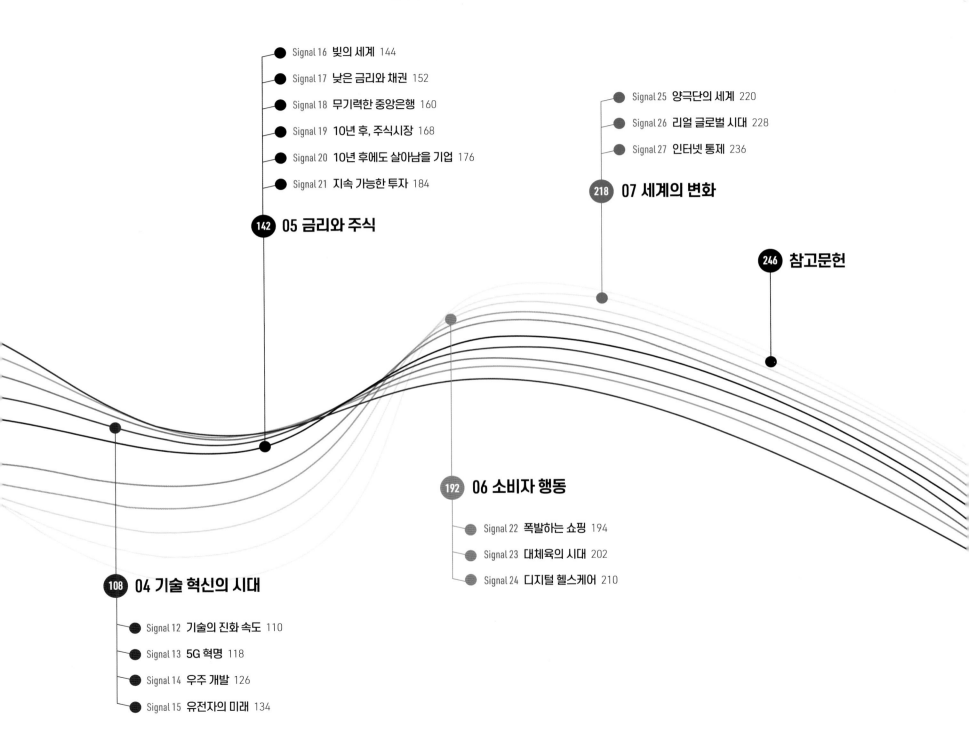

> **"사람들은 정보에 빠져
> 질식할 지경이지만,
> 정작 지혜에는
> 늘 굶주린 상태다."**

따라서 이제 세계를 휘두르는 이들은
무엇이든 종합적으로 판단하는 사람들일 것이다.
적절한 타이밍에 제대로 된 정보를 묶어낼 줄 아는
이들이어야 제대로 된 판단을 할 수 있다.
이런 사람들은 정보를 비판적으로 고찰하고,
이를 바탕으로 지혜롭게 판단할 것이다.

— E. O. 윌슨(생물학자, 하버드대학교 교수)

알고 계십니까?
우주에 존재한다고 알려진 모든 별의 개수보다

무려 40배가 넘는
비트 수를 지닌 데이터가

존재한다는 사실을…

현재 전 세계의 어마어마한 데이터 규모를 짐작하는 것은 무척 힘든 일이다. 심지어 이 역시 시작일 뿐이다. 더 놀라운 사실은 인류 역사상 이제까지 쌓아온 그 모든 데이터를 모두 합친 것보다 더 많은 데이터가 앞으로 3년 동안 만들어지리라는 것.

점점 더 많아서 복잡하기만 한 정보

데이터 증가 속도는 언뜻 보아도 무한해 보인다. 하지만 데이터를 처리할 인간은 이 속도를 따라갈 수 없다. 따라서 무언가를 결정하는 위치에 있는 사람들에게 데이터는 점점 양날의 검이 되고 있다. 우리는 이렇게 많은 데이터를 분석하면 세상을 더 잘 이해할 수 있으리라 기대하지만 의외로 이 엄청난 양의 데이터는 흐리멍텅한 데다 복잡하고 헷갈리는 결과를 드러내 우리의 판단을 더 꼬이게 할 수도 있다.

게다가 이 많은 데이터는 필연적으로 복잡성도 증대시킨다. 이제 우리는 세계의 모든 데이터를 손가락만 움직여도 얻어낼 수 있는 세상에 살고 있지만, 동시에 트렌드를 만들어낼 핵심 요인을 콕 집어 말하기는 더욱 어려워졌다.

시그널을 찾아라

데이터 전체를 살피려는 노력이 노이즈로 인해 잔뜩 오염된 상태이긴 하지만, 우리는 비주얼화를 통해 '시그널'이라고 이름 붙일 수 있는 명쾌한 핵심 포인트를 찾아내보려 한다.

수천 개의 데이터를 분석한 결과, 비주얼 캐피털리스트에서는 27개의 시그널로 이뤄진 분석 도구를 만들어낼 수 있었다. 우리는 그 분석 도구를 활용해 경제와 사회, 시장의 미래가 어느 방향으로 나아갈지 퍼즐을 맞춰보았다.

어떤 시그널은 기존 트렌드를 더욱 가속하는 데 기여했지만, 또 다른 시그널의 경우에는 기존 트렌드와 정면충돌할 운명을 타고난 듯 보였다. 이런 시그널들의 궁극적인 결과를 예측하는 건 쉽지 않은 일이지만 이 책이 복잡하고 도전 투성이인 이 세계를 헤쳐나가는 데 좋은 출발점을 제공하리라고 믿는다.

제프 데자댕
비주얼 캐피털리스트

왜 지금 시그널을 알아야 하는가?

이 책의 목표는 전 세계의 경제 상황이 어떤 트렌드로 채워질지 알아보고자 하는 데 있다. 따라서 최대한 간단하고 명쾌하게 핵심 포인트를 짚어 보여주려 한다. 우리가 주목한 여러 시그널들은 너무 많은 노이즈에 뒤덮여 있었다. 이 책에 담긴 데이터는 그중 일부를 걷어내자 윤곽을 드러낸 핵심 데이터다. 핵심 요인, 즉 근본적으로 이미 변화하고 있는 현상들이 있었고, 이들이 사회와 시장의 새로운 모양을 이미 빚어내고 있었으며 앞으로도 그런 경향이 계속될 것으로 전망되었다.

이 책을 쉽게 읽는 법

● 1 ● 2 ◐ 3 ● 4

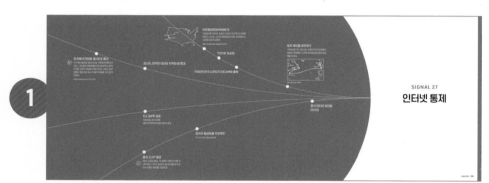

이 책에서는 굉장히 많은 분야를 다루고 있다. 그래서 여러 주제를 보다 쉽게 읽어나갈 수 있도록 모든 시그널에 동일한 기본 구조를 적용했다.

시작하기

각 시그널이 무엇인지 소개한다. 그 시그널이 탄생하며 이어진 여러 현상을 연결해 살펴본다. 이 개념도 형식의 다이어그램에는 유용한 정보를 순서대로 담아두었다.

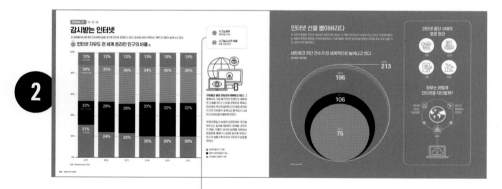

시그널 정의하기

여기서는 각 시그널에 담긴 정보를 보여준다. 왜 그 시그널에 주목해야 하는지, 데이터를 바탕으로 명확한 근거를 제시한다.

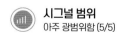

시그널 범위
아주 광범위함 (5/5)

시그널/노이즈 비율
아주 높음 (5/5)

모든 시그널의 중요도는 조금씩 다르다

▶ ▶ ▶ '시그널 범위'는 사회와 경제에 미칠 잠재적 파급력을 표시한다.

▶ ▶ ▶ '시그널/노이즈 비율'은 해당 시그널의 명확도를 표시한다.

여기서는 이 표시에 주목해보자. 복잡한 개념에 대한 소개를 비롯해,
이 그림이 왜 이렇게 이루어졌는지에 대한 설명을 확인할 수 있다.

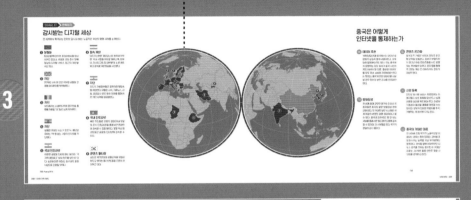

시그널 판독하기

여기서 우리는 시그널의 맥락을 보다 풍성하게 제공하고자
여러 각도에서 정보를 살필 것이다.

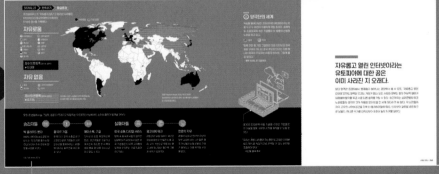

파급효과를 분석하기

여기서는 해당 시그널이 어떻게 세상에 영향을 줄 것인지를
보여준다. 또한 여러 시그널들이 서로 어떻게 교차하고 결합
할 것인지를 살피기도 할 것이다.

모든 데이터의 출처를 하단에 표기했고,
참고문헌은 책 말미에 실었다.

 달리 설명하지 않은 경우, 달러 표시는 미국달러를 뜻한다.

01

사회변화 & 인구통계

시그널 개수 / 5

인류는 언제나 변동 속에서 살아왔다. 그럼에도 이런 변화들을 계량화하는 작업은
최근에야 가능하게 되었다. 이제는 데이터를 잘만 활용한다면
전 세계 80억 명 인구를 다양한 방식으로 정의하고, 수치로 나타낼 수 있다.
특히 전 세계적으로 큰 영향을 미치는 데이터에 주목해보면 변화의 '시그널'들을 찾아낼 수 있다.

▶ 전 세계적으로 사람들은 어디에 살고 있으며, 그 양상은 어떻게 바뀔 것인가?

▶ 미래의 소비자는 어디에 있는가?

▶ 부는 늘고 있을까, 줄고 있을까? 이 현상은 앞으로 어떻게 바뀔 것인가?

▶ 고령화시대는 이런 지표에 앞으로 어떤 영향을 미칠 것인가?

여기서는 전체적인 중심을 잡을 수 있도록 약 1만 미터 상공에서 지구를 내려다보듯
우리 사회를 조망해볼 것이다. 이제 소개하는 거시적 방향들은 우리 사회를 지배하고 있고,
우리는 의식하지 못하지만 쉼 없이 작동하고 있다. 당신이 이제 보게 될 여러 가지 지표들은
이 거시적 힘들이 어떤 방향으로 나아가는지 보여줄 것이다. 미래를 한 발 먼저 만나보자.

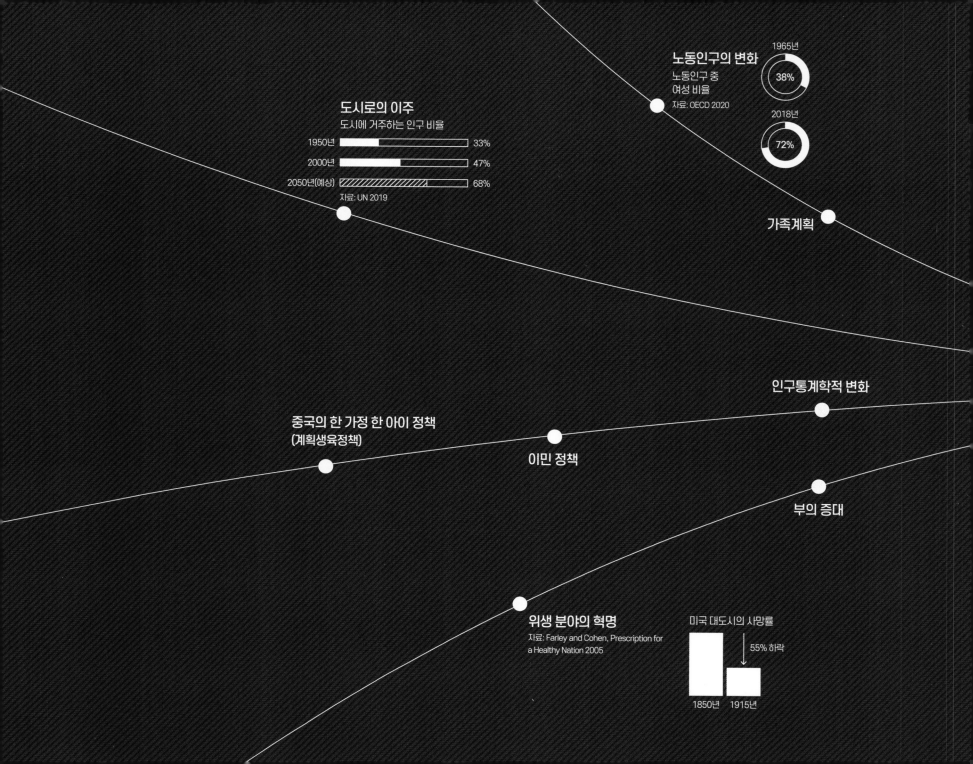

노동인구의 변화

노동인구 중
여성 비율

자료: OECD 2020

1965년

38%

2018년

72%

도시로의 이주

도시에 거주하는 인구 비율

1950년		33%
2000년		47%
2050년(예상)		68%

자료: UN 2019

가족계획

인구통계학적 변화

중국의 한 가정 한 아이 정책
(계획생육정책)

이민 정책

부의 증대

위생 분야의 혁명

자료: Farley and Cohen, Prescription for
a Healthy Nation 2005

미국 대도시의 사망률

↓ 55% 하락

1850년   1915년

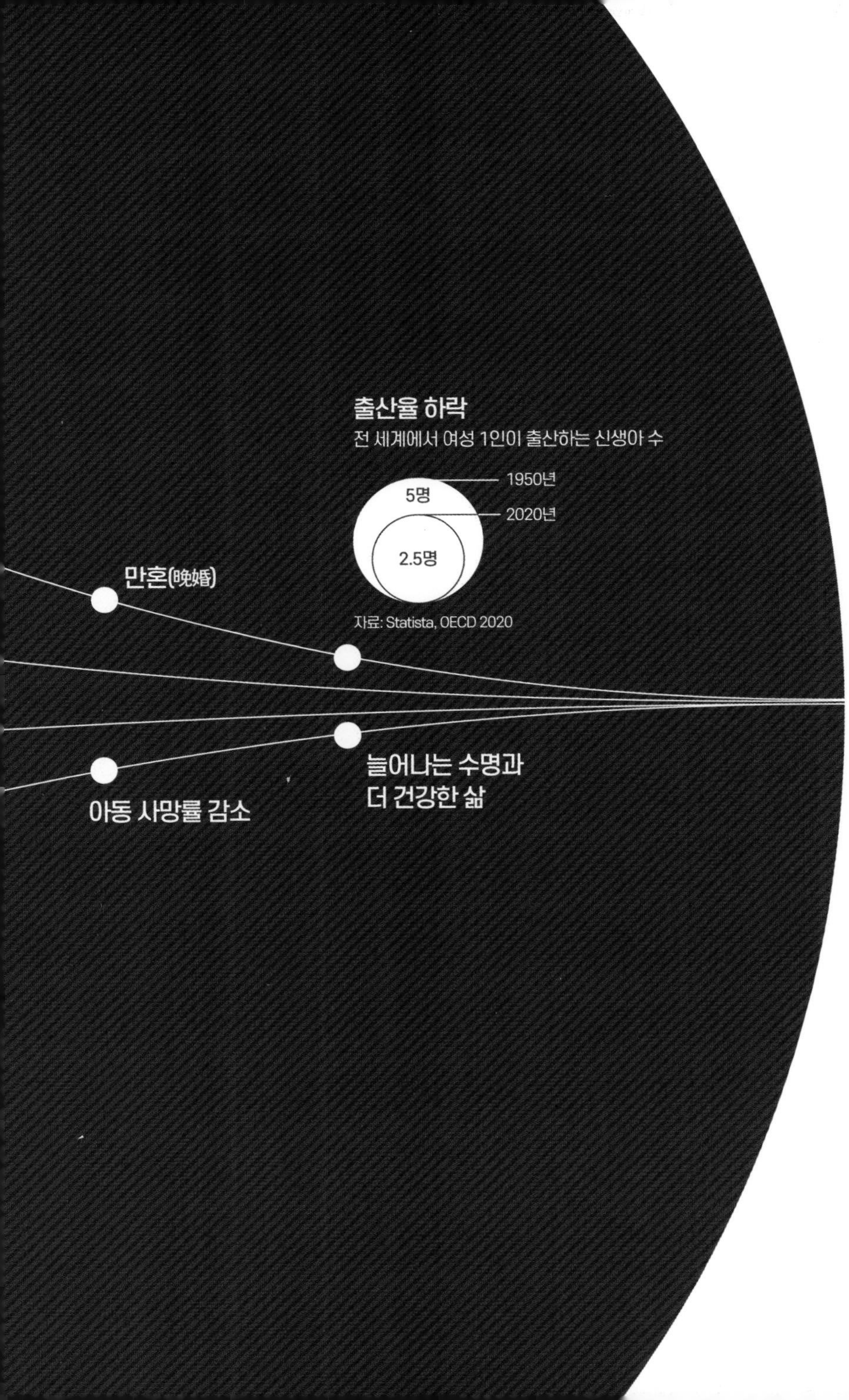

출산율 하락
전 세계에서 여성 1인이 출산하는 신생아 수

5명 ——— 1950년
——— 2020년

2.5명

자료: Statista, OECD 2020

만혼(晚婚)

아동 사망률 감소

늘어나는 수명과
더 건강한 삶

늙어가는 세계

전 세계가 늙어가고 있다

전 세계적으로 평균수명은 1970년 이후 계속 상승하고 있고,
이 흐름은 적어도 22세기 초까지 이어질 것으로 보고 있다.

시그널 범위	시그널/노이즈 비율
광범위함(5/5)	매우 높음(5/5)

SIGNAL 늙어가는 세계

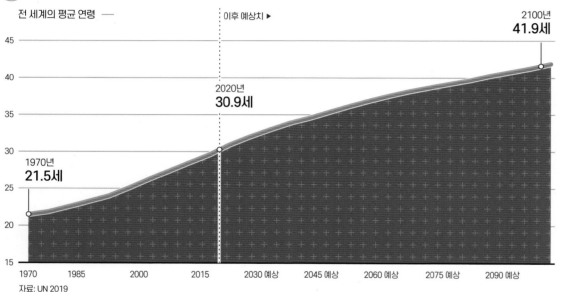

전 세계의 평균 연령 ——   │이후 예상치 ▶

2100년
41.9세

2020년
30.9세

1970년
21.5세

45
40
35
30
25
20
15

1970   1985   2000   2015   2030 예상   2045 예상   2060 예상   2075 예상   2090 예상

자료: UN 2019

19세기 전까지 인간은 그리 오래 살지 못했다. 또 그리 풍요롭게 살지도 못했다. 이런 경향이 바뀐 것은 제2차 세계대전 이후로, 다양한 분야에서 폭발적 발전이 이뤄지고 위생 개념이 자리 잡으면서 사람들은 더 오래, 건강하게 살기 시작했다. 이제 사람들은 오랫동안 건강하고 잘 살아가는 삶을 당연하게 여기고 있다.

그런데 오래 살기 시작한 인류는 예전보다 자녀를 덜 낳았다. 이런 불균형으로 인해 전 세계적으로 인구통계학적 구성이 바뀌기 시작했다. 그리고 이런 변화는 정부와 기업, 투자자에게 기회와 위험 요인이 되었다.

65세 이상의 전 세계 인구

2019년 **7억 300만 명** ——————→ 2050년(예상) **15억 5,000만 명**

자료: UN 2019

65세 이상의 인구수 2019년과 2050년의 지역별 비교

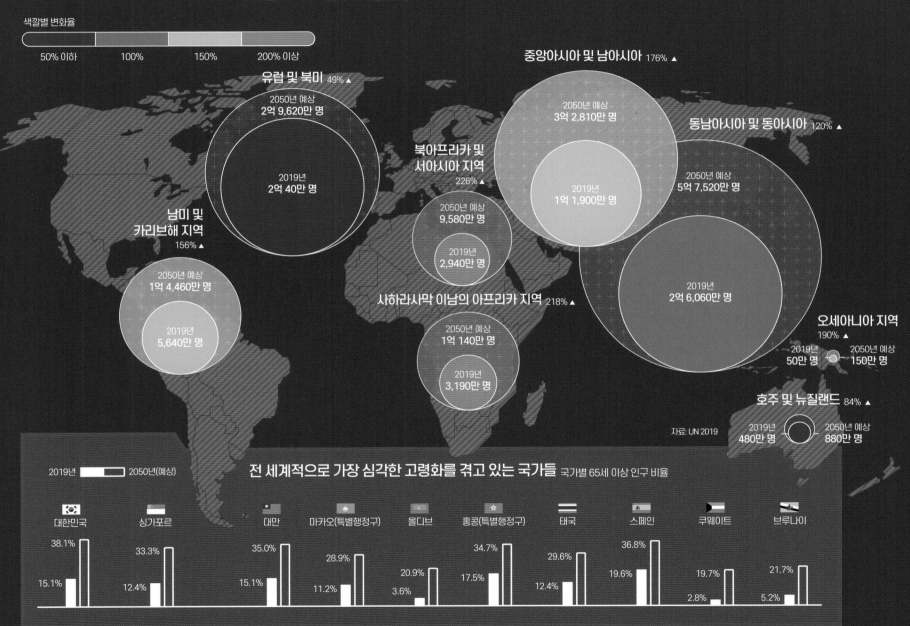

색깔별 변화율

50% 이하   100%   150%   200% 이상

중앙아시아 및 남아시아 176% ▲
2050년 예상
3억 2,810만 명
2019년
1억 1,900만 명

유럽 및 북미 49% ▲
2050년 예상
2억 9,620만 명
2019년
2억 40만 명

동남아시아 및 동아시아 120% ▲
2050년 예상
5억 7,520만 명
2019년
2억 6,060만 명

북아프리카 및 서아시아 지역 226% ▲
2050년 예상
9,580만 명
2019년
2,940만 명

남미 및 카리브해 지역 156% ▲
2050년 예상
1억 4,460만 명
2019년
5,640만 명

사하라사막 이남의 아프리카 지역 218% ▲
2050년 예상
1억 140만 명
2019년
3,190만 명

오세아니아 지역 190% ▲
2019년
50만 명
2050년 예상
150만 명

자료: UN 2019

호주 및 뉴질랜드 84% ▲
2019년
480만 명
2050년 예상
880만 명

전 세계적으로 가장 심각한 고령화를 겪고 있는 국가들 국가별 65세 이상 인구 비율

2019년 ▬ 2050년(예상) ▭

국가	2019년	2050년(예상)
대한민국	15.1%	38.1%
싱가포르	12.4%	33.3%
대만	15.1%	35.0%
마카오(특별행정구)	11.2%	28.9%
몰디브	3.6%	20.9%
홍콩(특별행정구)	17.5%	34.7%
태국	12.4%	29.6%
스페인	19.6%	36.8%
쿠웨이트	2.8%	19.7%
브루나이	5.2%	21.7%

전 세계 물 사용 트렌드 1950년~2100년(예상)

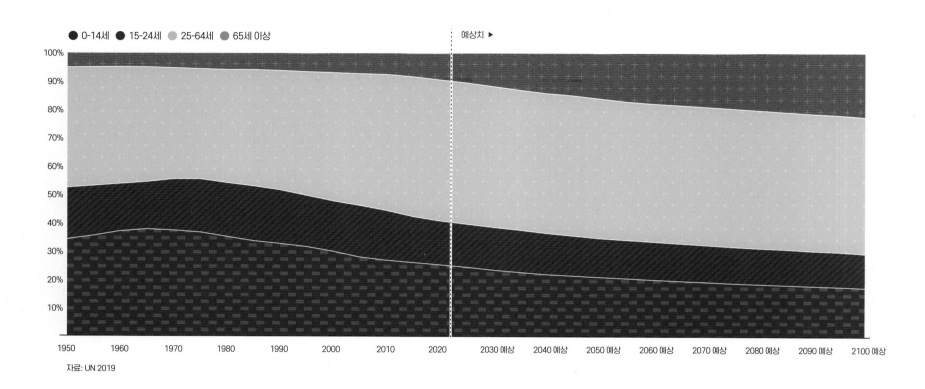

● 0-14세 ● 15-24세 ● 25-64세 ● 65세 이상

예상치 ▶

자료: UN 2019

세계 인구 65세 이상의 인구 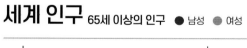 ● 남성 ● 여성

자료: UN 2019

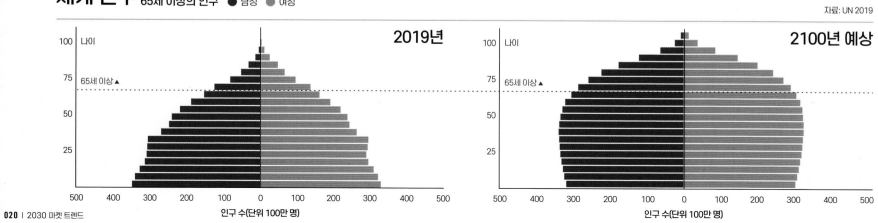

2019년

2100년 예상

나이

65세 이상 ▲

인구 수(단위 100만 명)

인구통계학적 해석

세계가 점점 고령화되는 가운데 몇몇 나라들은 다른 곳들보다 더욱 고령화가 심해지며 경제적으로 큰 타격을 입을 것이다. 이러한 영향을 측정하는 하나의 지표가 고령자의존율(OADR)인데 이는 한 나라의 경제활동 인구수를 경제적 활동성이 낮은 노령 인구에 견주어 비교하는 수치다.

고령자의존율(OADR)

지역별 비율, 1990년~2050년

ⓘ 유럽/북미 ―
ⓘⓘ 호주/뉴질랜드 ―
ⓥⓘ 북아프리카/서아시아 ―
ⓥⓘⓘⓘ 오세아니아 ―
ⓘⓘ 동남/동아시아 ―
ⓘⓥ 남미/카리브해 ―
ⓥⓘⓘ 중앙/남아시아 ―
ⓥ 전 세계 ―
ⓘⓧ 사하라 이남 아프리카 ―

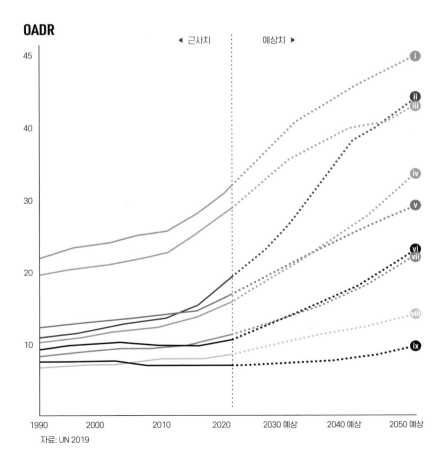

OADR

◄ 근사치 | 예상치 ►

1990 2000 2010 2020 2030 예상 2040 예상 2050 예상

자료: UN 2019

고령자의존율이 높은 나라

고령자의존율을 계산하는 세 가지 방식을 소개한 다음 2050년 최상위권에 위치할 것으로 보이는 나라들을 소개한다.

통상적인 방식 100명의 경제활동인구(20~64세)당 65세 이상

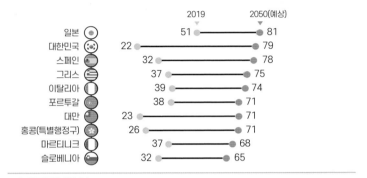

	2019	2050(예상)
일본	51	81
대한민국	22	79
스페인	32	78
그리스	37	75
이탈리아	39	74
포르투갈	38	71
대만	23	71
홍콩(특별행정구)	26	71
마르티니크	37	68
슬로베니아	32	65

미래전망 방식 연령이 아니라 예상 수명을 활용해 계산한다.*

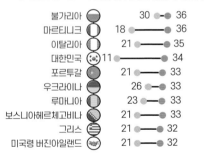

불가리아	30	36
마르티니크	18	36
이탈리아	21	35
대한민국	11	34
포르투갈	21	33
우크라이나	26	33
루마니아	23	33
보스니아헤르체고비나	21	33
그리스	21	32
미국령 버진아일랜드	21	32

*이 방식에 따르면 노인의 나이는 남아 있는 수명이 15년인 인구의 나이부터이며, 이들을 20세부터 그 나이까지의 인구에 비교해 값을 산출한다. 시간이 흐름에 따라 기대수명이 늘어나는 것을 수치에 반영할 수 있다.

경제적 방식 65세 이상 유효 소비자 수를 모든 연령대의 유효 노동자 수로 나눈 값**

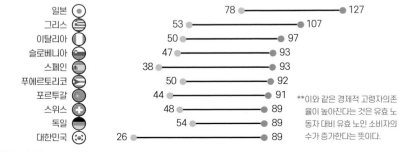

일본	78	127
그리스	53	107
이탈리아	50	97
슬로베니아	47	93
스페인	38	93
푸에르토리코	50	92
포르투갈	44	91
스위스	48	89
독일	54	89
대한민국	26	89

**이와 같은 경제적 고령자의존율이 높아진다는 것은 유효 노동자 대비 유효 노인 소비자의 수가 증가한다는 뜻이다.

자료: UN 2019

퇴직자 충격파

세계경제포럼(World Economic Forum)에 의하면, 현재 67조 달러 규모인 연금 부족분은 2050년이면 428조 달러 규모로 늘어날 것이다.

국가별 연금 부족분

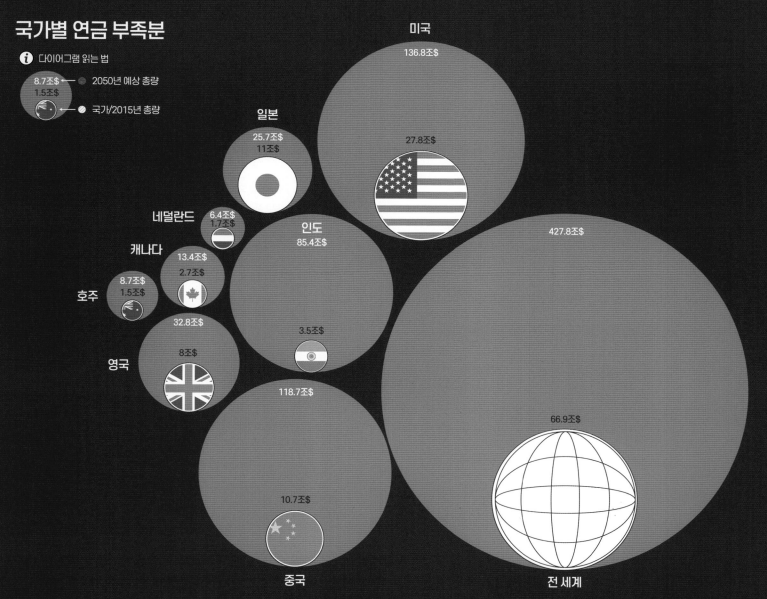

ⓘ 다이어그램 읽는 법

8.7조$ ← 2050년 예상 총량
1.5조$
ⓐ 국가/2015년 총량

미국
136.8조$
27.8조$

일본
25.7조$
11조$

네덜란드
6.4조$
1.7조$

캐나다
13.4조$
2.7조$

호주
8.7조$
1.5조$

인도
85.4조$
3.5조$

영국
32.8조$
8조$

전 세계
427.8조$
66.9조$

중국
118.7조$
10.7조$

자료: WEF 2017

노인 인구가 소비하는 돈의 출처

- ● 노동수입 ○ 공공기금 ● 개인 증여 ● 투자 수입

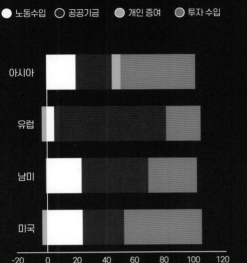

재정적 문제

고령화는 세계 경제에는 어떤 영향을 미칠까? 이는 노인 인구를 위한 지원 시스템이 어떻게 갖춰지느냐에 따라 달라질 수 있다.

재정적 지원의 비율

- ● 2035년 예상치 ● 2055년 예상치

미국	독일	중국	영국
-10%	-16%	-15%	-9%
-12%	-23%	-24%	-14%

재정적 지원 비율은 공공기금 대비 조세 수입 예상치의 비율이다. 예를 들어 미국에서는 2055년에 조세 수입이 12% 늘어나야(혹은 정부의 세출을 12% 줄여야) 고령화의 충격을 흡수할 수 있다는 뜻이다.

자료: NTA 2016, IMF 2017

고령화는 전 세계의 구조를 변화시킬 것이다.

이는 정책결정자들에게 도전이자 숙제다. 하지만 그와 동시에 기업가나 투자자에게는 새로운 기회의 문이 되어줄 것이다. 늘어나는 고령 인구 집단은 15조 달러 규모의 '실버경제'라는 이름의 새로운 시장을 형성할 것이기 때문이다. 야심 찬 IT 기업과 건강 관련 업체들은 벌써 이 시장에 발을 들여놓았다.

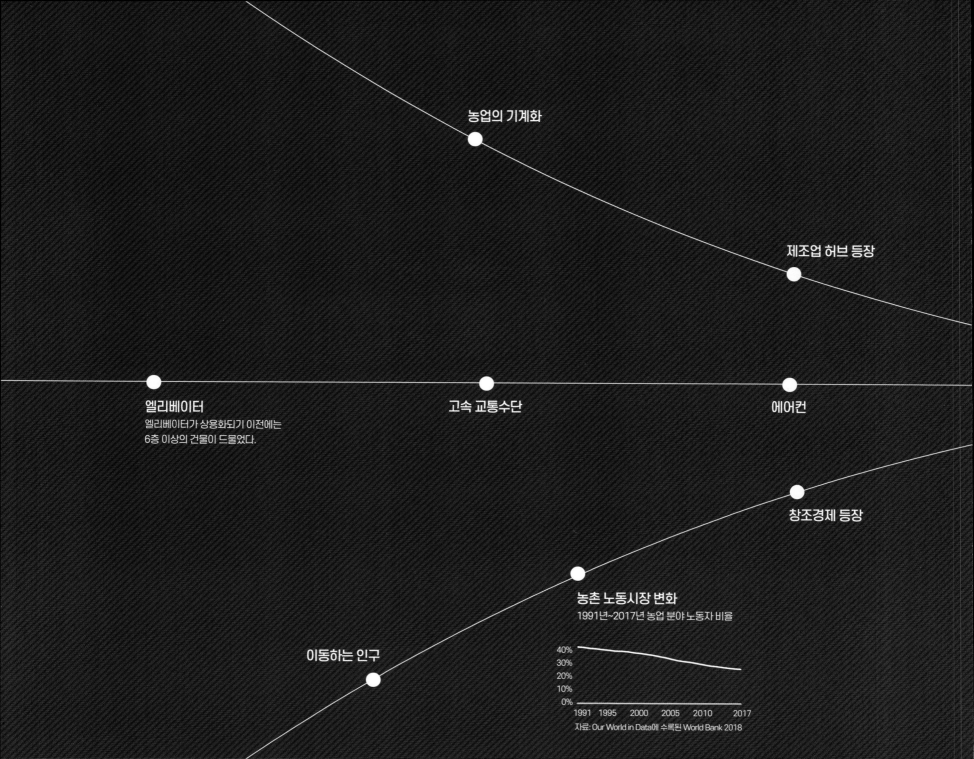

농업의 기계화

제조업 허브 등장

엘리베이터
엘리베이터가 상용화되기 이전에는
6층 이상의 건물이 드물었다.

고속 교통수단

에어컨

창조경제 등장

농촌 노동시장 변화
1991년~2017년 농업 분야 노동자 비율

이동하는 인구

40%
30%
20%
10%
0%

1991 1995   2000   2005   2010   2017
자료: Our World in Data에 수록된 World Bank 2018

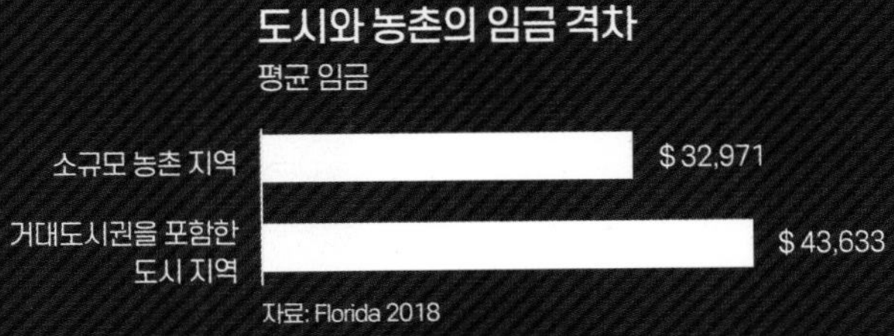

도시와 농촌의 임금 격차
평균 임금

소규모 농촌 지역	$ 32,971
거대도시권을 포함한 도시 지역	$ 43,633

자료: Florida 2018

젠트리피케이션

SIGNAL 02

도시의 진화

도시의 진화

세계 곳곳에서 농촌을 떠나 도시로 향하는 인구 엑소더스(Exodus)가
점점 가속화될 전망이다.

 시그널 범위
아주 광범위함 (5/5)

 시그널/노이즈 비율
아주 높음 (5/5)

전 세계 도시 및 농촌 인구

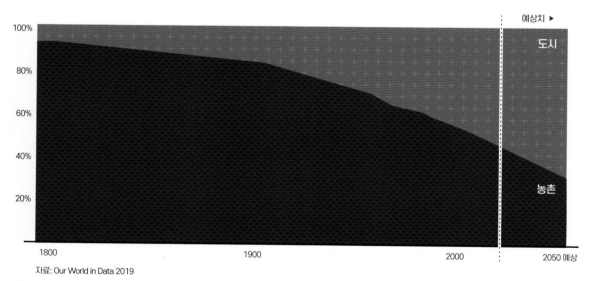

예상치 ▶

도시

농촌

100%

80%

60%

40%

20%

1800   1900   2000   2050 예상

자료: Our World in Data 2019

"역사는 그대로 반복되지 않는다. 다만 가끔 라임을 맞추기는 한다." 마크 트웨인(Mark Twain)의 말이다. 이는 세계 곳곳에서 그 모습을 드러내고 있는 도시화에 딱 들어맞는 말이기도 하다. 나이지리아 시골에 살던 사람이 고향을 떠나 수도 라고스 빈민촌으로 이사하게 만드는 이유는 1700년대 성장 중이던 도시로 이주한 잉글랜드 농부들의 이유와 다르지 않다. 시골이 그들을 밀어낸 '푸시(push) 요인'과 도시가 그들을 잡아당긴 '풀(pull) 요인'이 모두 작용했다. 아직도 높은 비율로 농촌 거주자가 거주하는 아프리카와 아시아는 이후 몇십 년 동안 그 비율이 크게 뒤집히는 현상을 목격하게 될 것이다.

GDP의 도시 집중도

전 세계 GDP의 80% 이상이 도시에서 만들어지고 있다.

도시   농촌

자료: World Bank 2020

세계 100대 도시들의 규모

도시 숫자만 늘어나는 게 아니라, 각 도시의 규모 또한 꾸준히 커질 전망이다.

인구
이 원은 100대 도시들의
평균 인구 규모를 보여준다.

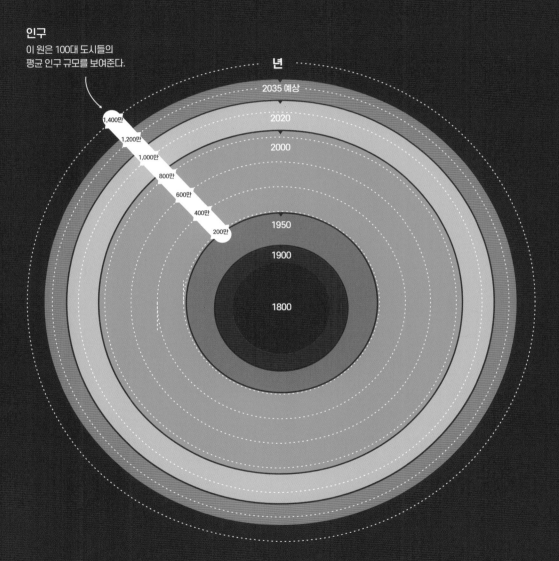

년

2035 예상
2020
2000
1950
1900
1800

1,400만
1,200만
1,000만
800만
600만
400만
200만

자료: International Institute for Environment and Development 2020

앞으로 수십 년 사이에 새로운 도시들이 성장하면서 규모와 중요성 측면에서 세계를 주름잡을 대도시의 이름은 거의 싹 바뀔 것이다. 이전까지는 세계 최대라고 여겨지던 도시는 평균 규모의 도시로 밀려나고 말 것이다.

인구 규모로 본 전 세계 도시 순위

	뉴욕	도쿄	런던
1950년 ▶	1	2	3
2050년 (예상) ▶	7	9	52

자료: Global Cities Institute 2014

인구 분포

선진국의 발전과정처럼 세계의 인구는 대도시 클러스터로 계속 집중될 것이다.

대도시에 거주하는 각국 인구 비율

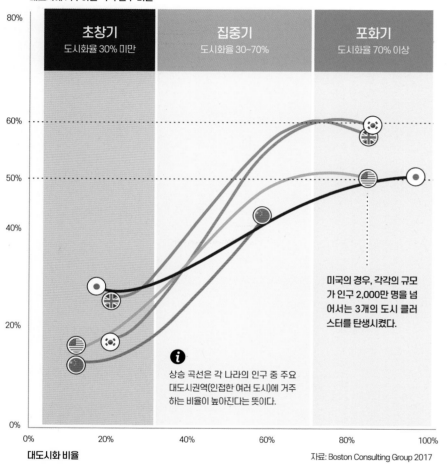

초창기	집중기	포화기
도시화율 30% 미만	도시화율 30~70%	도시화율 70% 이상

- 중국
- 일본
- 대한민국
- 미국
- 영국

미국의 경우, 각각의 규모가 인구 2,000만 명을 넘어서는 3개의 도시 클러스터를 탄생시켰다.

ⓘ 상승 곡선은 각 나라의 인구 중 주요 대도시권역(인접한 여러 도시)에 거주하는 비율이 높아진다는 뜻이다.

대도시화 비율

자료: Boston Consulting Group 2017

클러스터링 효과

역사적으로 도시화가 진행되면 더 많은 인구가 특정 지역에 몰리기 마련이다. 이런 대도시 클러스터들은 서로 근접해 있으면서 경제적 사회적 연결을 공유하는 특성을 보인다. 중국의 도시화도 이런 경로를 밟고 있는데 개발도상국에서 급속한 도시화를 겪고 있는 곳들도 비슷한 길을 갈 것으로 보인다. 다음은 도시 클러스터의 사례 세 곳이다.

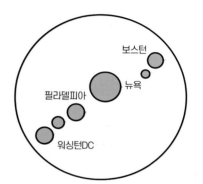
보스턴 / 뉴욕 / 필라델피아 / 워싱턴DC

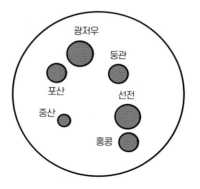
광저우 / 둥관 / 포산 / 선전 / 중산 / 홍콩

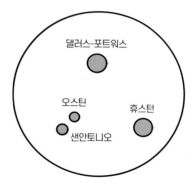
댈러스-포트워스 / 오스틴 / 휴스턴 / 샌안토니오

중국의 경우, 앞으로 20년이나 30년 내에 도시 클러스터가 성숙한 발전단계에 이를 것으로 전망된다. 다섯 곳의 도시 클러스터들이 중국 인구의 50~60% 정도를 담당할 것으로 보인다.

전 세계적으로 40개의 시티 클러스터가 총 인구의 20% 정도를 담당하지만 전 세계 GDP 생산량의 50%를 차지한다.

시티 클러스터는 국경을 가로지르기도 한다. 유럽의 암스테르담에서 브뤼셀에 이르는 메가 지역이 이에 속한다.

개발도상국의 도시 성장 1995년~2035년(예상)

개발도상국 도시들은 꾸준한 성장을 보여주고 있다.

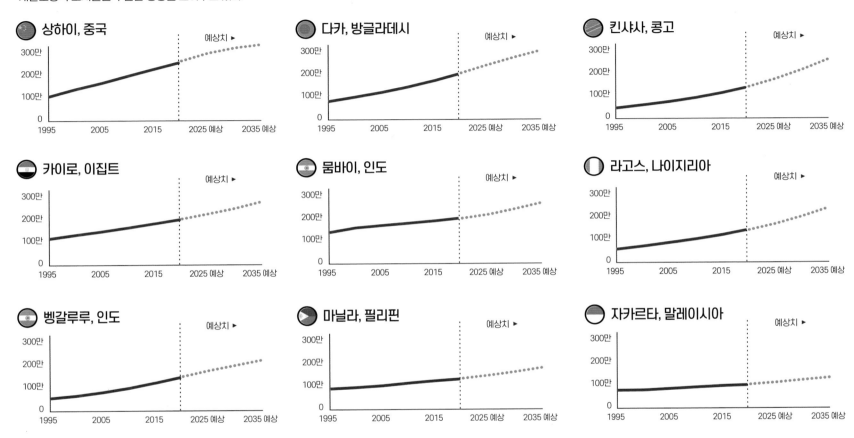

포화상태에 이른 도시들도 꾸준히 성장하기는 할 것이다. 물론 그리 가파르진 않게 말이다. ──────

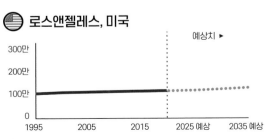

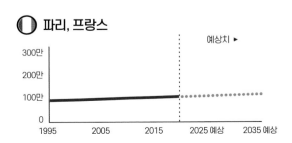

자료: UN World Urbanization Prospects 2018

미래 도시는 어떤 모습일까?

스마트시티

현대 도시 지역에서는 센서 기반 자료 수집을 통해 도시 서비스를 더욱 효율적으로 운영하는 시스템을 갖추게 될 것이다. 기술 발달 덕분에 정부가 제공하는 서비스 사이의 소통도 더욱 원활해질 것이다.

예시

⊗ 대한민국 송도

◎ 중국 슝안 신구(Xiong'an New Area)

뉴 브랜드

황무지에 새로운 도시를 건설한다는 아이디어가 그리 새로울 건 없다. 하지만 최근에는 신도시 계획의 규모가 어마어마해지고 있다. 기존 인구 거점 지역의 온갖 제약으로부터 자유로운 새로운 경제 엔진을 만들자는 목표 아래 이런 최신 도시들이 지어지고 있다.

예시

◎ 중국의 란저우 신구

▱ 사우디아라비아의 킹 압둘라 경제도시

초거대 도시

도쿄는 1960년대 이래 세계 최대 도시였지만 이제 곧 인도의 도시 하나가 그 타이틀을 물려받을 것으로 보인다.

예시

◎ 인도의 델리

◎ 인도네시아의 자카르타

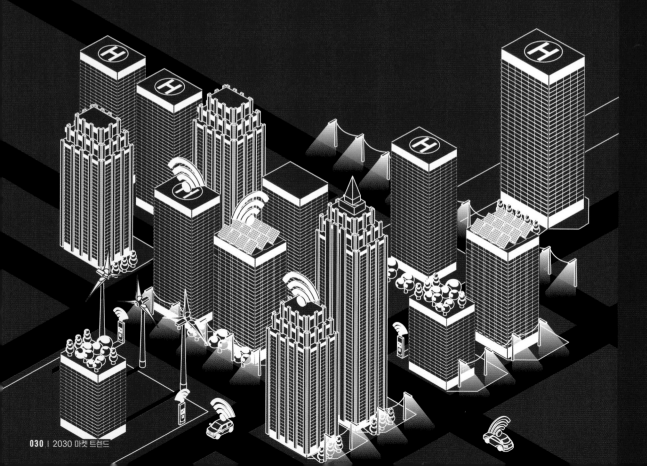

도시의 변모와 기후의 압박

자바 해

35.6%

자카르타 2050

🌊 해수면 상승

자카르타

인도네시아의 최대 도시인 자카르타는 매년 25센티미터씩 바다 아래로 가라앉고 있다. 이대로라면 2050년에는 도시의 1/30이 잠길 것이다.

자료: Phys.org 2019

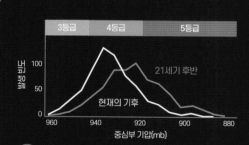

| 3등급 | 4등급 | 5등급 |

21세기 후반

현재의 기후

960 940 920 900 880

중심부 기압(mb)

⚡ 거세지는 폭풍

마이애미

홍수에 취약한 마이애미는 강력한 허리케인이 지역을 강타하는 등 사태가 악화될 경우 2100년에는 250만 명의 주민이 기후난민으로 전락할 수도 있다.

자료: NOAA 2020

인도에서 2100년까지 열사병 관련 사망자 추정치
— 매연배출량을 줄일 경우
— 매연배출량이 지금처럼 많을 경우

10만 명당 사망자 수

60

40

20

0

2020 예상 2040 예상 2060 예상 2080 예상 2100 예상

🌡 최악의 도시열섬

델리

델리의 여름철 평균기온은 31.5도인데, 2100년이면 이 평균기온이 35도까지 치솟을 것으로 전망된다. 치솟는 기온에 의해 델리의 거주자들은 심각하게 거주를 위협받을 수 있다.

자료: CoreLogic 2019

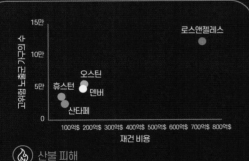

15만

고위험 노출군 가구의 수

10만

5만

0

로스앤젤레스

오스틴
휴스턴 덴버
산타페

100억$ 200억$ 300억$ 400억$ 500억$ 600억$ 700억$ 800억$
재건 비용

🔥 산불 피해

로스앤젤레스

LA 지역은 산불 고위험군에 속해 있다. 미국에서 산불 위험에 가장 심각하게 노출된 도시들 중에서도 이곳은 특히 대형 산불 발생 시 엄청나게 많은 재건 비용이 드는 곳으로 집계되었다.

자료: UChicago 2019

인류 역사상 최초로 도시의 삶이 표준이 되었다.

아프리카와 아시아 지역의 도시는 꾸준히 성장할 것이며, 몇몇은 그 규모가 전례를 찾아보기 힘들 수준에 이를 것이다. 21세기 초에 벌어진 중국에서의 대규모 이주처럼 이런 도시화는 정치 및 글로벌 경제에 넓고 깊은 영향을 미칠 것이다.

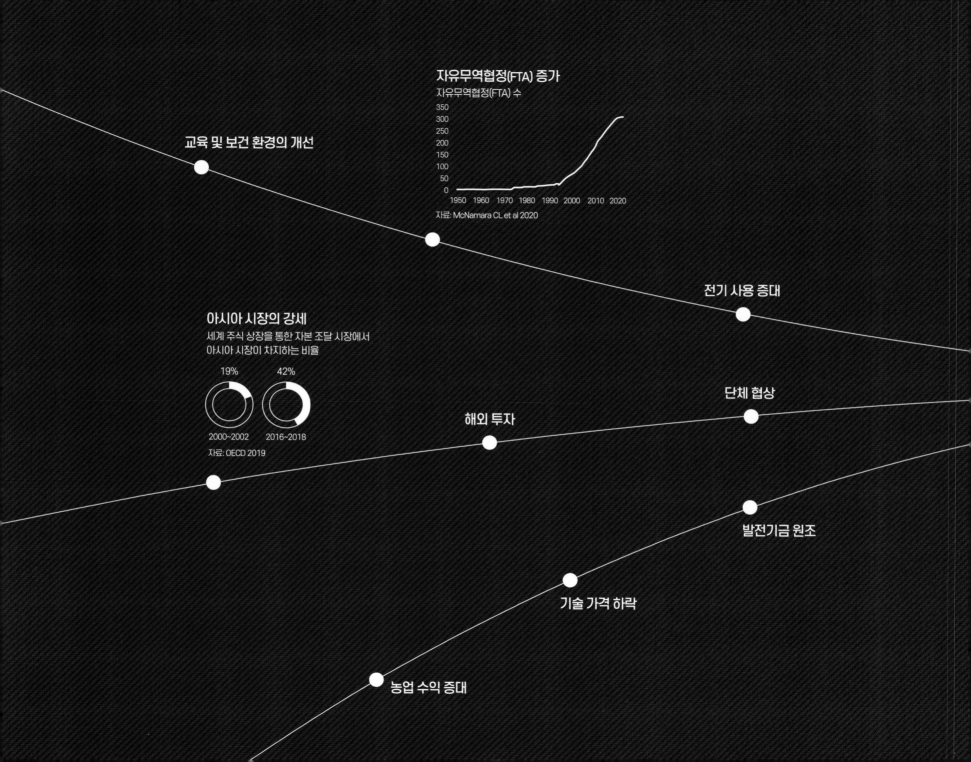

교육 및 보건 환경의 개선

자유무역협정(FTA) 증가

자유무역협정(FTA) 수

350
300
250
200
150
100
50
0

1950 1960 1970 1980 1990 2000 2010 2020

자료: McNamara CL et al 2020

전기 사용 증대

아시아 시장의 강세

세계 주식 상장을 통한 자본 조달 시장에서
아시아 시장이 차지하는 비율

19%   42%

2000~2002   2016~2018

자료: OECD 2019

단체 협상

해외 투자

발전기금 원조

기술 가격 하락

농업 수익 증대

인터넷 활성화

모바일 보급률이 10% 늘 때마다
국내총생산(GDP)은 1.2% 늘었다.

자료: USGLC 2017

금융서비스 가격 하락

SIGNAL 03

중산층의 증가

중산층의 성장

빈곤에 시달리며 사는 인구가 점점 줄어들고 있다.
즉, 중산층으로 살아가는 인구가 점점 늘고 있다.

 시그널 범위
아주 광범위함 (5/5)

 시그널/노이즈 비율
아주 높음 (5/5)

SIGNAL ⟨◠◠◠⟩ 소득 계층별 전 세계 인구 분포

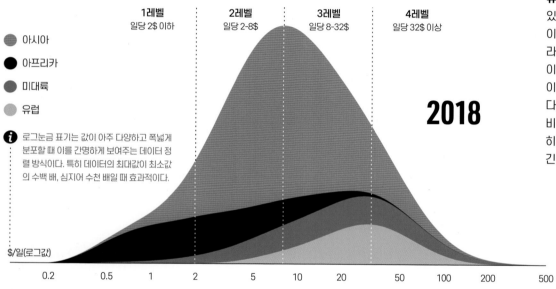

- 아시아
- 아프리카
- 미대륙
- 유럽

ⓘ 로그눈금 표기는 값이 아주 다양하고 폭넓게 분포할 때 이를 간명하게 보여주는 데이터 정렬 방식이다. 특히 데이터의 최대값이 최소값의 수백 배, 심지어 수천 배일 때 효과적이다.

1레벨
일당 2$ 이하

2레벨
일당 2-8$

3레벨
일당 8-32$

4레벨
일당 32$ 이상

2018

$/일(로그값)

0.2 0.5 1 2 5 10 20 50 100 200 500

인류 역사에 의하면 부는 인구의 특정 소수층이 집중 소유해왔다. 하지만 오늘날의 불평등은 점점 균등해지고 있다. 2018년은 전 세계의 변곡점이라고 할 수 있는데 이때 모든 가구의 절반 이상이 '중산층' 혹은 '부유층'이라고 분류될 정도의 가처분소득 수준에 이르렀기 때문이다.

이런 경향은 세계 경제에 엄청난 파급효과를 미칠 것이다. 실내용 가전 제품에서 휴가 상품에 이르는 여러 소비 항목이 꾸준히 늘어날 것이기 때문이다. 빈곤이 완전히 사라진 것은 아니고 극단적인 소득 분포 역시 여전하긴 하지만 전 세계의 중산층은 꾸준히 성장 중이다.

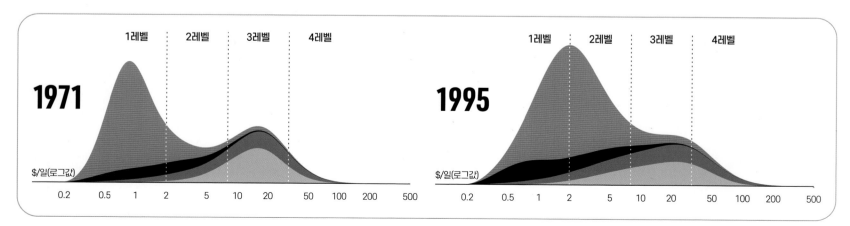

1971

1레벨 2레벨 3레벨 4레벨

$/일(로그값)

0.2 0.5 1 2 5 10 20 50 100 200 500

1995

1레벨 2레벨 3레벨 4레벨

$/일(로그값)

0.2 0.5 1 2 5 10 20 50 100 200 500

자료: Gapminder 2020

전 세계 소득 분포의 평준화

더 많은 사람들이 빈곤에서 벗어남에 따라, 소득은 전 세계에 균등하게 배분되기 시작했다.

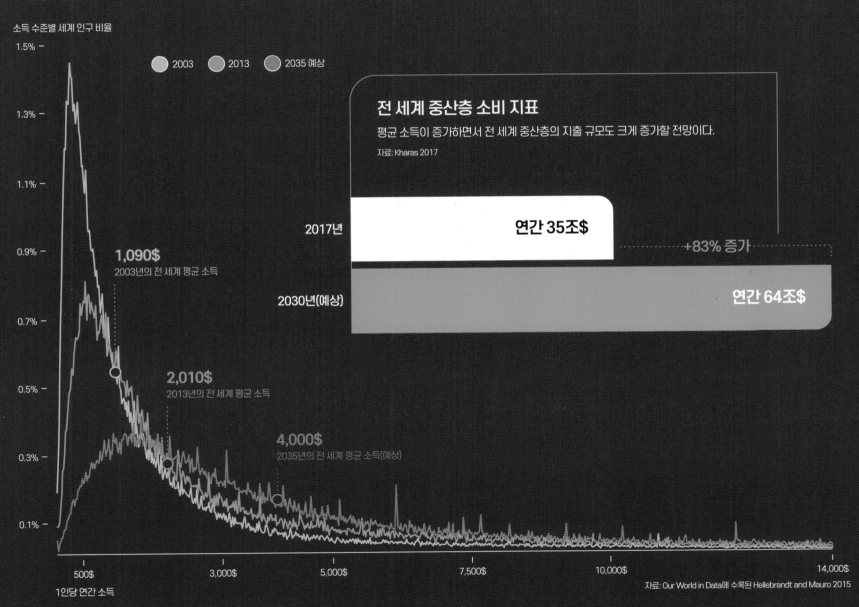

소득 수준별 세계 인구 비율

1.5%

○ 2003   ○ 2013   ○ 2035 예상

1.3%

1.1%

0.9%

1,090$
2003년의 전 세계 평균 소득

0.7%

0.5%

2,010$
2013년의 전 세계 평균 소득

0.3%

4,000$
2035년의 전 세계 평균 소득(예상)

0.1%

500$ 3,000$ 5,000$ 7,500$ 10,000$ 14,000$

1인당 연간 소득

전 세계 중산층 소비 지표

평균 소득이 증가하면서 전 세계 중산층의 지출 규모도 크게 증가할 전망이다.

자료: Kharas 2017

2017년   연간 35조$

+83% 증가

2030년(예상)   연간 64조$

자료: Our World in Data에 수록된 Hellebrandt and Mauro 2015

전 세계 중산층의 급부상

세계 인구의 절반 이상이 중산층 혹은 그 이상의 부를 누린다.
2030년이면 이 수치는 전 세계 인구의 2/3에 이를 것이다.

생활이 여유로워진 인구 비율

자료: Brookings 2018

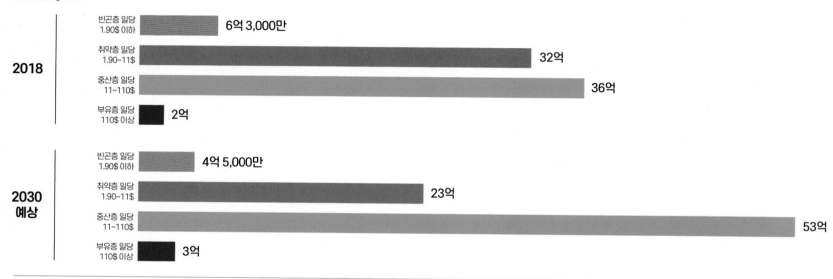

2018

- 빈곤층 일당 1.90$ 이하 — 6억 3,000만
- 취약층 일당 1.90~11$ — 32억
- 중산층 일당 11~110$ — 36억
- 부유층 일당 110$ 이상 — 2억

2030 예상

- 빈곤층 일당 1.90$ 이하 — 4억 5,000만
- 취약층 일당 1.90~11$ — 23억
- 중산층 일당 11~110$ — 53억
- 부유층 일당 110$ 이상 — 3억

전 세계의 중산층 인구 이동 비율 2019년

자료: World Data Lab 2019

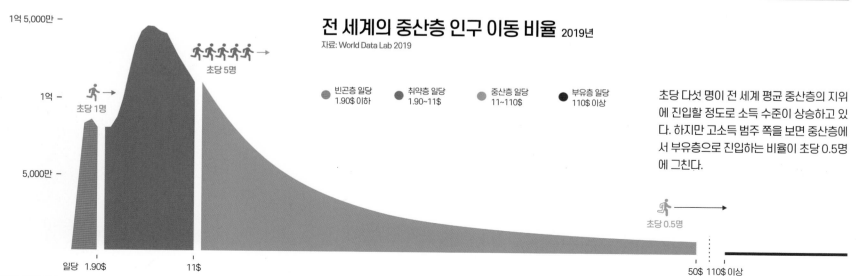

초당 1명

초당 5명

- 빈곤층 일당 1.90$ 이하
- 취약층 일당 1.90~11$
- 중산층 일당 11~110$
- 부유층 일당 110$ 이상

일당 1.90$ 11$ 50$ 110$ 이상

초당 0.5명

초당 다섯 명이 전 세계 평균 중산층의 지위에 진입할 정도로 소득 수준이 상승하고 있다. 하지만 고소득 범주 쪽을 보면 중산층에서 부유층으로 진입하는 비율이 초당 0.5명에 그친다.

중산층의 급성장을
주도하는 아시아

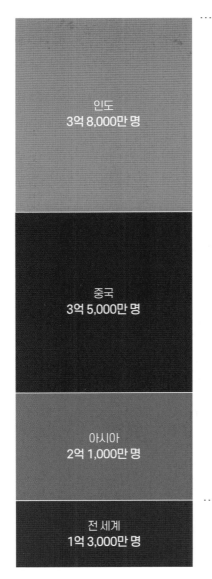

인도
3억 8,000만 명

중국
3억 5,000만 명

아시아
2억 1,000만 명

전 세계
1억 3,000만 명

중산층에 편입될 인구 10억 가운데
88%는
아시아인으로 전망

중산층의 성장률

미국, 유럽, 일본에서는 매년
0.5%

중국과 인도에서는 매년
6.0%

중산층의 성장은 전 세계적인 현상이지만 어디서나 고르게 일어나는 건 아니다.
중국, 인도, 개발도상국가들이 중산층 성장의 대부분을 이끌고 있다.

전 세계 중산층 인구가 총 인구에서 차지하는 비율

자료: Canals 2019

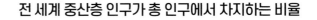
● 중국   ● 유럽
● 인도   ● 북미
● 기타

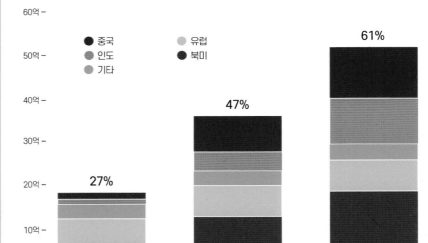

60억
50억
40억
30억
20억
10억

27%   47%   61%

2009   2019   2030 예상

전 세계 중산층의 지출 증가 USD, 구매력 평가지수(PPP) 기준

자료: Canals 2019

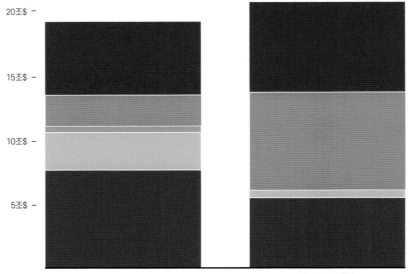

20조$
15조$
10조$
5조$

2009~2019   2019~2030 예상

증가하는 소비 트렌드

소득 증대는 쇠고기부터 교육에 이르는 재화 및 서비스의 소비로 이어진다.
급성장한 중산층은 어디에 돈을 쓸까?

GDP 대비 육류 소비

신흥 개발국에서 부가 늘어나면 국민들은 보다 많은 육류를 소비한다.

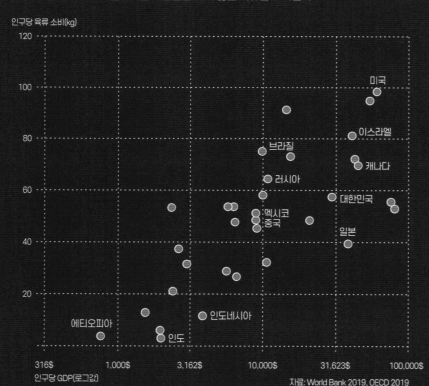

인구당 육류 소비(kg)

자료: World Bank 2019, OECD 2019

인구당 GDP(로그값)

미국 가구의 총지출에서 각 품목이 차지하는 비율의 변동

1980년~2018년

오늘날 건강에 더 많은 돈을 쏟아붓고 있지만, 식료품이나 교통비 비율은 줄고 있다.

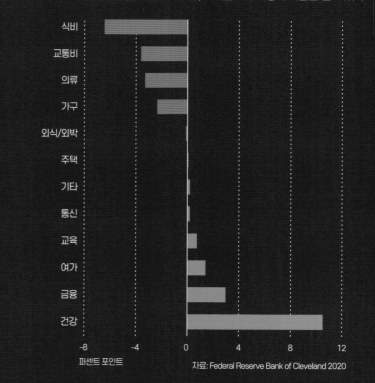

퍼센트 포인트

자료: Federal Reserve Bank of Cleveland 2020

지출 비율로 본 지역별 소비 패턴의 차이 자료: World Economic Forum 2015

	더 잘 꾸미기	더 잘 먹기	더 좋은 집	교통 및 통신	여가 및 취미	건강과 행복	기타
중국							
미국							

전 세계 소비 트렌드 변화

젊고 일하는 인구가 많은 도시는 소비 증대도 클 것이다. 특히 교육 부문 소비 증대가 가장 눈에 띈다.

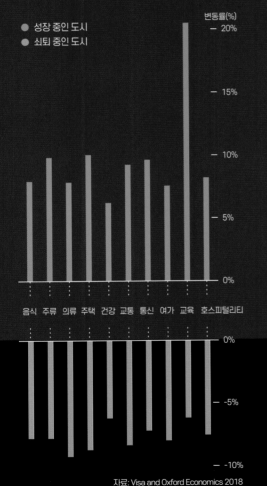

중산층 소비 변동
2030년(예상)

● 성장 중인 도시
● 쇠퇴 중인 도시

변동률(%)

자료: Visa and Oxford Economics 2018

중산층의 성장은
소비의 성장을 부른다.

신흥 개발도상국이 급성장하며 생긴 중산층들이 곧 인구 규모나 지출규모 면에서 기존의 도시들을 훌쩍 뛰어넘을 것이다. 그러나 이 지역의 중산층은 아주 높은 비공식 고용률을 보이는 등 선진국에 비해서는 상대적으로 취약하다. 따라서 이들의 지출이 선진국 중산층처럼 안정적인 수준을 유지하지는 못할 것이다.

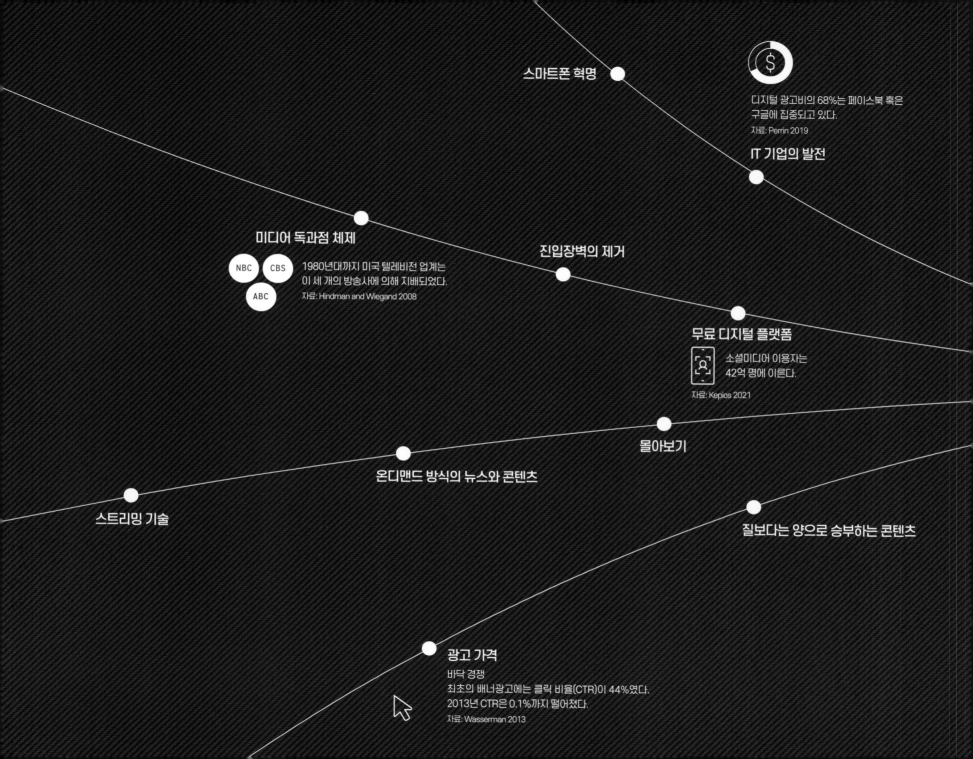

스마트폰 혁명

디지털 광고비의 68%는 페이스북 혹은
구글에 집중되고 있다.
자료: Perrin 2019

IT 기업의 발전

미디어 독과점 체제

진입장벽의 제거

NBC CBS
ABC

1980년대까지 미국 텔레비전 업계는
이 세 개의 방송사에 의해 지배되었다.
자료: Hindman and Wiegand 2008

무료 디지털 플랫폼

소셜미디어 이용자는
42억 명에 이른다.

자료: Kepios 2021

몰아보기

온디맨드 방식의 뉴스와 콘텐츠

스트리밍 기술

질보다는 양으로 승부하는 콘텐츠

광고 가격
바닥 경쟁
최초의 배너광고에는 클릭 비율(CTR)이 44%였다.
2013년 CTR은 0.1%까지 떨어졌다.
자료: Wasserman 2013

알고리즘

권위의 상실

전통적 미디어를 신뢰하는 미국인의 비율
2012년~2021년

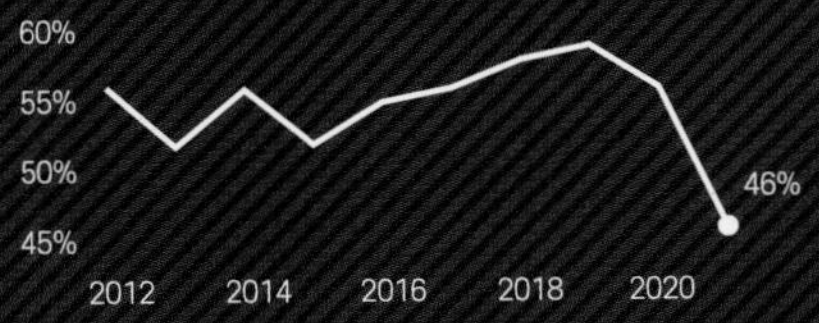

60%
55%
50%
45%

2012   2014   2016   2018   2020

46%

자료: Axios에 수록된 2021 Edelman Trust Barometer

미디어의 탈중앙화

미디어의 탈중앙화

전통적으로 독과점 시장이었던 미디어는 기술 발달에 따라 민주화되고 다변화되고 있다.
하지만 진입장벽이 허물어지면서 새로운 문제도 생겨났다.
기술이라는 이름의 문지기도 진입을 막고 있다.

시그널 범위
광범위함(4/5)

시그널/노이즈 비율
중간 정도(3/5)

SIGNAL 시대에 따른 미디어 유형의 변천

미국

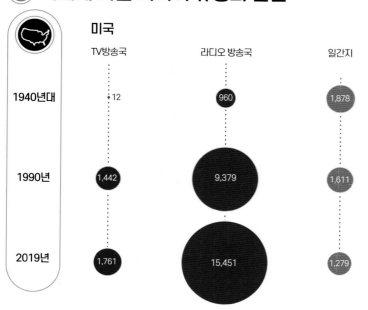

	TV방송국	라디오 방송국	일간지
1940년대	12	960	1,878
1990년	1,442	9,379	1,611
2019년	1,761	15,451	1,279

전 세계 이용자 수

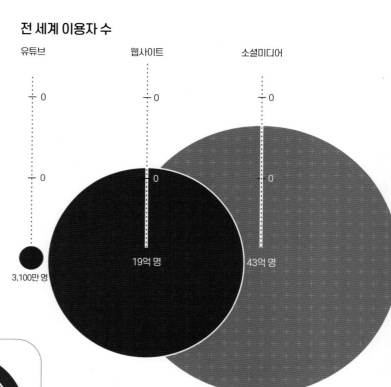

	유튜브	웹사이트	소셜미디어
1940년대	0	0	0
1990년	0	0	0
2019년	3,100만 명	19억 명	43억 명

"미국인들은 어떤 채널로
어제 뉴스를 보았는가?"
1994년

TV
신문
라디오
뉴스 안 봄

73%
53%
47%
8%

미국인들이 소셜미디어로
뉴스를 보는 비율
2019년

페이스북
유튜브
트위터
인스타그램

52%
28%
17%
14%

자료: Pew Research Center 1996, Pew Research Center 2019

자료: Statista 2019, Statista 2020, Internet Live Stats 2021, We Are Social 2021

낮아지는 진입장벽

미디어 시장은 높은 진입장벽 탓에 오랜 기간 동안 독과점 체제를 유지해왔다.

● 전통적 미디어　　● 오늘날의 디지털 미디어

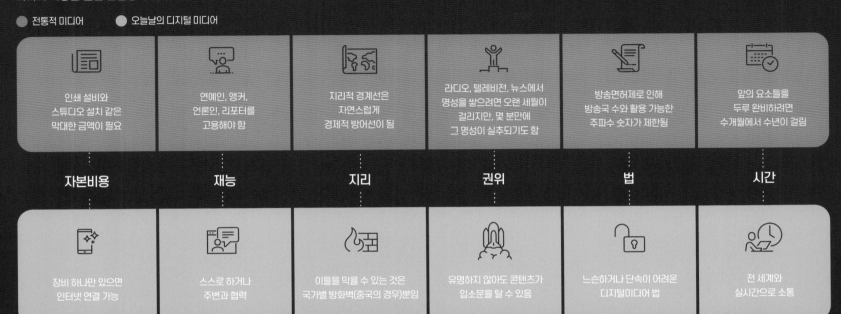

자본비용	재능	지리	권위	법	시간
인쇄 설비와 스튜디오 설치 같은 막대한 금액이 필요	연예인, 앵커, 언론인, 리포터를 고용해야 함	지리적 경계선은 자연스럽게 경제적 방어선이 됨	라디오, 텔레비전, 뉴스에서 명성을 쌓으려면 오랜 세월이 걸리지만, 몇 분만에 그 명성이 실추되기도 함	방송면허제로 인해 방송국 수와 활용 가능한 주파수 숫자가 제한됨	앞의 요소들을 두루 완비하려면 수개월에서 수년이 걸림
장비 하나만 있으면 인터넷 연결 가능	스스로 하거나 주변과 협력	이들을 막을 수 있는 것은 국가별 방화벽(중국의 경우)뿐임	유명하지 않아도 콘텐츠가 입소문을 탈 수 있음	느슨하거나 단속이 어려운 디지털미디어 법	전 세계와 실시간으로 소통

그 결과

진입장벽이 거의 사라진 지금, 모든 개인과 브랜드가 자신만의 미디어를 거느리는 시대가 되었다. 1분이면 수백만 건의 콘텐츠가 공급될 수 있는 시대다.

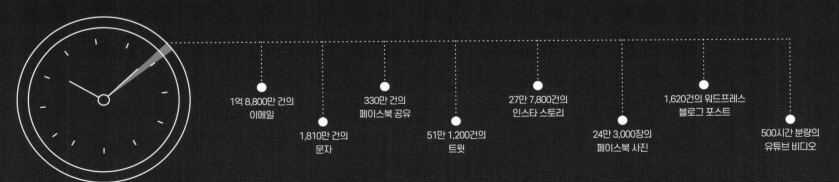

1억 8,800만 건의 이메일

1,810만 건의 문자

330만 건의 페이스북 공유

51만 1,200건의 트윗

27만 7,800건의 인스타 스토리

24만 3,000장의 페이스북 사진

1,620건의 워드프레스 블로그 포스트

500시간 분량의 유튜브 비디오

자료: Domo 2019, Wordpress 2020, Statista 2019

콘텐츠 아수라장에서 옥석 가리기

현재 1980년대보다 거의 5배나 많은 정보를 매일 소비하고 있다.
매일 생산되는 새로운 데이터가 무려 250경 바이트에 이른다.
인간의 뇌가 그토록 많은 정보를 처리하는 건 불가능하지만, 알고리즘은 가능하다.

알고리즘을 통한 1:1 개인화

ⓘ 알고리즘은 컴퓨터 프로그램에 쓰이는 지침이다. 구글 검색결과부터 인스타그램에
콘텐츠가 표시되는 방식에 이르기까지 모든 것의 배후에 알고리즘이 있다.

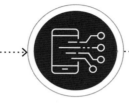

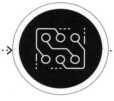

기존 데이터를 활용한
알고리즘이 고객의 경험을
최적화시킨다.

축적된 데이터가
고객의 행동이나 결과물을 예측하는
모델을 만드는 데 쓰인다.

고객이 온라인에 어딘가에
접속할 때마다 그 데이터가
다음의 최적화를 위해 기록된다.

자료: Shampnois 2019

알고리즘을 활용한 개인화는 당신이 무엇을 원하는지 예측해주지만 동시에 단점도 가지고 있다.

필터 버블
알고리즘이 자신이 예측한 세계와 일치하
지 않는 정보들을 막아버려 미디어 소비자
들은 자신의 세계에 갇히게 된다.

클릭 미끼
미디어 회사들은 클릭 수를 늘리고 알고리
즘 효과의 극대화를 위해 낚시용 제목과 같
은 온갖 트릭을 동원해 콘텐츠에 접속하게
만든다.

분노의 문화
분노 또한 클릭을 유발한다. 따라서 사용자
와 미디어는 화를 부채질해 이득을 얻으려
한다.

'승자 독식' 콘텐츠
콘텐츠 조회 수는 힘의 법칙을 따른다. 알고
리즘 친화적으로 만들어진 콘텐츠가 다른
모든 콘텐츠를 짓밟고 정상에 오른다.

가짜 정보의 확산
콘텐츠는 그 정보가 옳기 때문에 확산되는
것이 아니다. 알고리즘은 가장 많이 조회되
는 것은 무엇이든 계속 띄워준다.

책임 결핍
알고리즘은 콘텐츠를 밀어줄 뿐 책임지지
않는다. 따라서 책임지고 해명해야 할 의무
도 없다.

새로운 킹메이커

콘텐츠의 민주화는 디지털 유저 손에서 콘텐츠가 만들어지게 함으로써 미디어 환경을 극적으로 변모시켰다. 하지만 이런 콘텐츠를 큐레이팅하고 이를 통해 돈을 만들어내는 일은 IT 기업과 그들의 막강한 알고리즘에 맡겨버리기도 했다.

2019년 미국 미디어별 광고 수익 및 성장

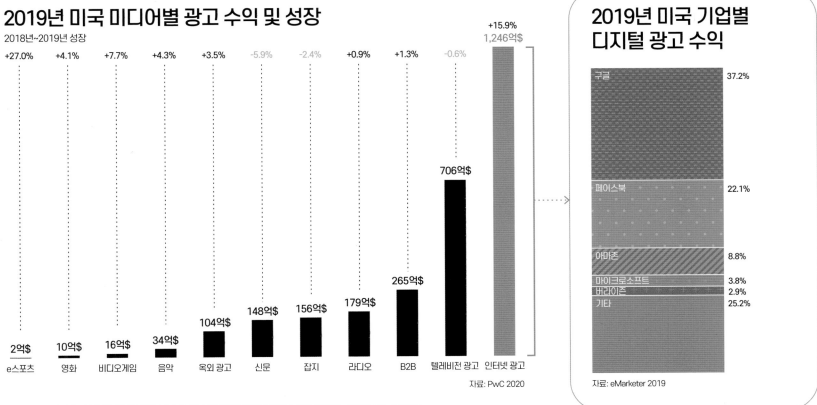

2018년~2019년 성장

| +27.0% | +4.1% | +7.7% | +4.3% | +3.5% | -5.9% | -2.4% | +0.9% | +1.3% | -0.6% | +15.9% |

+15.9%
1,246억$

706억$

265억$

179억$

156억$

148억$

104억$

34억$

16억$

10억$

2억$

e스포츠 · 영화 · 비디오게임 · 음악 · 옥외 광고 · 신문 · 잡지 · 라디오 · B2B · 텔레비전 광고 · 인터넷 광고

자료: PwC 2020

2019년 미국 기업별 디지털 광고 수익

구글	37.2%
페이스북	22.1%
아마존	8.8%
마이크로소프트	3.8%
버라이즌	2.9%
기타	25.2%

자료: eMarketer 2019

이제 알고리즘을 활용해 바닥부터 시작해 자신만의 미디어 제국을 일구어내는 일도 가능해졌다.

유튜브 고액 연봉 스타들

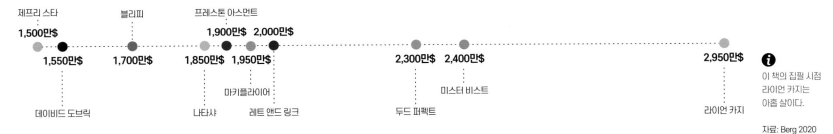

제프리 스타 1,500만$
1,550만$ 데이비드 도브릭
블리피 1,700만$
프레스톤 아스먼트 1,900만$ / 2,000만$
나타샤 1,850만$
마키플라이어 / 레트 앤드 링크 1,950만$
두드 퍼펙트 2,300만$
미스터 비스트 2,400만$
라이언 카지 2,950만$

이 책의 집필 시점 라이언 카지는 아홉 살이다.

자료: Berg 2020

파급효과: 미디어와 사회

미디어 신뢰도

미국인 10명 중 7명은 지난 10년 동안(2008~2018년) 미디어에 대한 신뢰를 잃었다고 말했다.

| 26% 신뢰도 변화없음 | 69% 신뢰도 하락 |

4% 신뢰도 증가

자료: Gallup 2018

지역 뉴스의 소멸

신문사가 사라지는 미국

미국에서는 2004년 이래 총 2,155개의 신문사가 문을 닫아 전체적으로 24% 감소했다

신문사의 수 ● 0 ● 1

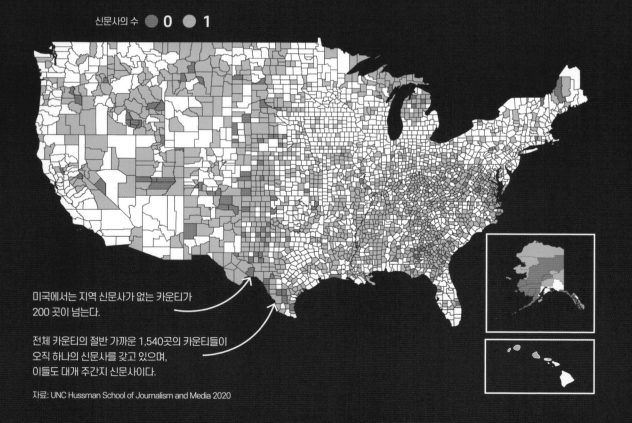

미국에서는 지역 신문사가 없는 카운티가
200 곳이 넘는다.

전체 카운티의 절반 가까운 1,540곳의 카운티들이
오직 하나의 신문사를 갖고 있으며,
이들도 대개 주간지 신문사이다.

자료: UNC Hussman School of Journalism and Media 2020

신문사가 없는 카운티들의 인구 현황

● 뉴스 사각지대 ● 미국 전체

평균 빈곤율

18%

12%

평균 소득

45,000$

61,937$

평균 연령

42세

38세

학사 이상 학위소지자 비율

19%

33%

자료: UNC Hussman School of Journalism and Media 2020

전통 미디어의 붕괴

새로운 미디어 환경에 발맞추기 위해 뉴스 미디어
들은 정기구독자 중심 체제로 전환하고 있다. 미디
어 업체의 임원들 중 겨우 14%만이 중요한 수익 원
천으로 광고를 꼽았다.

뉴스 미디어 임원들이 보기에 앞으로
가장 중요하리라 여겨지는 수익 2020년

정기구독	50%
광고	14%
둘 다 중요	35%

자료: Newsman 2020

양극화

상위 30개 신문 및 방송, 언론에 대한
신뢰와 불신

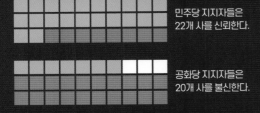

민주당 지지자들은
22개 사를 신뢰한다.

공화당 지지자들은
20개 사를 불신한다.

■ 불신하는 사람보다
신뢰하는 사람이 많은 언론사

■ 신뢰하는 사람보다
불신하는 사람이 많은 언론사

□ 신뢰하는 사람과
불신하는 사람이 같은 언론사

자료: Pew Research Center 2020

미디어에 대한 진입장벽은
많이 허물어졌다.

더 많은 목소리와 의견을 들을 수 있는 기회가 생긴 동시에 IT 기업은 미디어 노출
을 통해 더 많은 수익을 얻을 수 있게 바뀌었다. 그 결과 미디어에 대한 신뢰는 낮아
졌고 정보와 수익 모두 더욱 양극화되고 있다. 그러나 모든 문제가 동시에 기회라고
한다면, 현재의 미디어 환경이야말로 잔뜩 무르익은 과일처럼 수확의 손길을 기다
리고 있는 것일지도 모른다. 미디어는 더욱 탈집중화될 것인가? 아니면 IT 기업이
이 시장을 장악하게 될까?

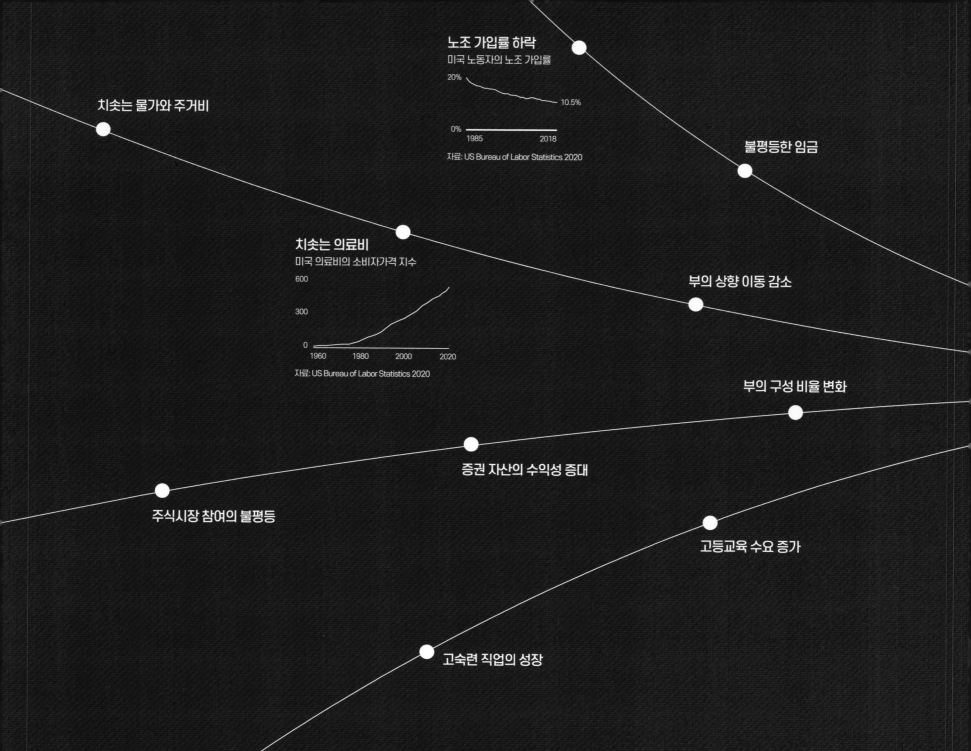

노조 가입률 하락
미국 노동자의 노조 가입률

20%

10.5%

0%

1985   2018

자료: US Bureau of Labor Statistics 2020

치솟는 물가와 주거비

불평등한 임금

치솟는 의료비
미국 의료비의 소비자가격 지수

600

300

0

1960   1980   2000   2020

자료: US Bureau of Labor Statistics 2020

부의 상향 이동 감소

부의 구성 비율 변화

증권 자산의 수익성 증대

주식시장 참여의 불평등

고등교육 수요 증가

고숙련 직업의 성장

임원의 지분 보상 체계

대학등록금 상승
미국 내 대학의 평균 등록금 상승세

■ 사립대   ▨ 주립대

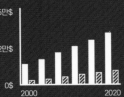

자료: Boylington and Kerr 2019

심각해지는 불평등

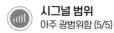
심각해지는 불평등

미국은 어마어마한 부를 누리는 개인들이 가장 많이 모여 사는 나라로,
가장 극명하게 불평등함을 보여준다.

5,000만 달러 이상의 자산을 보유한 개인의 국가별 통계

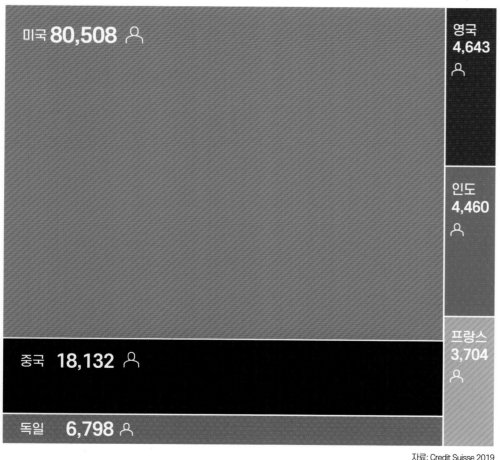

미국 **80,508** 👤

중국 **18,132** 👤

독일 **6,798** 👤

영국 **4,643** 👤

인도 **4,460** 👤

프랑스 **3,704** 👤

부의 불평등은 인류 역사 내내 언제나 문제였다. 30여 년 전만 해도 지구 인구의 36%가 극심한 빈곤 상태로 살았다. 2018년에는 빈곤 비율이 9%로 떨어졌지만 선진국들은 새로운 유형의 경제적 차별 문제를 겪고 있다. 초거대 규모 갑부의 폭발적 성장세가 빈곤 문제를 다시 부각시켰다. 이런 경향이 가장 심하게 드러나는 나라는 미국이다. 미국인 중 5,000만 달러 이상의 자산을 보유한 사람이 8만 명을 넘어섰는데 이는 그다음 순위 다섯 나라의 총합보다 더 많다. 전 세계 갑부의 48%가 미국인이다.

자료: Credit Suisse 2019

미국 내 부의 격차

미국은 세계에서 가장 부유한 나라임에도 불구하고 부의 평균값 통계에서는 다른 여러 선진국에 뒤처진다.

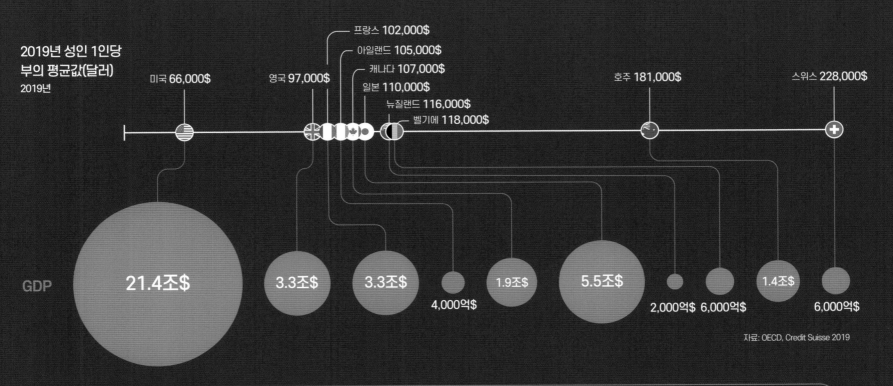

2019년 성인 1인당 부의 평균값(달러)
2019년

미국 66,000$
영국 97,000$
프랑스 102,000$
아일랜드 105,000$
캐나다 107,000$
일본 110,000$
뉴질랜드 116,000$
벨기에 118,000$
호주 181,000$
스위스 228,000$

GDP
21.4조$
3.3조$
3.3조$
4,000억$
1.9조$
5.5조$
2,000억$
6,000억$
1.4조$
6,000억$

자료: OECD, Credit Suisse 2019

2020년 세계 10대 억만장자와 개별 국가의 GDP 비교

세계 10대 억만장자들이 보유한 부의 총합이 몇몇 나라의 GDP를 앞질렀다.

◀ 부의 총합
GDP ▶

세계 10대 억만장자
콜롬비아
남아프리카공화국
스위스
벨기에

10대 억만장자들 중 여덟 명은 미국 출신이다.

8,200억$
7,420억$
7,260억$
6,140억$
5,980억$

자료: Forbes 2019, OECD 2020

미국 내 불평등 트렌드

1990년 이래 미국에서 최상위 10% 부자들의 부는 조 달러 규모로 늘어났다. 하지만 하위 50% 사람들의 부는 여전히 그대로다.

부의 그룹별 부의 총량

● 하위 50% ● 50%~90% ● 최상위 10%

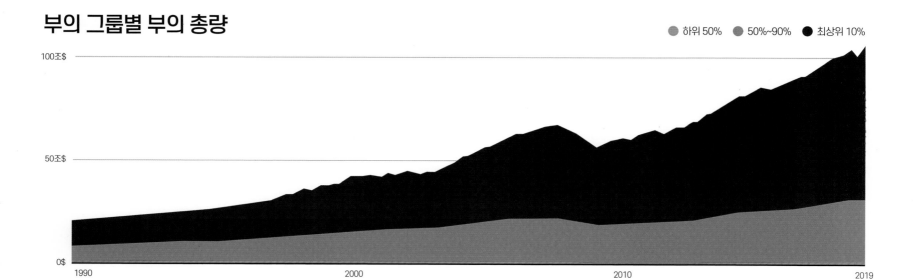

교육 정도에 따른 부의 총량

● 중졸 ● 고졸 ● 전문대졸 ● 대졸

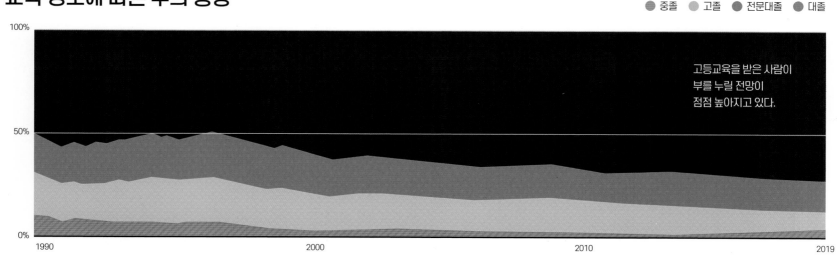

고등교육을 받은 사람이
부를 누릴 전망이
점점 높아지고 있다.

자료: FRED Economic Data 2019

부의 불평등은 어디에서 오는가

부의 격차를 불러오는 주된 요인은 미국의 최상위 10%와 나머지 90% 인구가 지닌 자산 차이 때문이다.

미국 내 소유 자산의 비율
총량 대비 비율

● 최상위 10%　● 하위 90%

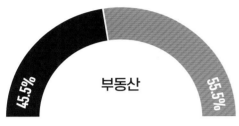

45.5%　55.5%　부동산

하위 90% 인구의 부 대부분은 자신들의 주택에서 나온다.

88.1%　11.9%　주식 및 뮤추얼펀드

최상위 10% 인구가 증권 대부분을 소유하고 있다.

자료: FRED Economic Data 2019

주식시장에 투자한 가구의 비율

다른 방향에서 이 문제를 들여다보아도 상황은 대동소이하다. 저소득 가구들의 주식시장 참여는 현저하게 낮다.

가구당 소득 구간별 분포

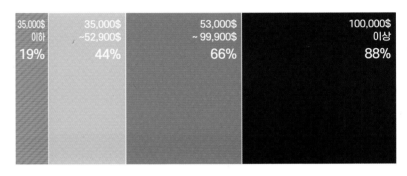

35,000$ 이하	35,000$ ~52,900$	53,000$ ~ 99,900$	100,000$ 이상
19%	44%	66%	88%

자료: Parker and Fry 2020

역사로 본 실적: 주식 VS. 부동산 1990년 1월~2020년 6월

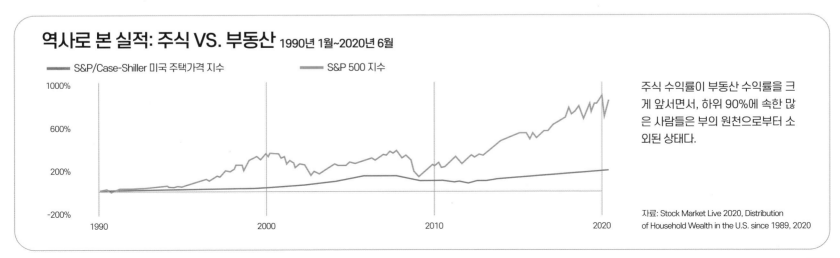

── S&P/Case-Shiller 미국 주택가격 지수　　── S&P 500 지수

주식 수익률이 부동산 수익률을 크게 앞서면서, 하위 90%에 속한 많은 사람들은 부의 원천으로부터 소외된 상태다.

자료: Stock Market Live 2020, Distribution of Household Wealth in the U.S. since 1989, 2020

기업 내 불평등

기본급의 차이뿐 아니라 임원들이 받는 보상 패키지에는 주식 옵션이나 포상 등이 포함되어 있고, 이는 큰돈이 되기도 한다.

CEO 보상 패키지의 실현 VS. S&P 500 지수

—— CEO 보상 실현　　—— S&P 500 지수(2019년, USD)

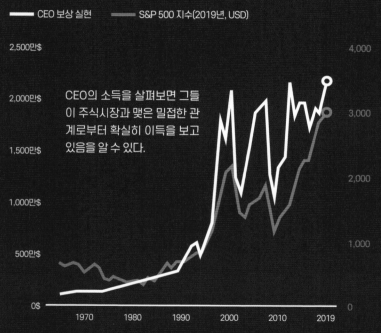

CEO의 소득을 살펴보면 그들이 주식시장과 맺은 밀접한 관계로부터 확실히 이득을 보고 있음을 알 수 있다.

자료: Michel and Kandra 2020

CEO VS. 노동자 보상비율

1970	1980	1990	2000	2010	2019
24배	37배	77배	366배	213배	320배

현재 CEO는 보통 노동자보다 320배를 더 벌고 있다.

자료: Mishel and Kandra 2020

단체 협상의 쇠퇴

노조의 보호를 받는 노동자는 보호받지 못한 노동자보다 임금을 13.2% 더 받는다. 그렇지만 직무구조가 바뀌고 반노조 활동이 거세지면서 노조가입률이 하락했다.

노조가입률

—— 캐나다　　—— 독일　　—— 영국　　—— 프랑스

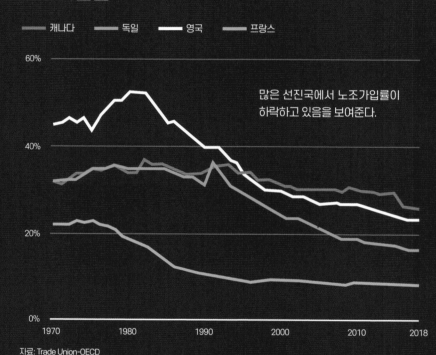

많은 선진국에서 노조가입률이 하락하고 있음을 보여준다.

자료: Trade Union-OECD

미국 내 불평등의 심화

노조 가입이 줄어들면서 미국 내 상위 10%의 부자들이 전체 소득에서 차지하는 비율이 늘어났다.

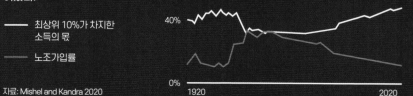

—— 최상위 10%가 차지한 소득의 몫

—— 노조가입률

자료: Mishel and Kandra 2020

대부분의 미국인들은 심한 경제적 불평등에 시달리고 있다는 걸 안다. 하지만 누가 그걸 줄일 수 있을까?

미국 내 경제 불평등 수준에 대한 견해

더 심해도 됨
13%

딱 좋음
23%

너무 심함
61%

의견 없음
3%

불평등을 개선하는 주체는 누구여야 하는가?

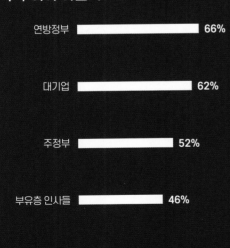

연방정부 66%

대기업 62%

주정부 52%

부유층 인사들 46%

교회 등 종교단체 13%

자료: Horowitz et al. 2020

미국에서 부의 격차가 줄어들고 있다는 징후는 찾아보기 어렵다.

주식이나 다른 증권 상품에 노출되는 빈도가 적은 미국의 저소득 가구들은 최상층 부자들의 속도만큼 돈을 벌기 어렵기 때문이다. 이는 장기적 파급효과를 낳을 수도 있는데, 한 세대의 경제적 불평등이 다음 세대의 기회 불평등으로 이어질 것이다.

CHAPTER 02

환경 문제

시그널 개수 / 03

비즈니스 관점에서 보자면 모든 위기는 기회다.

전 세계는 지금 기후변화와 물 부족 같은 거대한 위기 상황에 직면해 있다.
인류 전체가 한마음으로 매달려 이 문제를 풀기 위해 애쓰고 있지만
동시에 놓쳐서는 안 되는 것이 있다. 소비자와 투자자들이 기업이 환경 보호를 해야 한다고
요구하면 할수록 거대한 기회의 문이 열릴 것이다. 오늘날 야심 찬 기업가나 투자자라면
미래를 대비하기 위해 흥미진진한 혁신에 뛰어들 기회를 눈앞에 두고 있는 셈이다.

여기에서는 비즈니스에 영향을 미치는 환경 시그널을 살펴보자.
앞의 두 가지 지표는 지구의 지속가능성에 직접적 영향을 미칠 것들이다.
세 번째는 지금 한창 탄력을 받고 있으며 나아가 지구상의 모든 대륙 구조와
주민들의 일상생활에 영향을 끼칠 문제의 해결책과 관련된 내용이다.

화산 폭발

자연적으로 발생하는 온실가스

화석연료 소비
전 세계 1차 에너지 소비량에서
화석 연료가 차지하는 비중

137,000
TWh → 2019년

41,000
TWh → 1965년

자료: BP p.l.c. 2020

산업혁명

탄소 배출
대기 중 이산화탄소 농도(ppm)

420

0

1960　　　　　　2020

자료: Earth System Research Laboratories
Global Monitoring Laboratory 2020

농업 부문의 성장

삼림 파괴

인구 증가
인구증가와 파괴된 삼림

— 삼림파괴　　⋯⋯ 인구
22억 헥타르　　　　　　　　80억

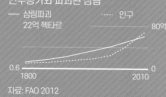

0.6　　　　　　　　　　0
1800　　　　　　　2010

자료: FAO 2012

기후 위기

전 지구적 기온 상승

중산층의 소비
전 세계 중산층의 규모
2018년 36억 명   2030년 53억 명(예상)

자료: Kharas and Hamel 2018

급속한 도시화

기후 위기

지구 기온이 꾸준히 상승하고 있다. 그에 따라 기업과 정부에게 기후 관련 과제를 해결하라는 압박이 더욱 거세지고 있다.

시그널 범위
아주 광범위함 (5/5)

시그널/노이즈 비율
높음 (4/5)

지구 지표면 기온 1850년~2020년

━━ 육지 표면 기온

━━ 전 세계 육지-해양 평균 지표면 기온(GMST)

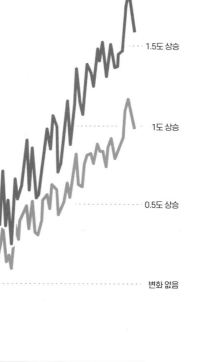

세상이 뜨거워지고 있다. 특히 물이 없는 육지의 경우가 더 심하다. 1850년 이래 육지의 기온 상승 폭은 세계 전체의 평균보다 거의 2배 수준으로 뛰었다.

1850년과 1900년의 기온 변화

···· 2도 상승

···· 1.5도 상승

···· 1도 상승

···· 0.5도 상승

···· 변화 없음

1850 1880 1900 1920 1940 1960 1980 2000 2020

자료: Jia et al., 2020

산업혁명 이래 인구가 급증하고 도시화가 가속화하면서 인류는 유례없는 수준으로 자원을 소비하며 시스템을 지탱해야 했다. 동시에 이제 뜨거워지는 지구에 대한 경각심도 느끼고 있다. 주로 이산화탄소 배출에 따른 온실가스(GHGs)의 증가가 기온의 상승이라는 결과를 낳았다.

대기 중 이산화탄소 농도(ppm)

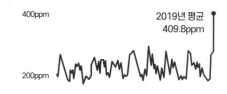

400ppm

200ppm

2019년 평균
409.8ppm

0ppm

기원전 80만 년경   2019

자료: Lindsey 2020

전 세계 탄소는 어디서 배출되는가

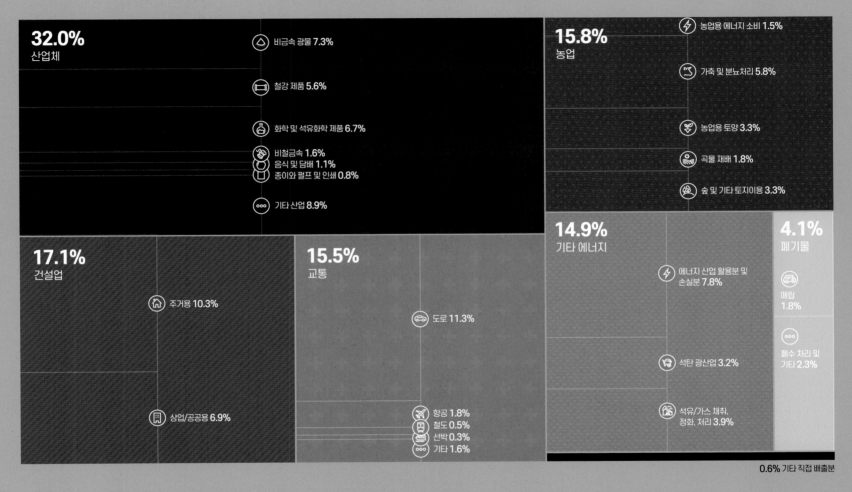

32.0%
산업체

- 비금속 광물 7.3%
- 철강 제품 5.6%
- 화학 및 석유화학 제품 6.7%
- 비철금속 1.6%
- 음식 및 담배 1.1%
- 종이와 펄프 및 인쇄 0.8%
- 기타 산업 8.9%

15.8%
농업

- 농업용 에너지 소비 1.5%
- 가축 및 분뇨처리 5.8%
- 농업용 토양 3.3%
- 곡물 재배 1.8%
- 숲 및 기타 토지이용 3.3%

17.1%
건설업

- 주거용 10.3%
- 상업/공공용 6.9%

15.5%
교통

- 도로 11.3%
- 항공 1.8%
- 철도 0.5%
- 선박 0.3%
- 기타 1.6%

14.9%
기타 에너지

- 에너지 산업 활용분 및 손실분 7.8%
- 석탄 광산업 3.2%
- 석유/가스 채취, 정화, 처리 3.9%

4.1%
폐기물

- 매립 1.8%
- 폐수 처리 및 기타 2.3%

0.6% 기타 직접 배출분

부문	농업	교통	주거	토지 이용
배출 사례	젖소와 같은 가축들이 매일 방귀로 메탄(CH4) 배출	화석연료로 운행되는 자동차와 항공기의 이산화탄소 배출	천연가스를 때는 주택 난방, 화석연료를 이용해 만든 전기를 난방에 활용함	농사용지 확보를 위해 숲을 없앰

자료: Navigant 2019

전 세계 국가별 이산화탄소 배출량

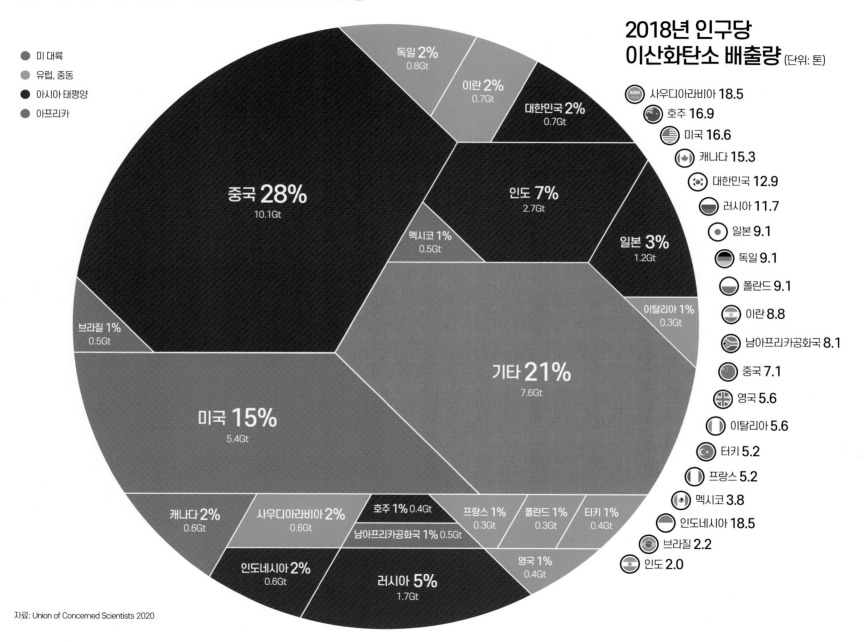

- 미 대륙
- 유럽, 중동
- 아시아 태평양
- 아프리카

독일 2%
0.8Gt

이란 2%
0.7Gt

대한민국 2%
0.7Gt

중국 28%
10.1Gt

인도 7%
2.7Gt

멕시코 1%
0.5Gt

일본 3%
1.2Gt

브라질 1%
0.5Gt

이탈리아 1%
0.3Gt

기타 21%
7.6Gt

미국 15%
5.4Gt

캐나다 2%
0.6Gt

사우디아라비아 2%
0.6Gt

호주 1% 0.4Gt

남아프리카공화국 1% 0.5Gt

프랑스 1%
0.3Gt

폴란드 1%
0.3Gt

터키 1%
0.4Gt

인도네시아 2%
0.6Gt

러시아 5%
1.7Gt

영국 1%
0.4Gt

2018년 인구당 이산화탄소 배출량 (단위: 톤)

- 사우디아라비아 18.5
- 호주 16.9
- 미국 16.6
- 캐나다 15.3
- 대한민국 12.9
- 러시아 11.7
- 일본 9.1
- 독일 9.1
- 폴란드 9.1
- 이란 8.8
- 남아프리카공화국 8.1
- 중국 7.1
- 영국 5.6
- 이탈리아 5.6
- 터키 5.2
- 프랑스 5.2
- 멕시코 3.8
- 인도네시아 18.5
- 브라질 2.2
- 인도 2.0

자료: Union of Concerned Scientists 2020

기후가 인간과 생태계에 미칠 위험

기후변화의 결과로 육지에서 벌어질 일들

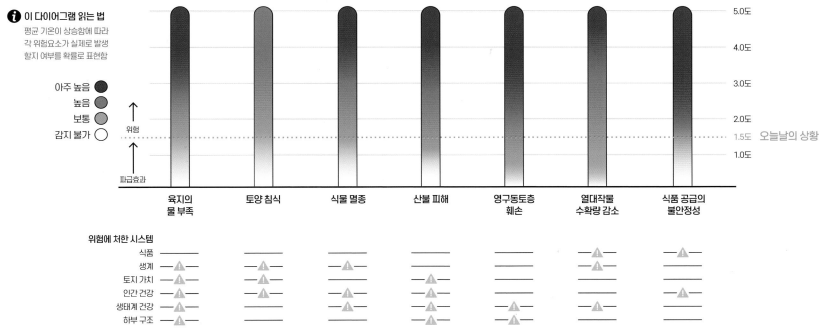

ⓘ 이 다이어그램 읽는 법
평균 기온이 상승함에 따라
각 위험요소가 실제로 발생
할지 여부를 확률로 표현함

아주 높음 ●
높음 ●
보통 ●
감지 불가 ○

위험 ↑
파급효과 ↓

5.0도
4.0도
3.0도
2.0도
1.5도 오늘날의 상황
1.0도

육지의 물 부족 | 토양 침식 | 식물 멸종 | 산불 피해 | 영구동토층 훼손 | 열대작물 수확량 감소 | 식품 공급의 불안정성

위험에 처한 시스템
식품
생계
토지 가치
인간 건강
생태계 건강
하부 구조

자료: Intergovernmental Panel on Climate Change 2020

기후변화와 기후 변화의 연관성

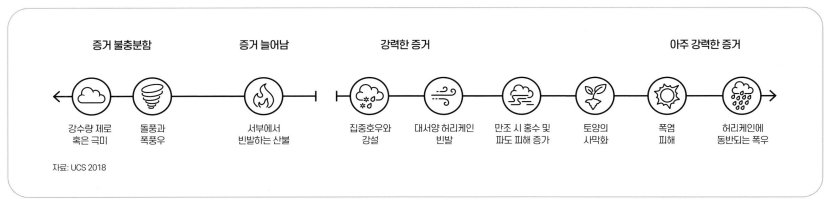

증거 불충분함 | 증거 늘어남 | 강력한 증거 | 아주 강력한 증거

강수량 제로 혹은 극미 | 돌풍과 폭풍우 | 서부에서 빈발하는 산불 | 집중호우와 강설 | 대서양 허리케인 빈발 | 만조 시 홍수 및 파도 피해 증가 | 토양의 사막화 | 폭염 피해 | 허리케인에 동반되는 폭우

자료: UCS 2018

기후 압력: 언제 기후 위기가 도래할까

각 나라가 기후 위기 정책을 제대로 실현할 경우 2000년~2100년의 기후 변화

전 세계 온실가스 배출량을 이산화탄소 무게로 환산한 내용(단위: Gt)

60 Gt

40 Gt

2015년까지 온실가스 배출량으로
추출한 예측 시나리오

20 Gt

0 Gt

| 2000 | 2010 | 2020 | 2030 예상 | 2040 예상 | 2050 예상 | 2060 예상 | 2070 예상 | 2080 예상 |

자료: Climate Action Tracker 2021

2050년 기후변화의 경제적 파급효과

2050년까지 실제 벌어질 평균 GDP 감소분

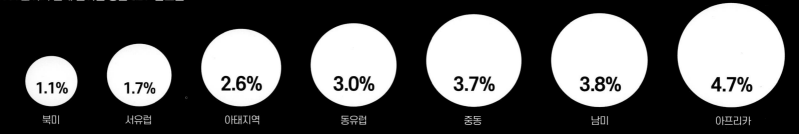

| 1.1% | 1.7% | 2.6% | 3.0% | 3.7% | 3.8% | 4.7% |
| 북미 | 서유럽 | 아태지역 | 동유럽 | 중동 | 남미 | 아프리카 |

자료: Economist Intelligence Unit 2019

4.1~4.8도 상승

기후정책이 사라진다면

각 나라의 기후변화 유발물질 저감 정책
이 실행되지 않을 경우 배출량 증가 전망

2.7~3.1도 상승

기존 정책을 유지한다면

각 나라에서 기존 정책을 유지할 경우의
예상 배출량

2.0~2.4도 상승

공약대로 목표 달성하면

각 나라가 기온 상승을 막기 위해 각자의
목표를 달성한다면 배출량은 감소할 전망

1.6~1.7도 상승

1.3~1.5도 상승

090 예상   2100 예상

대중의 인식 변화   ● 2013 ● 2020

기후변화가 자신의 나라에 매우 위험하다고 보는 사람의 비율

70%

0%

미국   영국   캐나다

자료: Fagan and Huang 2020

기후변화는 점점 더
중요한 이슈가 될 것이다.

이 문제는 바야흐로 과학자들뿐만 아니라 글로벌 기업과 대중의 관심사가 되는 중
이다. 이는 장기적으로 해결해야 하고, 장기적인 위협을 불러일으키는 복잡한 문제
인 동시에 투자자나 기업가, 정책 결정자 들에게는 두 배의 기회가 될 수도 있다. 거
세지는 기후 위기 앞에 어떻게 대응해야 할 것인가?

제한된 담수

물 소비의 증대
전 세계 담수 소비량(兆m³)

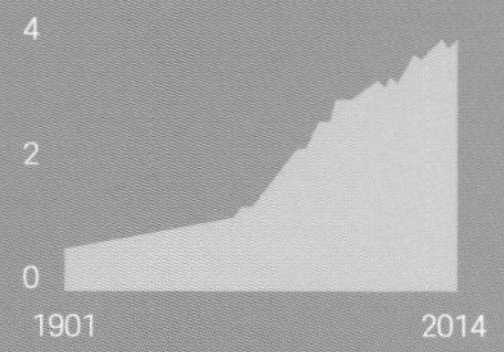

자료: Ritchie and Roser 2014

건조기후대의 인구 증가

물 갈등

도시 슬럼의 확대
■■■■□□□□□□□

인구 열 명 중 세 명은 안전한 물을
즉각 마실 수 있는 환경을 누리지 못한다.
자료: WHO 2019

수력발전용 댐

강과 호수의 오염

관개시설을 이용한 농업

줄어드는 만년설과 빙하
북극해의 얼음, 연간 최소량 기준(100만km²)

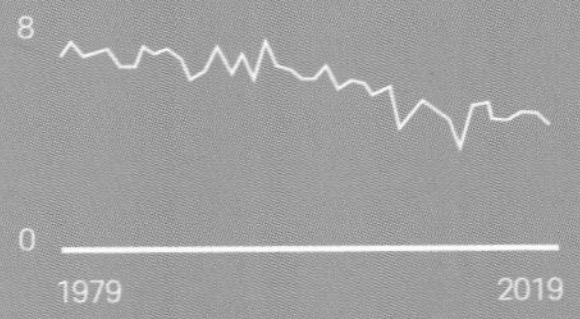

8

0

1979　　　　　2019

자료: NASA 2019

습지와 대수지의 축소

SIGNAL 07

식수 위기

식수 위기

전 세계 인구가 늘면서 식수 수요도 늘어났고, 이에 따라 이미 제한된 수준이었던
물 공급에 더 큰 적신호가 켜졌다.

 시그널 범위
아주 광범위함 (5/5)

 시그널/노이즈 비율
아주 높음 (5/5)

 SIGNAL

2040년 국가별 물 스트레스(예상)

가용 수자원 대비 취수 비율

낮음 ← ○ ○ ○ ● ● → 아주 높음
10% 이하　10~20%　20~40%　40~80%　80% 이상

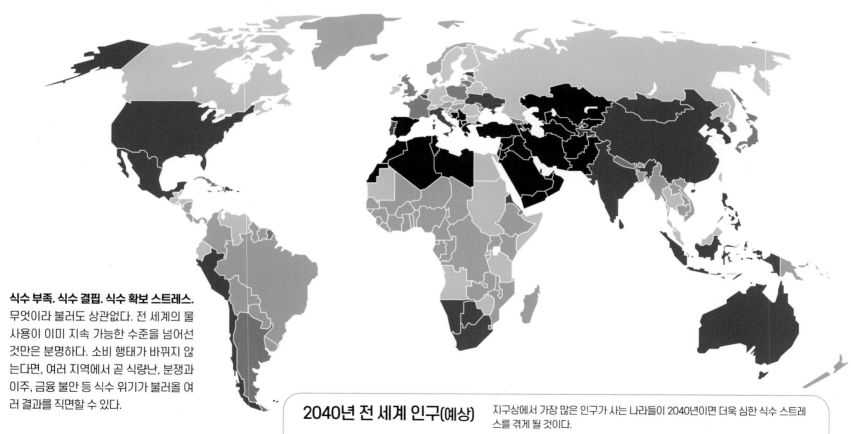

식수 부족. 식수 결핍. 식수 확보 스트레스.
무엇이라 불러도 상관없다. 전 세계의 물
사용이 이미 지속 가능한 수준을 넘어선
것만은 분명하다. 소비 행태가 바뀌지 않
는다면, 여러 지역에서 곧 식량난, 분쟁과
이주, 금융 불안 등 식수 위기가 불러올 여
러 결과를 직면할 수 있다.

자료: Luo 2015, UN Water 2019

2040년 전 세계 인구(예상)

지구상에서 가장 많은 인구가 사는 나라들이 2040년이면 더욱 심한 식수 스트레
스를 겪게 될 것이다.

🇨🇳 중국 14억+
1,407,803,754

🇮🇳 인도 16억+
1,610,413,933

 미국 3억+
359,173,981

식수 불평등

한 나라의 담수 공급량은 그 나라가 처한 지리적 입지에 따라 크게 다르다.
게다가 경제 및 인구학적 환경과 같은 요인들이 식수 불평등을 더욱 심화시킬 수 있다.

식수 관련 스트레스를 받으며 사는 사람들의 수

30억 - - - - ■ 스트레스 없음 ■ 스트레스 낮음 ■ 스트레스 중간 ■ 스트레스 심각함

인구밀도가 높은 개발도상국들의 경우
국내 물 수요를 충족시키는 데
큰 어려움을 겪을 것으로 보인다.

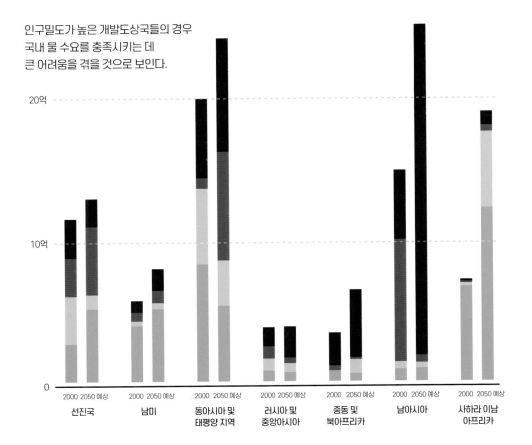

새로운 정책이 도입되지 않았을 경우를 가정한 결과임
자료: UN Water 2020

전 세계 물 분포

전 세계의 물, 특히 담수는 놀라울 정도로 희소한 자원이다.

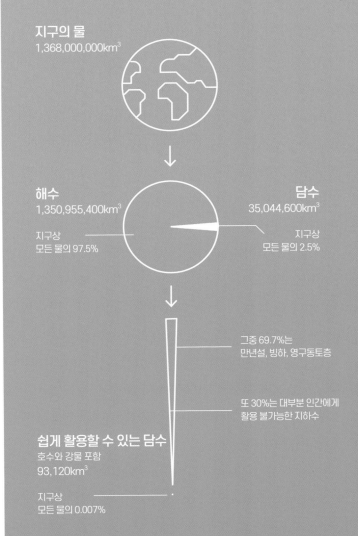

지구의 물
1,368,000,000km³

해수
1,350,955,400km³

담수
35,044,600km³

지구상
모든 물의 97.5%

지구상
모든 물의 2.5%

그중 69.7%는
만년설, 빙하, 영구동토층

또 30%는 대부분 인간에게
활용 불가능한 지하수

쉽게 활용할 수 있는 담수
호수와 강물 포함
93,120km³

지구상
모든 물의 0.007%

자료: U.S. Geological Survey 2019 수록된 Perlman et al.

전 세계 물 사용 트렌드

1960년 이후 가정에서의 물 사용량이 600% 증가해 농업용수나 공업용수의 증가 속도를 크게 앞질렀다.

각 부문별 전 세계 물 수요 증가

취수량 증가비율

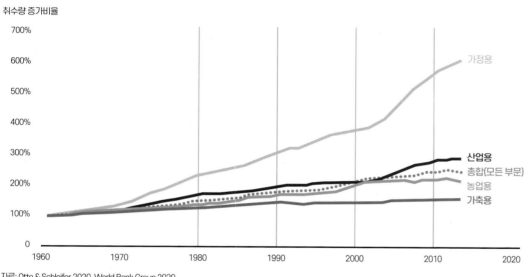

자료: Otto & Schleifer 2020, World Bank Group 2020

가정용수 수요의 증가는 도시 인구의 증가 때문일 수 있다. 도시에서는 물이나 위생 접근성이 낮기 때문이다.

전체 인구 중 도시 인구 비율

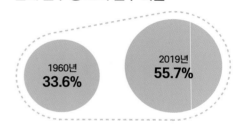

1960년
33.6%

2019년
55.7%

다른 부문처럼 빠르게 증가한 것은 아니지만, 농업은 다른 어느 부문보다 취수량 수요가 높은 편이다. 따라서 가까운 미래에는 농업이 최대 물 소비자 지위(총량 기준)를 유지할 것으로 보인다.

전 세계 부문별 물 사용량

● 1차에너지 생산　● 전력 생산　● 산업용　● 가정용　● 농업용

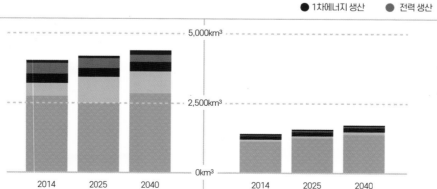

물 취수량

취수된 물의 총량. 취수된 물 중 일정량은 대개 원래 자리로 되돌아간다.

물 소비량

취수된 물 중 영구히 사라진 물의 양

자료: UN Water 2020

농업 분야의 물 발자국은 점점 커지는 중

사람들의 음식 선호도가 바뀌면서 농업 부문의 물 사용 규모가 더욱 커지고 있다.

식량의 물 발자국 식량의 물 발자국 육식용 식량 생산은 대개 채식용 작물 생산보다 훨씬 많은 물 발자국을 남긴다.

식량 1킬로그램을 생산하는 데 든 물의 양 (단위: 리터)

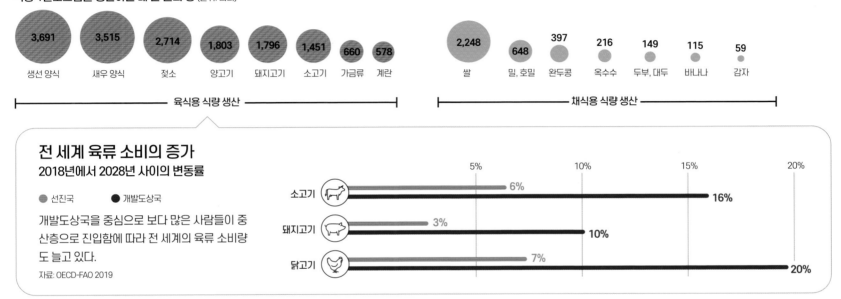

3,691	3,515	2,714	1,803	1,796	1,451	660	578
생선 양식	새우 양식	젖소	양고기	돼지고기	소고기	가금류	계란

— 육식용 식량 생산 —

2,248	648	397	216	149	115	59
쌀	밀, 호밀	완두콩	옥수수	두부, 대두	바나나	감자

— 채식용 식량 생산 —

전 세계 육류 소비의 증가
2018년에서 2028년 사이의 변동률

● 선진국   ● 개발도상국

개발도상국을 중심으로 보다 많은 사람들이 중산층으로 진입함에 따라 전 세계의 육류 소비량도 늘고 있다.

자료: OECD-FAO 2019

- 소고기: 6% / 16%
- 돼지고기: 3% / 10%
- 닭고기: 7% / 20%

오염의 위험

식량 생산이 늘면서 농약 사용이 늘고, 결국 수질 오염이 심각해진다.

1990년~2017년 동안 전 세계 농약 사용량

연간소비량(단위: 1톤)

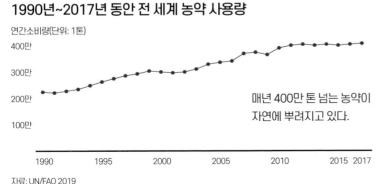

매년 400만 톤 넘는 농약이 자연에 뿌려지고 있다.

자료: UN/FAO 2019

1990년~2017년 대륙별 농약 사용 비율

성장률

아시아	+97%
미주지역	+117%
유럽	-3%
아프리카	+26%
오세아니아	+218%

파급효과

최근 몇십 년간 수자원 관련 분쟁이 엄청나게 증가했다.

물 관련 폭력 사태 1930년~2018년

사건 수

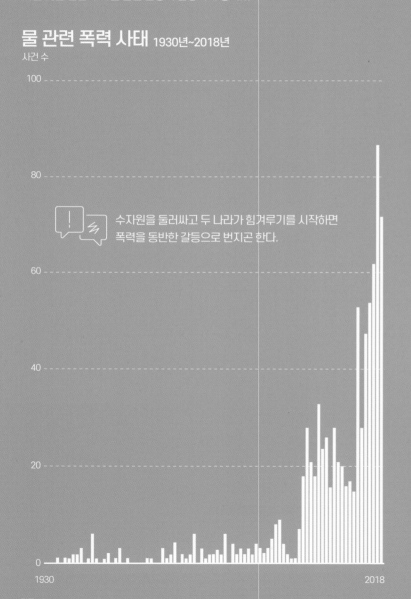

수자원을 둘러싸고 두 나라가 힘겨루기를 시작하면
폭력을 동반한 갈등으로 번지곤 한다.

자료: Gleick et al., 2018, World Bank 2016

위협 줄이기

물 부족의 위협을 줄이려면 전 세계 규모에서
실질적인 정책 혁신이 일어나야만 한다.
전 세계는 이를 위해 1.04조 달러, 즉 전 세계
GDP의 2.12%에 해당하는 돈을 써야만 한다.

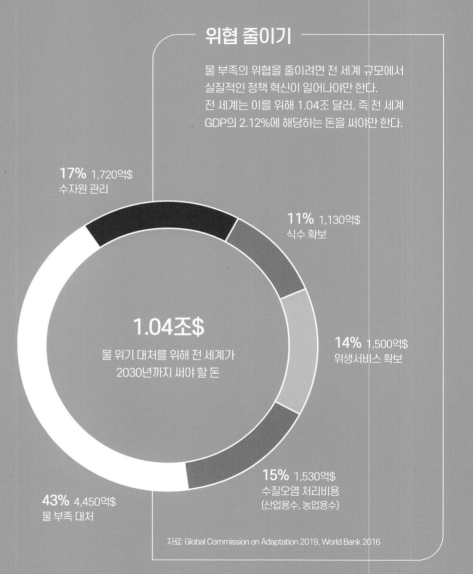

17% 1,720억$
수자원 관리

11% 1,130억$
식수 확보

1.04조$
물 위기 대처를 위해 전 세계가
2030년까지 써야 할 돈

14% 1,500억$
위생서비스 확보

15% 1,530억$
수질오염 처리비용
(산업용수, 농업용수)

43% 4,450억$
물 부족 대처

자료: Global Commission on Adaptation 2019, World Bank 2016

바다에 물 한 방울 떨어뜨리는 정도라 해도

지구적 물 위기를 관리하는 데 1.04조 달러나 쓴다는 게 놀라울지 몰라도 이조차도 하지 않을 경우 더욱 암울한 미래를 맞을 것이다. 효율적 물 정책을 펼치지 못하면, 즉 하던 대로 했다가는 심각한 타격을 입을 지역의 경우 GDP가 무려 10%나 떨어지는 결과를 낳을 것이다.

2050년 GDP 변화 (예상)

GDP 변화
- -10%
- -6%
- -2%
- 0%
- +1%
- +2%
- +6%

물 정책에 변화가
없을 경우

효율적 물 정책을
수행할 경우

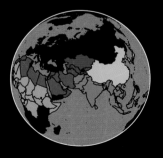

자료: Global Commission on Adaptation 2019, World Bank 2016

물은 생명과 직결되는 없어서는 안 될 자원이다.

물 공급 부족이 계속되는 반면 수요는 계속 늘어난다면, 곧 전 지구적으로 가뭄을 비롯한 여러 물 관련 문제에 직면할 것이다. 지구 전체 차원에서 물 부족에 대한 해법을 찾는 일은 돈도 많이 들고 복잡한 갈등이 얽힌 어려운 문제다. 하지만 또한 어떻게든 전 세계가 풀어내야 하는 숙제기도 하다.

탈탄소 [친환경 연료의 사용]

재생에너지

축전지 성능 개선

내연기관 성능 개선

전기 수요 조절

가변형 건물에너지 시스템을 도입하면 히터나 세탁기 같은 전력 수요를 분산시킴으로써 연간소비량을 크게 절약할 수 있다.

-24% 연간 최고점의 순 수요(MW) 24% 감소
-40% 연간 절약분(MWh) 40% 감소
-23% 연간 이산화탄소 배출량(톤) 23% 감소

자료: Goldenberg 2018

전기차 인센티브

배전설비 확충과 접근성 제고

2019년에도 여전히 세계 인구의 10%가 여전히 전기에 접속할 수 없는 상태였다.

자료: The World Bank 2019

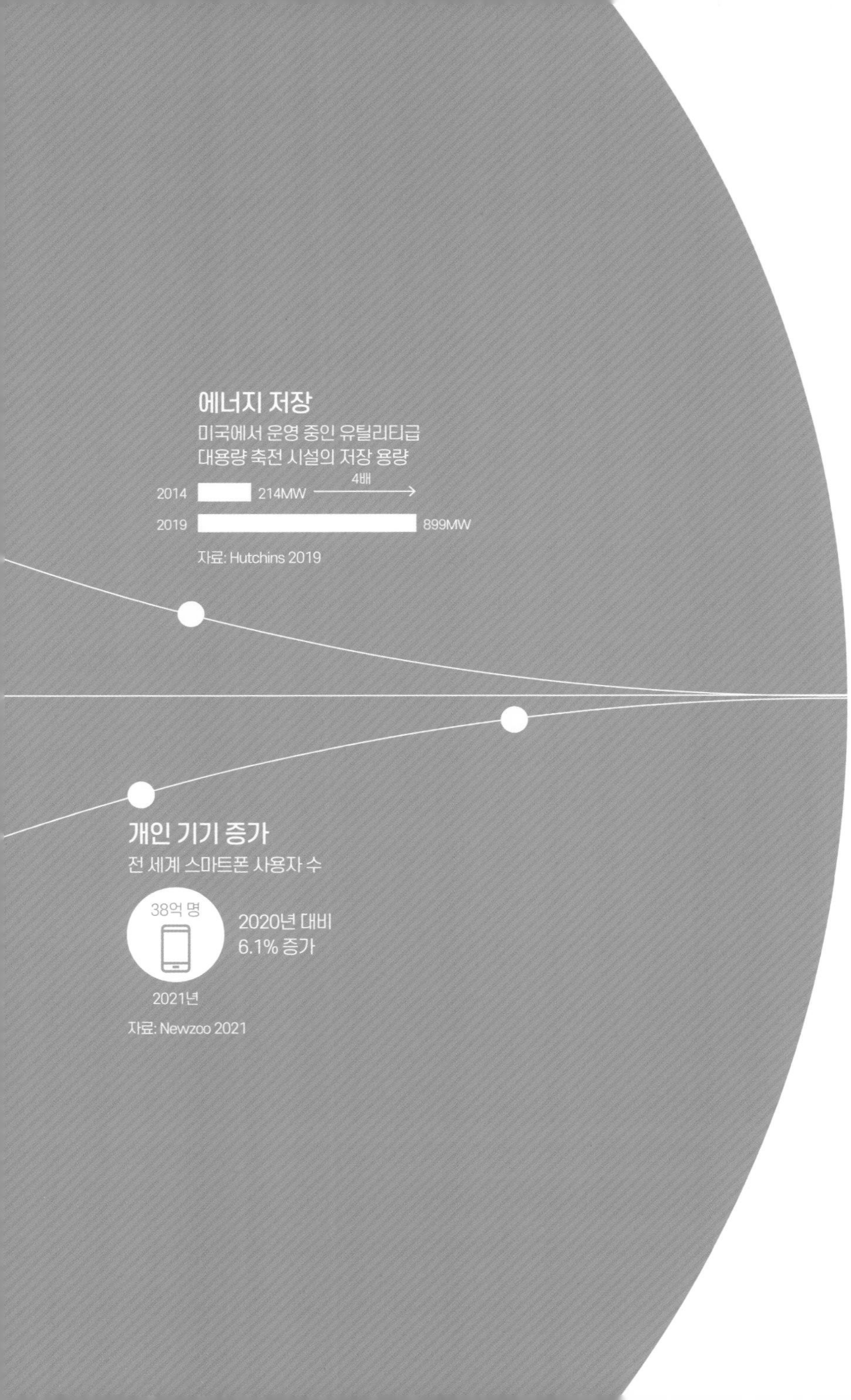

에너지 저장
미국에서 운영 중인 유틸리티급
대용량 축전 시설의 저장 용량

2014 ▭ 214MW —— 4배 ——▶
2019 ▭▭▭▭ 899MW

자료: Hutchins 2019

개인 기기 증가
전 세계 스마트폰 사용자 수

38억 명
2020년 대비
6.1% 증가

2021년

자료: Newzoo 2021

전기의 시대

전기의 세계에 오신 것을 환영합니다

 시그널 범위
광범위함 (4/5)

 시그널/노이즈 비율
중간 정도 (3/5)

앞으로도 화석연료에 대한 의존을 줄이려는 노력 때문에 전기 사용량은 늘어날 수밖에 없다.
그렇지만 어느 정도 증가할지는 산업과 기술이 얼마나 빠르게 발전할 것인가에 달려 있다.

SIGNAL

미국 전기 사용량 1950년~2050년

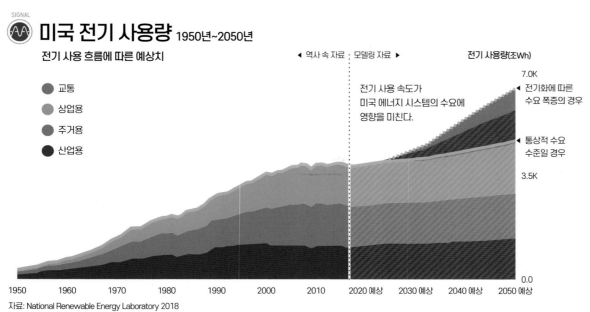

전기 사용 흐름에 따른 예상치

◀ 역사 속 자료 : 모델링 자료 ▶   전기 사용량(조Wh)

● 교통
● 상업용
● 주거용
● 산업용

전기 사용 속도가
미국 에너지 시스템의 수요에
영향을 미친다.

7.0K
◀ 전기화에 따른 수요 폭증의 경우

◀ 통상적 수요 수준일 경우

3.5K

0.0

1950 1960 1970 1980 1990 2000 2010 2020 예상 2030 예상 2040 예상 2050 예상

자료: National Renewable Energy Laboratory 2018

완전한 전기화는 기후변화에 대처하는 가장 강력하고 근본적인 방식 중 하나다. 여기에는 전자기기 도입 및 사용 증가만을 말하는 게 아니라 모든 제품과 서비스가 전기에 의존하도록 하는 혁명적 변화에 가깝다.

전 세계적 친환경 발전 추진과 에너지 수요의 증가와 맞물려, 전기화는 궤도에 오른 듯해 보이지만 이제 시작일 뿐이다.

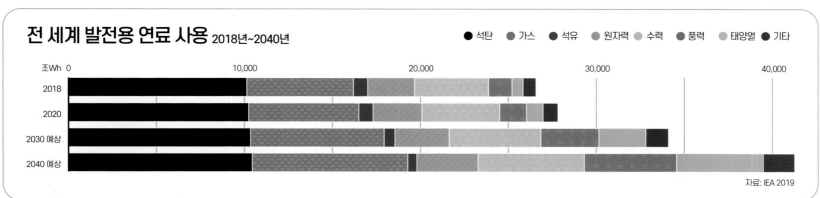

전 세계 발전용 연료 사용 2018년~2040년

● 석탄 ● 가스 ● 석유 ● 원자력 ● 수력 ● 풍력 ● 태양열 ● 기타

조Wh 0   10,000   20,000   30,000   40,000

2018
2020
2030 예상
2040 예상

자료: IEA 2019

전기는 어디에서 쓰이고 있을까?

교통과 산업 부문은 전기화의 잠재력이 아주 큰 분야다.

2015년 부문별 에너지 소비 총량 비율

☐ 전기 외 에너지　■ 전기

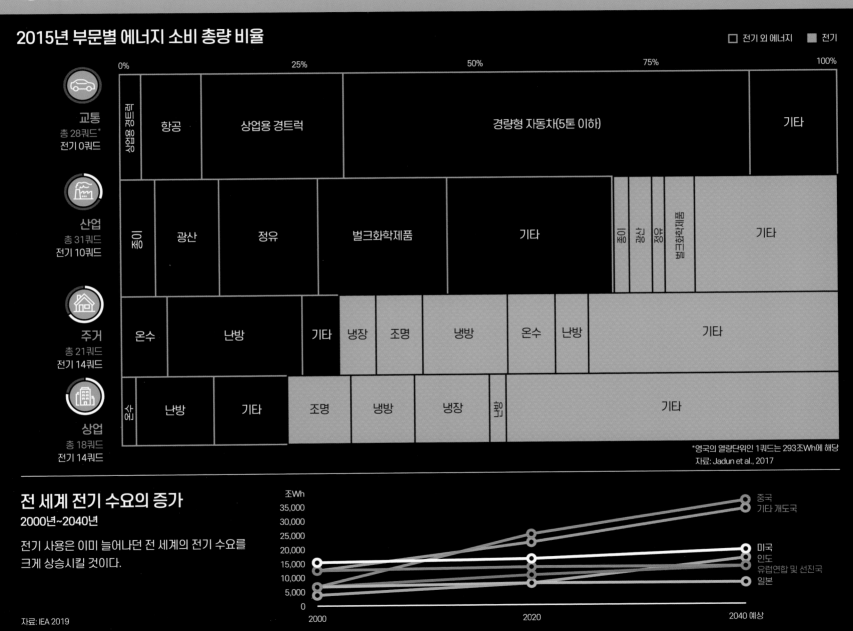

| | 0% | 25% | 50% | 75% | 100% |

교통
총 28쿼드*
전기 0쿼드
상업용 제트기 | 항공 | 상업용 경트럭 | 경량형 자동차(5톤 이하) | 기타

산업
총 31쿼드
전기 10쿼드
종이 | 광산 | 정유 | 벌크화학제품 | 기타 | 종이 | 광산 | 정유 | 벌크화학제품 | 기타

주거
총 21쿼드
전기 14쿼드
온수 | 난방 | 기타 | 냉장 | 조명 | 냉방 | 온수 | 난방 | 기타

상업
총 18쿼드
전기 14쿼드
난방 | 난방 | 기타 | 조명 | 냉방 | 냉장 | 환기 | 기타

*영국의 열량단위인 1쿼드는 293조Wh에 해당
자료: Jadun et al., 2017

전 세계 전기 수요의 증가

2000년~2040년

전기 사용은 이미 늘어나던 전 세계의 전기 수요를
크게 상승시킬 것이다.

조Wh
35,000
30,000
25,000
20,000
15,000
10,000
5,000
0

2000　　2020　　2040 예상

중국
기타 개도국
미국
인도
유럽연합 및 선진국
일본

자료: IEA 2019

전기 사용 실태

전기는 주로 산업 부문에 영향을 미쳤지만, 교통, 건축 및 우리 일상생활의 다른 여러 측면에도 눈에 띄는 양상을 불러일으킬 것이다.

전기 최종사용량의 수요 증가 2018년~2040년

(단위: 조Wh)

● 선진국   ● 개발도상국

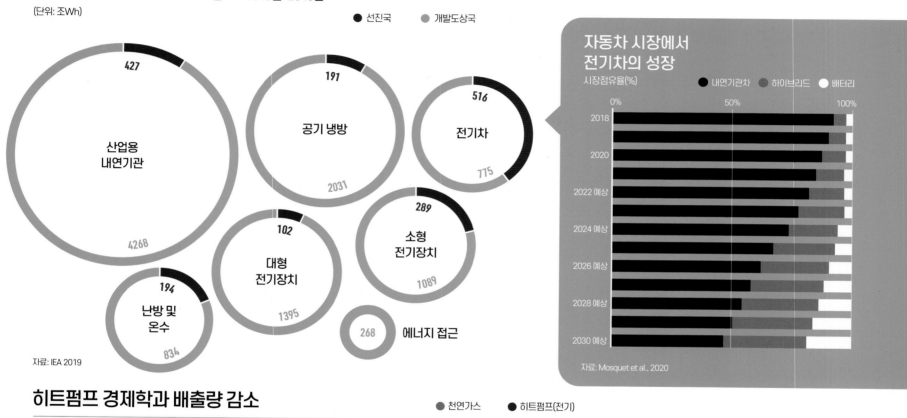

산업용 내연기관 427 / 4268

공기 냉방 191 / 2031

전기차 516 / 775

대형 전기장치 102 / 1395

소형 전기장치 289 / 1089

난방 및 온수 194 / 834

에너지 접근 268

자료: IEA 2019

자동차 시장에서 전기차의 성장

시장점유율(%)   ● 내연기관차   ● 하이브리드   ○ 배터리

0%   50%   100%

2018
2020
2022 예상
2024 예상
2026 예상
2028 예상
2030 예상

자료: Mosquet et al., 2020

히트펌프 경제학과 배출량 감소

● 천연가스   ● 히트펌프(전기)

전기 사용의 한 방식으로서 건물에 히트펌프를 설치하는 방안이 제안되고 있다. 기존 에너지망에 연결해 전기열을 사용함과 동시에 재생열을 사용하기도 하는 이 히트펌프 방식은 비용 절감과 배출량 감소 효과가 탁월하기 때문이다.

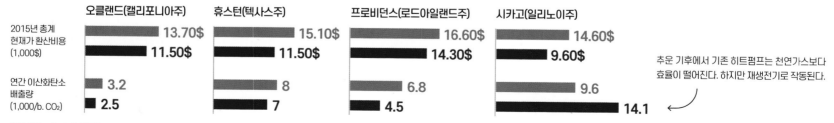

	오클랜드(캘리포니아주)	휴스턴(텍사스주)	프로비던스(로드아일랜드주)	시카고(일리노이주)
2015년 총계 현재가 환산비용 (1,000$)	13.70$ / 11.50$	15.10$ / 11.50$	16.60$ / 14.30$	14.60$ / 9.60$
연간 이산화탄소 배출량 (1,000/b. CO_2)	3.2 / 2.5	8 / 7	6.8 / 4.5	9.6 / 14.1

추운 기후에서 기존 히트펌프는 천연가스보다 효율이 떨어진다. 하지만 재생전기로 작동된다.

자료: Billimoria et al., 2018

어떻게 전기를 얻을 것인가

전기화가 온실가스 배출을 줄이는 데 제대로 된 위력을 발휘하려면 재생에너지원에서 전기를 얻는 게 필수적이다.
재생발전 기술은 이미 예상을 뛰어넘어 발전하고 있으며 더욱 가파르게 발전해갈 것이다.

기술별 전 세계 전력생산량

(단위: 기가와트)

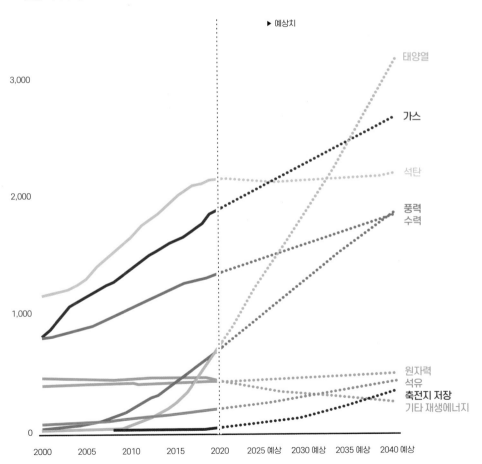

▶ 예상치

태양열
가스
석탄
풍력
수력
원자력
석유
축전지 저장
기타 재생에너지

3,000
2,000
1,000
0

2000 2005 2010 2015 2020 2025 예상 2030 예상 2035 예상 2040 예상

자료: IEA 2020

독일의 전기생산비용

($/MWh, 전체 비용)

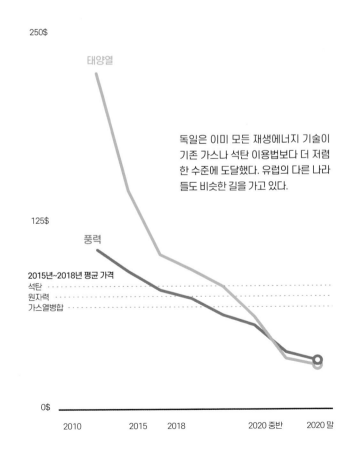

독일은 이미 모든 재생에너지 기술이
기존 가스나 석탄 이용법보다 더 저렴
한 수준에 도달했다. 유럽의 다른 나라
들도 비슷한 길을 가고 있다.

250$

태양열

125$

풍력

2015년~2018년 평균 가격
석탄
원자력
가스열병합

0$

2010 2015 2018 2020 중반 2020 말

자료: McKinsey & Company 2019에 수록된 Heiligtag

(아직) 전기가 모두 친환경인 것은 아니다

전기로 작동하는 신제품들은 특정 금속에 대한 수요를 증가시킨다.
이렇듯 여러 시나리오가 존재하므로, 전기의 최종적 효과를 콕 집어 얘기하기란 힘들다.

재생에너지가 화석연료보다 저렴해지리라는 예측

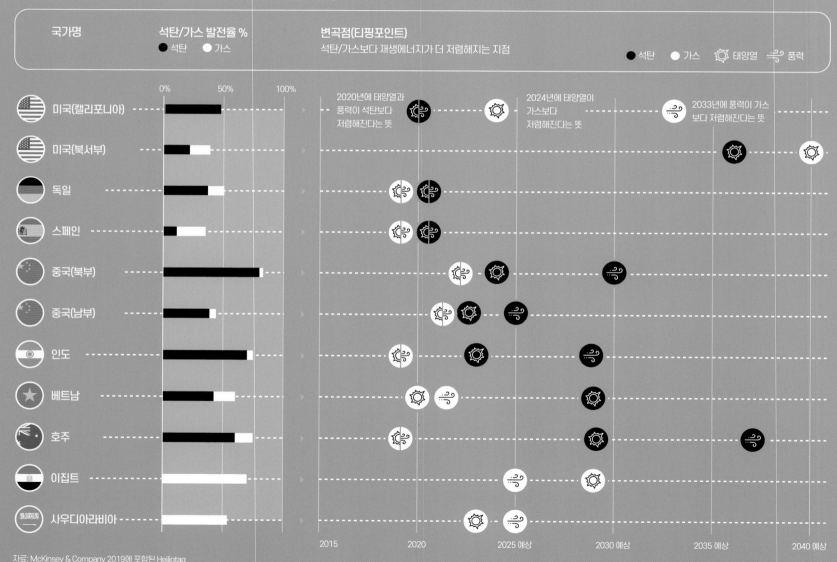

국가명	석탄/가스 발전율 % ● 석탄 ○ 가스	변곡점(티핑포인트) 석탄/가스보다 재생에너지가 더 저렴해지는 지점

● 석탄   ○ 가스   ☀ 태양열   풍력

미국(캘리포니아) — 2020년에 태양열과 풍력이 석탄보다 저렴해진다는 뜻 / 2024년에 태양열이 가스보다 저렴해진다는 뜻 / 2033년에 풍력이 가스보다 저렴해진다는 뜻

미국(북서부)
독일
스페인
중국(북부)
중국(남부)
인도
베트남
호주
이집트
사우디아라비아

2015   2020   2025 예상   2030 예상   2035 예상   2040 예상

자료: McKinsey & Company 2019에 포함된 Heiligtag

배터리용 금속에 대한 수요 증가
2018년~2028년

■ 리튬　　■ 흑연 전극
■ 코발트　■ 니켈

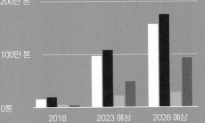

자료: Benchmark Mineral Intelligence 2019

배터리 제작비용 감소 예상
2018년~2030년

배터리 팩 가격($/kWh)

― 2019년 신규 추정치
― 2017년 기본 예상치
― 2017년 최저 예상치

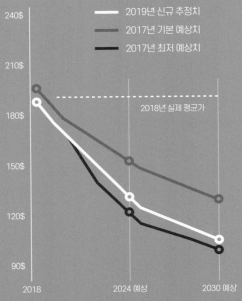

2018년 실제 평균가

자료: Mosquet et al., 2020

전기는 상상 밖의 제품들을 쏟아낼 것이고 이는 산업 전반을 재편할 것이다.

특히 전기는 차세대 전기차, 새로운 전력 체계와 놀라운 배터리 성능을 보여줄 것이다. 자동화나 재생에너지 같은 분야에서 급속한 기술 진보를 이끌어낼 요소들이 만들어지고 있는 가운데, 전기는 처음 발명 때처럼 여전히 혁명적인 분야다.

03

다시, 디지털 시대

시그널 개수 / 03

보이지 않는 0과 1의 세계에는 분석하고 활용할 데이터가 차고 넘친다. 현기증이 날 정도의
정보 성장세가 인간의 뇌에는 버거운 일이지만 이 정보가 IT 기업의 핵심 경쟁력이 되고 있다.
이제 이 대조의 양상들을 살필 예정인데, 정보 과잉에 대처하기 위해 개발 중인 여러 장치를 소개한다.

그리고 다른 쪽 극단에서는 IT 기업이 어마어마한 양의 데이터를 축적해 새로운 가치를 뽑아내기 위해
분주하게 움직이는 양상도 살필 것이다. 이 새로운 이분법의 시대 최전방에서는 사이버범죄가
늘어나고 있다. 이곳을 주름잡는 사이버시대의 악당들은 자신들에게 익숙한 디지털 도구를 활용해
사적 이익을 극대화하는 중이다.

디지털 세계와 우리가 맺는 관계는 이제 직장에서의 일과 생활 전체에 영향을 미치고 있다.
디지털 세계에 머무는 시간이 점점 늘어날수록, 기술과 어떻게 상호작용할지 그 해답을 알게 될 것이다.

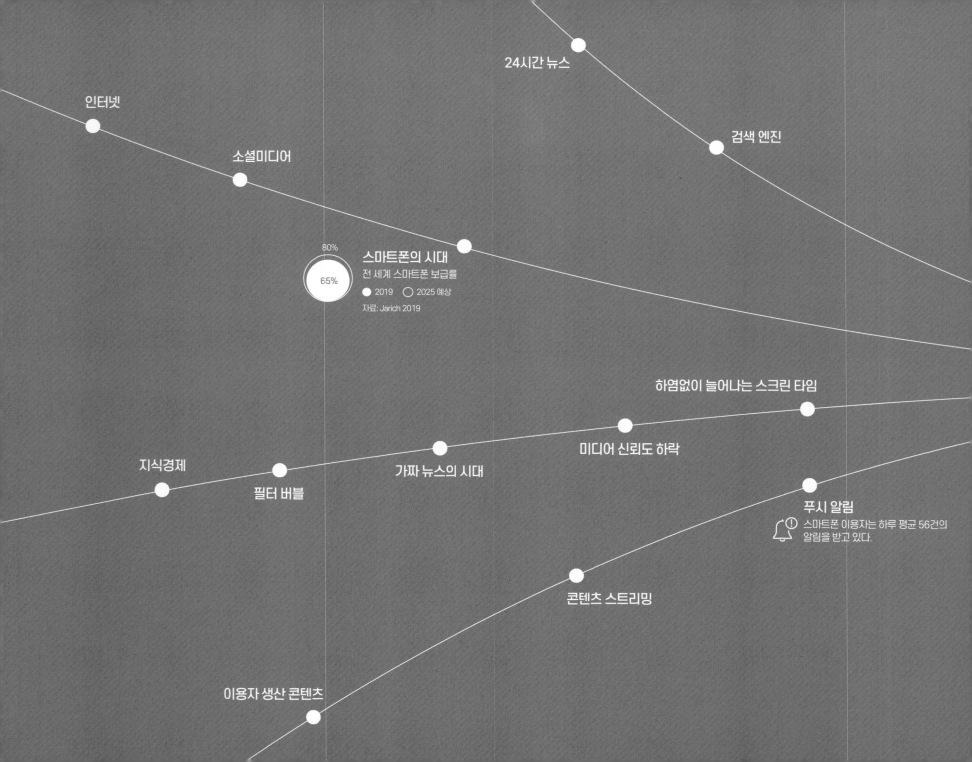

인터넷

24시간 뉴스

소셜미디어

검색 엔진

80%

65%

스마트폰의 시대
전 세계 스마트폰 보급률
● 2019 ○ 2025 예상
자료: Jarich 2019

하염없이 늘어나는 스크린 타임

미디어 신뢰도 하락

지식경제

가짜 뉴스의 시대

필터 버블

푸시 알림
스마트폰 이용자는 하루 평균 56건의
알림을 받고 있다.

콘텐츠 스트리밍

이용자 생산 콘텐츠

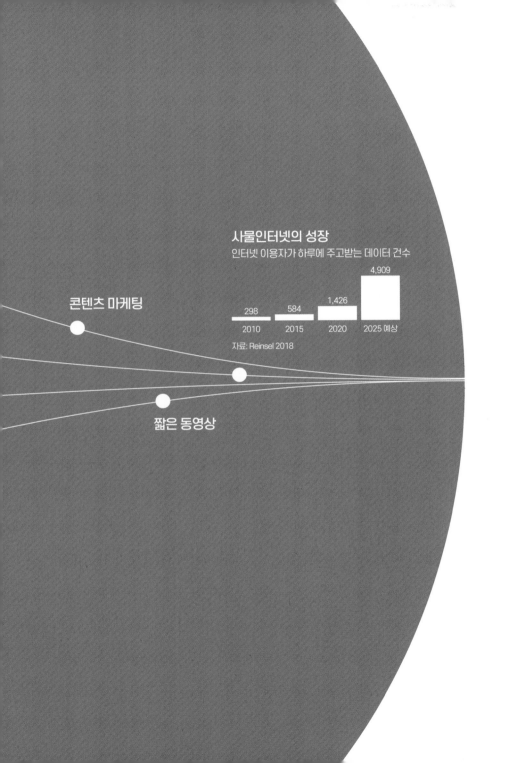

사물인터넷의 성장
인터넷 이용자가 하루에 주고받는 데이터 건수

4,909

1,426

584

298

2010 2015 2020 2025 예상

자료: Reinsel 2018

콘텐츠 마케팅

짧은 동영상

SIGNAL 09

정보 과부하의 시대

정보 과잉

인류는 그 어느 때보다 많은 데이터를 만들고 분석하고 소비하며 살고 있다. 우리는 이런 정보의 거센 파도에 과연 잘 대처할 수 있을까?

전 세계 데이터 캡처(문서의 디지털화), 생산, 복제

단위: 제타바이트(1제타바이트는 1조 기가바이트)

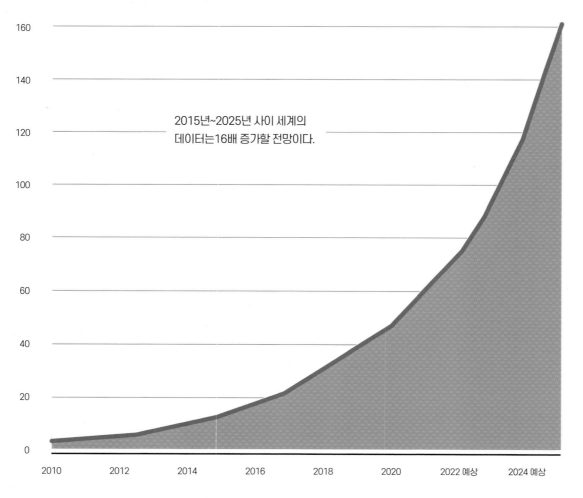

2015년~2025년 사이 세계의
데이터는 16배 증가할 전망이다.

자료: IDC, 2018에 수록된 Reinsel et al.

시그널 범위
아주 광범위함 (5/5)

시그널/노이즈 비율
아주 높음 (5/5)

콘텐츠를 만들고 출간하고 공유하는 일이 이보다 더 쉬웠던 적은 없다. 인터넷 관련 디바이스가 크게 늘어나 데이터의 양도 놀라운 속도로 늘고 있다. 이런 정보의 바다에 접속하는 건 누구나 할 수 있지만, 거기서 통찰력을 얻는 것은 더 어려운 일이 되었다.

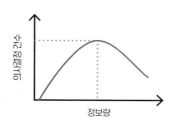

정보 과잉은 시스템이 처리할 수 있는 용량보다 더 많은 데이터가 투입될 때 벌어진다. 의사결정권자들의 인지적 처리용량은 지극히 제한적이다. 따라서 정보 과잉이 벌어지면 이상한 결정을 할 가능성이 높아질 수밖에 없다.

— 앨빈 토플러(Alvin Toffler, 미래학자)

컴퓨터에 바친 인생

사람들이 모니터 또는 패드 앞에 머무는 시간이 엄청나게 치솟았다.
사람들은 2008년에 비해 2배나 더 많은 디지털 미디어를 소비하고 있다.

미국 성인이 매일 디지털 미디어에 쓴 시간

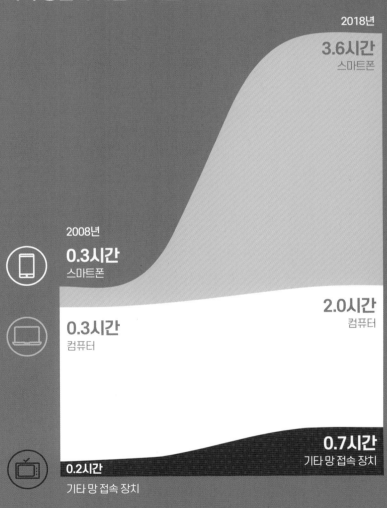

2018년

3.6시간
스마트폰

2008년
0.3시간
스마트폰

0.3시간
컴퓨터

2.0시간
컴퓨터

0.7시간
기타 망 접속 장치

0.2시간
기타 망 접속 장치

자료: Trends 2019

뜨는 트렌드

라이브스트리밍
(게임 포함)

트위치, 페이스북, 게임, 유튜브, 믹서 이용 시간

- 30억
- 15억
- 0

2017　2018　2019　2020

팟캐스트

미국 내 월간 팟캐스트 청취자 수

- 2억
- 1억
- 0

2017　2015　2017　2019　2021 예상　2023 예상

지는 트렌드

책

책 읽는 시간(미국 성인 기준, 분/하루)

- 20분
- 10분
- 0

2009　2011　2013　2015　2017　2019

텔레비전
(본 방송 시청)

2020년 2분기, 연령대별 하루 시청 시간

- 7시간
- 3.7시간
- 0

65세 이상　50~64세　35~49세　18~34세

의미의 탐색

기술은 발전하지만, 정보를 소비해 세계를 이해하려는 우리의 본능은 변하지 않았다. 정보의 신빙성을 따질 때 우리의 평가 방식은
덕 클린턴(Doug Clinton, 루프 벤처의 전무이사)이 제안한 다음 공식으로 요약할 수 있다.

$$\text{효용} = \frac{\text{의미}}{\text{시간}}$$

효용 (의미를 시간으로 나눈 값)

의미 (개인이 어떻게 정보를 해석하는가?)

시간 (개인이 정보를 소비하는 데 걸린 시간)

자료: Loup Ventures 2018에 수록된 Clinton

압도적 정보의 바다에 직면한 사람들은 특정 행동 패턴을 취해
콘텐츠에 대한 평가를 신속하게 할 수 있도록 도와주는 분석 도구를 만들고는 한다.

압축

바로 소비할 수 있는 정보를 압축함

밈, GIF, 이모티콘

디지털 대시보드

설명 동영상

필터링

평가 알고리즘, 평가 사이트 등을 통해 관심 없는 정보를 제거한다.

트위터 인플루언서

뉴스피드

좋아요&구독

증가하는 정보 밀도

쏟아지는 정보에 점점 더 익숙해지면서 콘텐츠 소비 방식도 갈수록 밀도를 더해간다.

트위터

동영상

소파에서

2010

140자 텍스트

저해상이고 공유하기 어려움

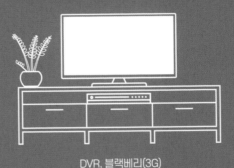

DVR, 블랙베리(3G)

2020

280자, GIF, 동영상, 이미지, 위치태그,
태그, 해시태그, 이모티콘, 라이브스트리밍,
연결 트윗, QT(인용트윗)

고해상도, 스티커, 필터, GIF, 텍스트 입력,
태그, 위치태그, 해시태그, 음악

스마트폰(LTE, 5G), 넷플릭스, 스마트스피커,
닌텐도 스위치, 애플워치

데이터로 보는 내 미래

우리가 직면한 정보의 세계는 빠르게 확장하며 우리 삶의 모든 구석구석에 침투하고 있다.
우리의 미래가 데이터에 의해 어떤 모습을 띠게 될지, 그 윤곽이라도 살펴보자.

모든 게 실시간으로

2025년이면 모든 정보의 1/3이 실시간 정보일 것으로 예측된다.
이런 정보는 수많은 센서와 수십억 개의 망 접속 장치들로부터
수집되는 데이터다.

자료: Reinsel et al., 2018

증강현실(AR)

숨겨진 세계

포켓몬고는 실제 세계가 몇몇 디지털 정보와 결합하면
어떤 모습일지 경험하게 해주었다. 스마트폰을
디지털 '오버레이'와 상호작용하는 도구로 활용하는 건
이제 시작 단계다.

내가 데이터가 된다

인터넷에 연결된 기술의 세계가 우리 세계를 둘러싸게 되면서
일상생활에서 점점 더 많은 데이터가 수집될 것이다.
기술이 더 발달하면 이런 데이터가 우리의 삶을 '증강'시키고
나아가 건강을 개선하는 데 쓰일 수 있다.

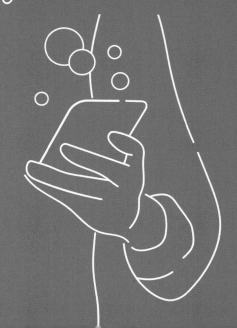

허위정보

정보와 콘텐츠 생산 도구에 대한 접근성이 유례 없는 수준으로 좋아진 건 여러 가지 측면에서 축복이다. 하지만 이는 한편으로 저주이기도 하다. 정보 과잉의 어두운 이면을 생각해보자.

가짜뉴스

최근 수년 동안 인터넷에 대중을 오도하는 과장, 가짜 콘텐츠가 크게 늘었다. 물론 이런 일이 벌어진 건 경제적 인센티브 때문이다.

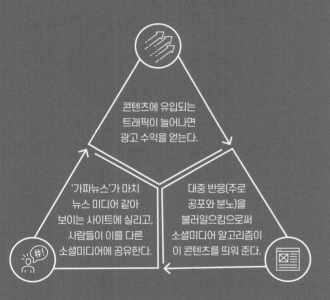

콘텐츠에 유입되는 트래픽이 늘어나면 광고 수익을 얻는다.

'가짜뉴스'가 마치 뉴스 미디어 같아 보이는 사이트에 실리고, 사람들이 이를 다른 소셜미디어에 공유한다.

대중 반응(주로 공포와 분노)을 불러일으킴으로써 소셜미디어 알고리즘이 이 콘텐츠를 띄워 준다.

가짜뉴스와 극단적 당파성 콘텐츠는 주로 봇이 퍼나른다. 트위터의 연구 결과를 보자.

66%

모든 링크 트윗의 66%가 의심스런 봇에 의해 공유됨

89%

유명한 뉴스 사이트로의 링크 트윗 중 89%가 봇에 의해 포스팅됨

자료: Pew Research Center 2018

데이터 기반의 세계에서 성공하려면 그 복잡함을 이해해야 한다.

우리는 한 세대만에 텔레비전에서 틱톡으로의 진보를 경험했다. 따라서 앞으로 통합된 디지털 시대로 진입하는 과정에서도 고통이 있을 것이라고 예상할 수 있다. 신뢰할 만한 정보를 식별해내는 능력과 콘텐츠가 담긴 장비로 무장한다면 당신은 이 희한하고도 흥미진진한 미래를 맘껏 즐길 준비가 된 셈이다. 복잡한 정보 속에서 핵심을 찾아내는 게 그 어느 때보다 더욱 값진 능력이 되는 시대다.

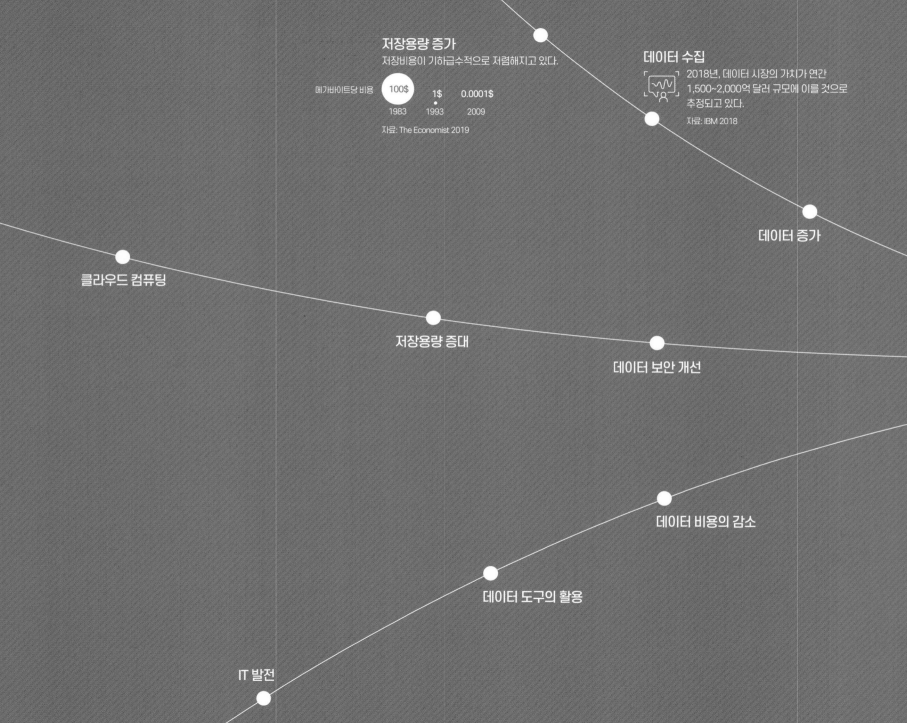

저장용량 증가
저장비용이 기하급수적으로 저렴해지고 있다.

메가바이트당 비용   100$ 1$ 0.0001$
                   1983   1993   2009

자료: The Economist 2019

데이터 수집
2018년, 데이터 시장의 가치가 연간 1,500~2,000억 달러 규모에 이를 것으로 추정되고 있다.

자료: IBM 2018

데이터 증가

클라우드 컴퓨팅

저장용량 증대

데이터 보안 개선

데이터 비용의 감소

데이터 도구의 활용

IT 발전

데이터 컬렉션

데이터 분석 발전
2019년 조사에 따르면 CEO가 자신 회사의 3대 비즈니스
과제를 달성하기 위해 CIO(정보담당이사)에게 의존하고 있
다고 응답한 비율이 거의 60%에 이르렀다.

2019
60%

자료: Elumalai and Roberts 2019

데이터의 시대

데이터의 시대

데이터 분야에서 거대기업들이 출현하고 있다. 엄청난 유저 기반과 그 결과물인 데이터(아주 귀한 빅데이터)가 그들을 지켜주는 가운데 거대 IT 기업은 무제한의 경제 성장을 기록 중이다.

시그널 범위	시그널/노이즈 비율
보통 수준 (3/5)	보통 수준 (3/5)

SIGNAL ∧∧ 거대 IT 기업의 수익 성장세 2015년 이후

 아마존　 애플　G 알파벳　▦ 마이크로소프트　f 페이스북

자료: GSMA Intelligence, 2019에 수록된 Jarich et al.

잠재적 경쟁자들을 견제할 주요 진입장벽인 데이터는 IT 기업에 무소불위의 힘을 실어주었다. 이제 데이터가 AI 혁명을 주도하고 있다. 방대한 양의 유저 데이터와 조직운영 데이터로 구성된 IT 기업의 데이터는 가장 강력한 '경제적 해자'가 될 것이다.

ⓘ 워런 버핏이 1995년에 유행시킨 단어인 '경제적 해자(Economic Moat)'는 잠재적 시장 진입자로 하여금 기존 기업이 지닌 시장 지분을 위협하는 걸 막는 방호망을 뜻한다.

데이터를 만들어준 유저 규모

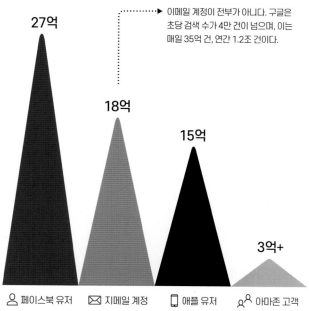

27억

18억

15억

3억+

▸ 이메일 계정이 전부가 아니다. 구글은 초당 검색 수가 4만 건이 넘으며, 이는 매일 35억 건, 연간 1.2조 건이다.

⊙ 페이스북 유저　✉ 지메일 계정　▯ 애플 유저　⚲ 아마존 고객

자료: Statista 2020, Apple 2020

데이터가 IT를 키운다

데이터가 많으면 많을수록 IT 기업이 인공지능과 관련한 기반을 갖출 가능성도 높아진다. 애플이나 알파벳 같은 기업들이 지난 10년 사이에 인공지능 스타트업을 앞다투어 인수하고 관련인재 영입에 속도를 낸 이유다.

거대 IT 인공지능 기업의 인수합병 수

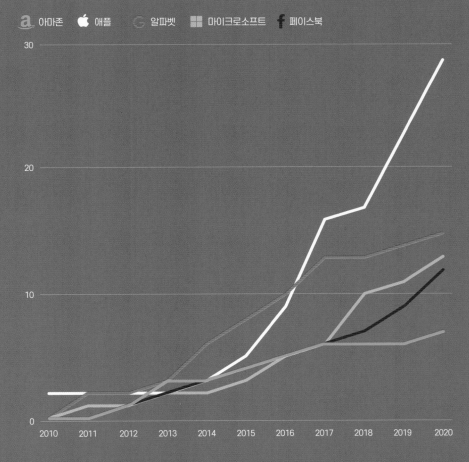

자료: CB Insights 2019

데이터와 인공지능 앱

2011년에서 2019년 9월까지 인공지능 인수합병 분야는 다음과 같다.

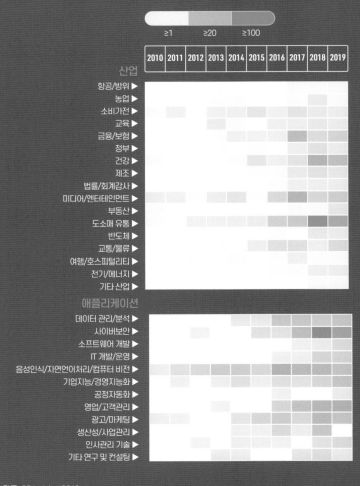

자료: CB Insights 2019

데이터의 종류

기업은 엄청난 양의 유저 및 계정 데이터를 모은다. 기업은 개인정보부터 검색어, GPS 위치
정보, 쇼핑 행태까지 분석한다. 분석 프로그램과 인공지능, 그리고 경영진의 안목까지 곁들여
질 때 이 방대한 인간 데이터는 비즈니스에서 엄청난 비교우위를 누리게 해준다.

	구글	아마존	애플	페이스북
이름	✓	✓	✓	✓
전화번호	✓	✓	✓	✓
위치 정보	✓	✓	✓	✓
주소	✓	✓	✓	✓
이메일 주소	✓	✓	✓	✓
문서/스프레드시트	✓	✗	✓	✗
캘린더 이벤트	✓	✗	✓	✓
관심사항	✗	✗	✓	✓
종교/정치관	✗	✗	✗	✓
결제정보	✓	✓	✓	✓
신용카드정보	✗	✓	✗	✓
구매내역	✓	✓	✗	✓
채팅 및 문자	✓	✗	✓	✓
방문 웹사이트	✓	✓	✓	✓
브라우징 히스토리	✓	✓	✗	✓
검색 히스토리	✓	✓	✗	✓
시청 동영상	✓	✓	✗	✓
업로드한 사진	✓	✓	✓	✓
데이터 사용량	✗	✓	✗	✓
앱, 브라우저, 기기 간 상호작용	✓	✓	✓	✓

자료: Vigderman and Turner 2020

정보와 인공지능, 그리고 클라우드

클라우드 시스템의 도입과 IT 현대화는 인공지능 혁명의 핵심이다.
이 둘은 데이터 관리 및 인공지능 분야에서 엄청난 수익을 안겨줄 것이다.

업무용 클라우드 2019년과 2022년

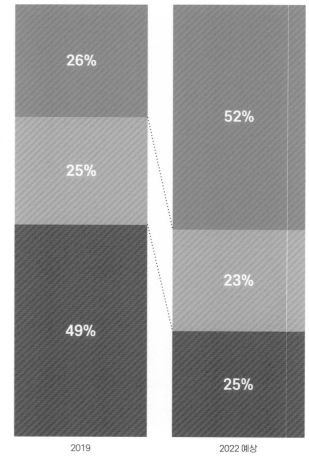

● 공공 클라우드   ● 민간 클라우드   ● 사내 망

클라우드 기반의 업무비율

2019	2022 예상
26%	52%
25%	23%
49%	25%

자료: Elumalai and Roberts 2019

데이터와 인공지능의 수익

IT 기업의 수익은 유저 데이터와 분석 프로그램, 인공지능 앱에 따라 달라진다. 아마존조차 소매 분야 수익의 대부분은 분석 프로그램과 인공지능이 판별해낸 소비자 지출 패턴 데이터에서 나온다.

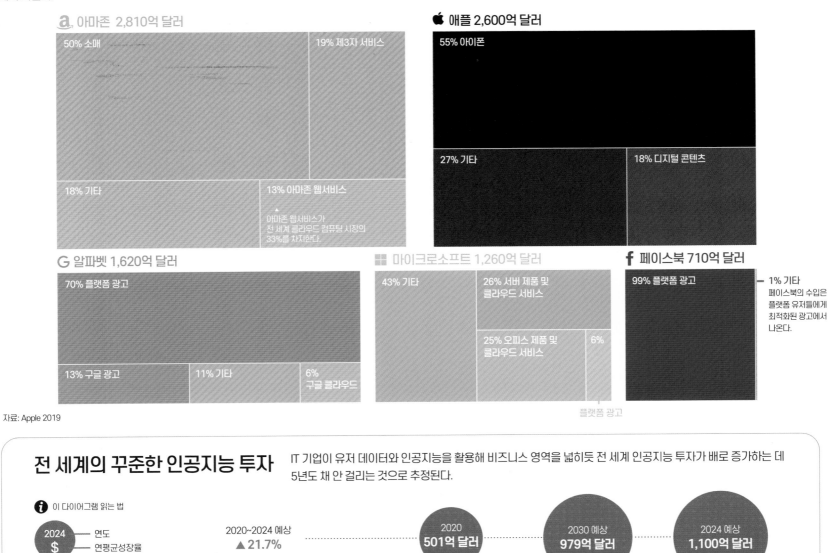

a 아마존 2,810억 달러

50% 소매

19% 제3자 서비스

18% 기타

13% 아마존 웹서비스
▲
아마존 웹서비스가
전 세계 클라우드 컴퓨팅 시장의
33%를 차지한다.

애플 2,600억 달러

55% 아이폰

27% 기타

18% 디지털 콘텐츠

G 알파벳 1,620억 달러

70% 플랫폼 광고

13% 구글 광고

11% 기타

6%
구글 클라우드

마이크로소프트 1,260억 달러

43% 기타

26% 서버 제품 및
클라우드 서비스

25% 오피스 제품 및
클라우드 서비스

6%

f 페이스북 710억 달러

99% 플랫폼 광고

1% 기타
페이스북의 수입은
플랫폼 유저들에게
최적화된 광고에서
나온다.

플랫폼 광고

자료: Apple 2019

전 세계의 꾸준한 인공지능 투자

IT 기업이 유저 데이터와 인공지능을 활용해 비즈니스 영역을 넓히듯 전 세계 인공지능 투자가 배로 증가하는 데 5년도 채 안 걸리는 것으로 추정된다.

ℹ 이 다이어그램 읽는 법

2024
$
— 연도
— 연평균성장률

2020~2024 예상
▲ 21.7%

2020
501억 달러

2030 예상
979억 달러

2024 예상
1,100억 달러

자료: IDC 2019

전 세계는 어떤 인공지능 분야에 투자하나

전 세계가 인공지능에 엄청난 금액을 투자하는 가운데 미국과 중국이 이 경제 전쟁의 승자가 될 전망이다. 개발도상국들은 기술 도입률이 낮은 탓에 별 수익을 거두지 못할 것으로 보인다.

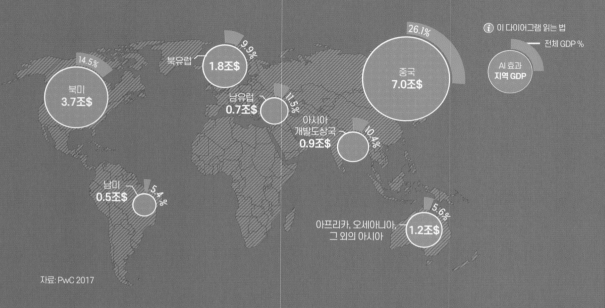

ⓘ 이 다이어그램 읽는 법

전체 GDP %

AI 효과
지역 GDP

14.5%
북미
3.7조$

9.9%
북유럽
1.8조$

남유럽
0.7조$

11.5%

26.1%
중국
7.0조$

아시아
개발도상국
0.9조$

10.4%

남미
0.5조$

5.4%

아프리카, 오세아니아,
그 외의 아시아

5.6%
1.2조$

자료: PwC 2017

인공지능의 이점 개별 주문형 서비스의 질

개별 주문형 웹서비스부터 생산성 개선에 이르기까지, 인공지능은 산업의 경영과 서비스 분야에서 파급효과를 불러올 전망이다.

인공지능으로 인한 전 세계 GDP ⓘ 인공지능 시장은 2027년이면 7,337억 달러 규모에 이를 전망이다.
자료: Grand View Research 2020

- 노동생산성
- 개별 주문형 서비스
- 시간 절약
- 질

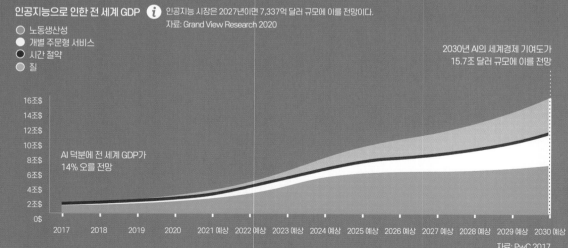

2030년 AI의 세계경제 기여도가
15.7조 달러 규모에 이를 전망

AI 덕분에 전 세계 GDP가
14% 오를 전망

16조$
14조$
12조$
10조$
8조$
6조$
4조$
2조$
0$

2017 2018 2019 2020 2021 예상 2022 예상 2023 예상 2024 예상 2025 예상 2026 예상 2027 예상 2028 예상 2029 예상 2030 예상

자료: PwC 2017

산업별 인공지능

클라우드 저장공간과 데이터 분석 비용이 저렴해져 보다 많은 기업들이 데이터와 인공지능의 결과물을 사용할 수 있을 것이다. 특히 헬스케어 및 자동차 산업이 가장 큰 영향을 받을 것이다.

인공지능 투자의 효과*
⬤ 효과 수준: 1~5

부문	하위부문
보건 3.7	헬스케어 분야 제약, 생명공학 보험 소비자 건강
자동차 3.7	OEM 부품 및 수리 부품납품 개인 이동 관련 서비스 금융
금융 서비스 3.3	자산 및 자금 관리 은행 및 캐피털 보험
교통/물류 3.2	교통 물류
기술/통신/엔터테인먼트 3.1	기술 엔터테인먼트, 미디어, 통신
소매 3.0	소비자 상품 소매업
에너지 2.2	석유 및 가스 전기 및 에너지
제조 2.2	제조업 산업용 제품 및 원자재

*PwC의 인공지능 파급효과 평가 자료를 다이어그램화했다.
1~5 중 5가 인공지능의 가장 큰 파급효과를 가져오는 쪽이다.
자료: PwC 2017

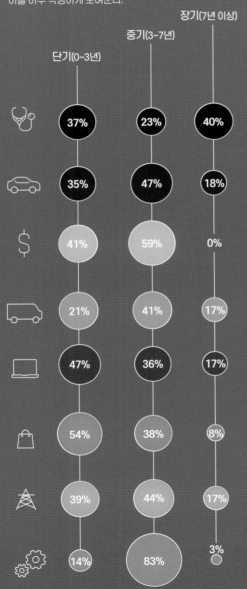

인공지능 도입의 성숙도

가장 빨리 인공지능을 도입할 곳은 소매 분야다. 아마존이
이를 아주 극명하게 보여준다.

장기(7년 이상)

중기(3~7년)

단기(0~3년)

	단기(0~3년)	중기(3~7년)	장기(7년 이상)
	37%	23%	40%
	35%	47%	18%
$	41%	59%	0%
	21%	41%	17%
	47%	36%	17%
	54%	38%	8%
	39%	44%	17%
	14%	83%	3%

자료: PwC 2017

**"침투 불가능한 장벽에 둘러싸인
경제적 해자가 등장할 것이다."**
— 워런 버핏(Warren Buffett, 버크셔 헤더웨이 의장 겸 CEO)

거대 IT 기업의 경제적 지배력은 자신들이 만든 넓고 깊은 데이터에서 나온다. 데이터 위에 만들어진 이 장벽은 갈수록 막강한 힘을 발휘할 것이다. 클라우드 기술과 분석 프로그램의 발전, 그리고 인공지능의 출현 덕분에 데이터의 위력은 더욱 강력해지고 있다. 이를 기반으로 한 새로운 '데이터 기반 제국'의 출현 가능성 또한 커지고 있다.

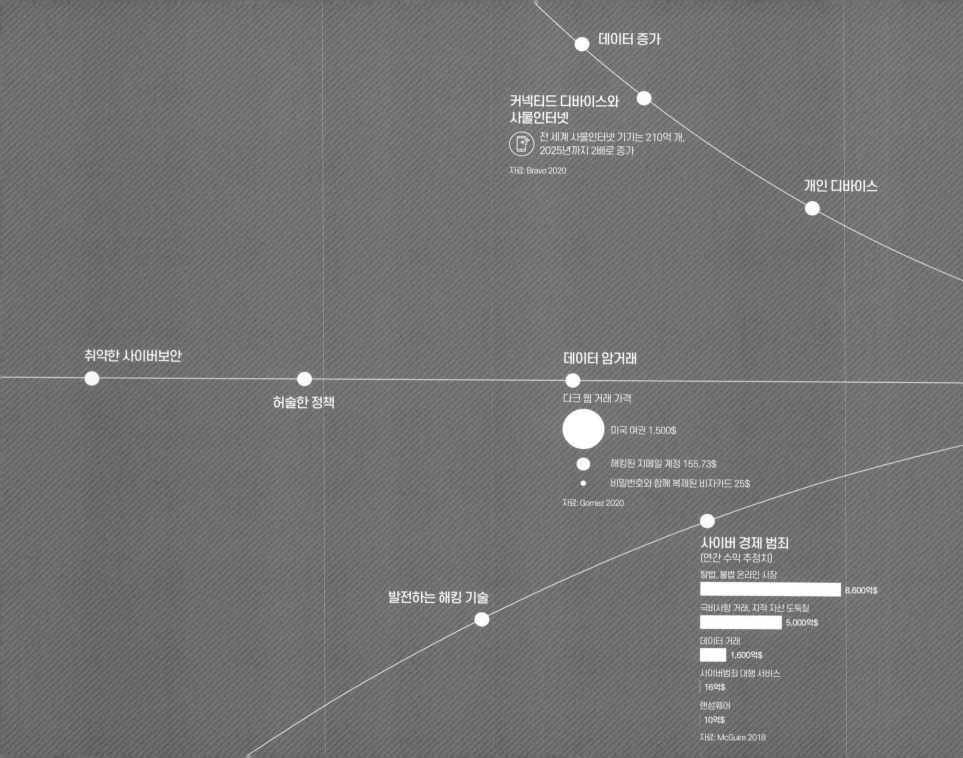

데이터 증가

커넥티드 디바이스와 사물인터넷

전 세계 사물인터넷 기기는 210억 개, 2025년까지 2배로 증가

자료: Bravo 2020

개인 디바이스

취약한 사이버보안

데이터 암거래

허술한 정책

다크 웹 거래 가격

미국 여권 1,500$

해킹된 지메일 계정 155.73$

비밀번호와 함께 복제된 비자카드 25$

자료: Gomez 2020

발전하는 해킹 기술

사이버 경제 범죄
(연간 수익 추정치)

탈법, 불법 온라인 시장
8,600억$

극비사항 거래, 지적 자산 도둑질
5,000억$

데이터 거래
1,600억$

사이버범죄 대행 서비스
16억$

랜섬웨어
10억$

자료: McGuire 2018

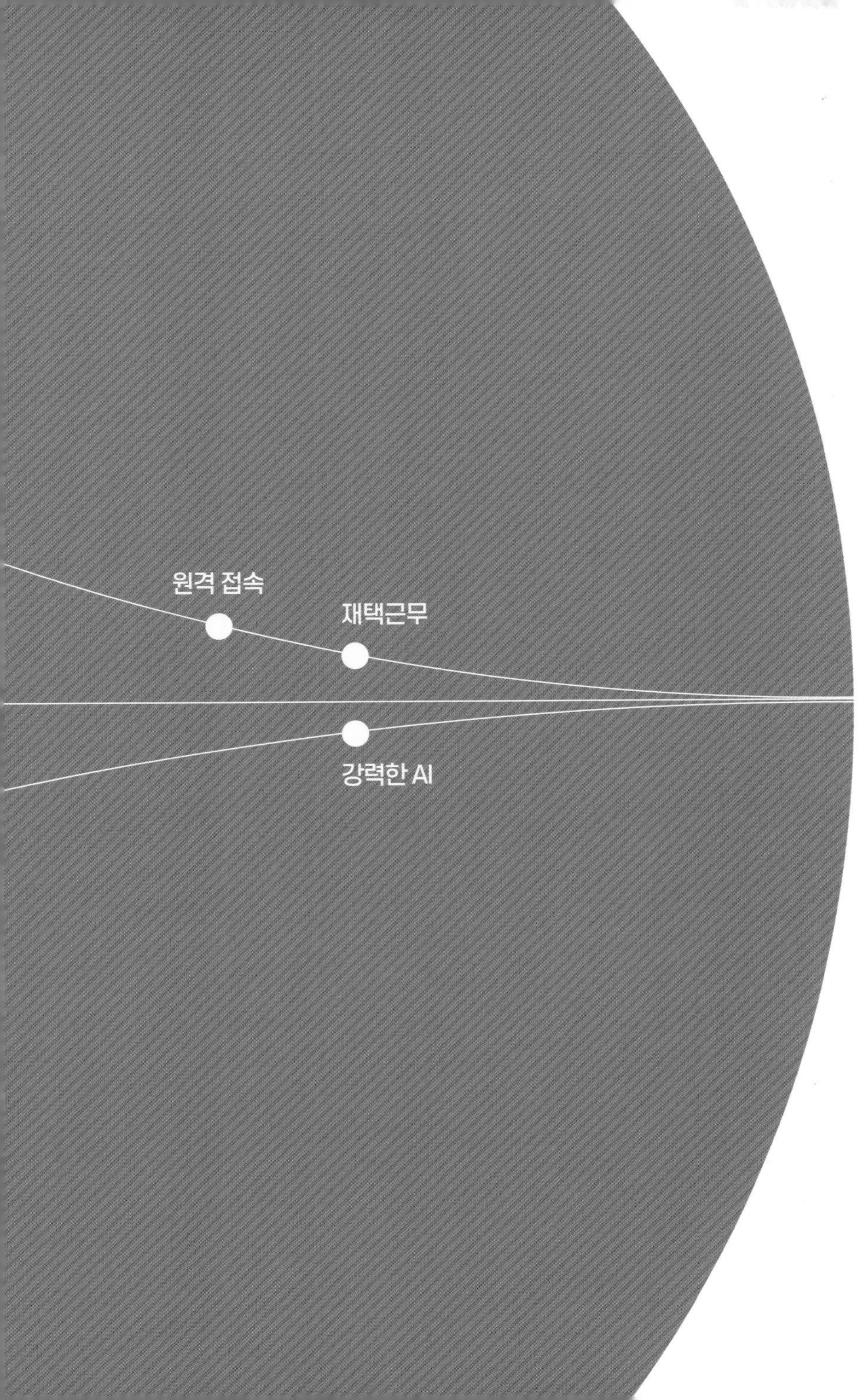

원격 접속

재택근무

강력한 AI

보안의 시대

디지털 범죄의 시대

디지털 최전선에서 특정 산업은 취약점을 속속 드러내고 있다.
지난 15년간 사이버 범죄자가 활개를 친 것이다.

SIGNAL
미국 데이터 유출사건 2005년~2019년

데이터 유출사건 및 기록물 도난   ━ 데이터 유출 건   ━ 도난당한 기록물

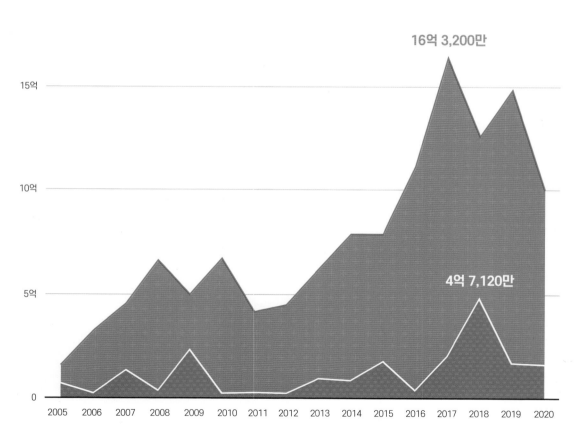

16억 3,200만

4억 7,120만

20억
15억
10억
5억
0

2005 2006 2007 2008 2009 2010 2011 2012 2013 2014 2015 2016 2017 2018 2019 2020

자료: ITRC 2021

사이버 전쟁은 우리의 범죄관 혹은 전쟁관을 바꾸고 있다. 온라인에서는 0과 1로 공격한다. 디지털 세계에서는 보이지 않는 무기를 써서 수십만 대의 기기들을 한꺼번에 공격한다. 동시에 정부가 나서서 벌이는 사이버 전쟁이 야기하는 피해도 점점 더 커지고 있다. 허위정보 악용 작전, 악성코드 심기, 피싱 공격이 이에 속하는데 데이터 유출이 한 번 벌어지면 평균 390만 달러에 이르는 피해가 발생한다. 앞으로는 선거를 포함해 국가 핵심 기간시설이 모두 위협받을 경우, 엄청난 비용이 들 것이다.

사이버범죄를 1,000건 수사해도 실제 검거까지 가는 경우는 3건

자료: Eoyang et al., 2018

정부 해커의 공격

막대한 예산으로 움직이는 만큼 정부가 공격할 때의 금전적 피해가 가장 크다. 하지만 정부 해커가 차지하는 비율은 가장 낮다.

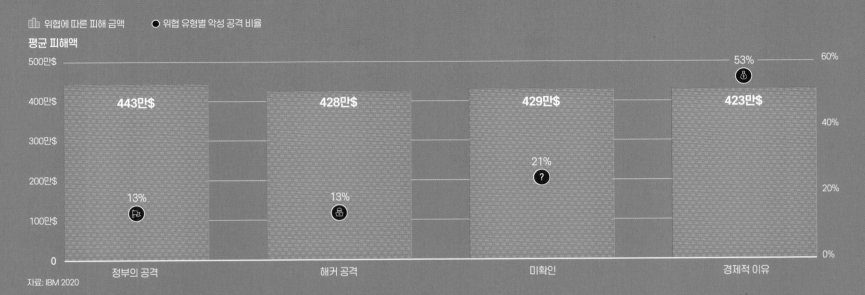

🏛 위협에 따른 피해 금액　　● 위협 유형별 악성 공격 비율

평균 피해액

	정부의 공격	해커 공격	미확인	경제적 이유
피해액	443만$	428만$	429만$	423만$
비율	13%	13%	21%	53%

자료: IBM 2020

산업별 공격 빈도

사이버 범죄는 금융 서비스 기업을 노린다. 특히 온라인뱅킹 계좌를 공략한다.

해커들이 사랑한 10대 산업 부문

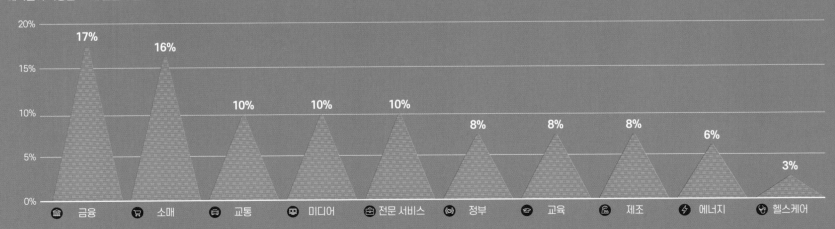

금융	소매	교통	미디어	전문 서비스	정부	교육	제조	에너지	헬스케어
17%	16%	10%	10%	10%	8%	8%	8%	6%	3%

자료: IBM 2020, F-Secure 2019

정보가 유출된 다음에 일어나는 일

개인정보가 유출되면, 스팸 문자부터 금전적 손실에 이르기까지 다양한 피해가 발생한다.

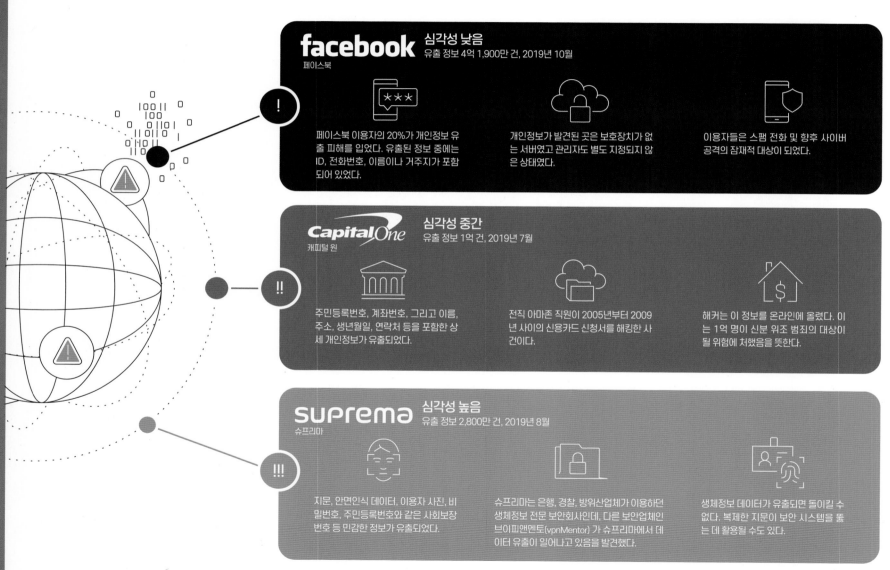

facebook
페이스북

심각성 낮음
유출 정보 4억 1,900만 건, 2019년 10월

페이스북 이용자의 20%가 개인정보 유출 피해를 입었다. 유출된 정보 중에는 ID, 전화번호, 이름이나 거주지가 포함되어 있었다.

개인정보가 발견된 곳은 보호장치가 없는 서버였고 관리자도 별도 지정되지 않은 상태였다.

이용자들은 스팸 전화 및 향후 사이버 공격의 잠재적 대상이 되었다.

Capital One
캐피털 원

심각성 중간
유출 정보 1억 건, 2019년 7월

주민등록번호, 계좌번호, 그리고 이름, 주소, 생년월일, 연락처 등을 포함한 상세 개인정보가 유출되었다.

전직 아마존 직원이 2005년부터 2009년 사이의 신용카드 신청서를 해킹한 사건이다.

해커는 이 정보를 온라인에 올렸다. 이는 1억 명이 신분 위조 범죄의 대상이 될 위험에 처했음을 뜻한다.

suprema
슈프리마

심각성 높음
유출 정보 2,800만 건, 2019년 8월

지문, 안면인식 데이터, 이용자 사진, 비밀번호, 주민등록번호와 같은 사회보장번호 등 민감한 정보가 유출되었다.

슈프리마는 은행, 경찰, 방위산업체가 이용하던 생체정보 전문 보안회사인데, 다른 보안업체인 브이피앤멘토(vpnMentor)가 슈프리마에서 데이터 유출이 일어나고 있음을 발견했다.

생체정보 데이터가 유출되면 돌이킬 수 없다. 복제한 지문이 보안 시스템을 뚫는 데 활용될 수도 있다.

자료: databreaches.net, IDTheftCentre, McCandless 2020

전 세계 정보 유출 사건

어떤 나라도 온라인 보안 공격으로부터 자유로울 수 없다. 물론 미국이 금전적 피해 측면에서 압도적으로 가장 큰 피해를 입었다.

지역별 피해 금액 ● 2019 ● 2020

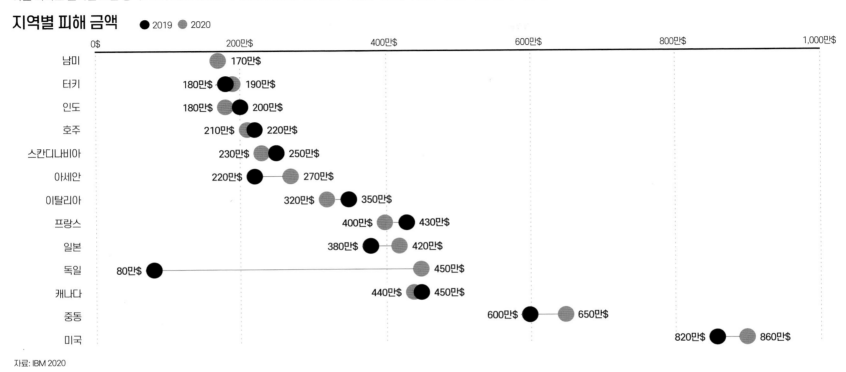

자료: IBM 2020

피해 규모

유출 사건당
평균 피해액
2020년 **386만$**

피해자 확인 및
추가유출 억제에
걸리는 시간
2020년 **280일**

인공지능 탑재형
보안자동화를
활용하는 기업
2020년 **전체 기업의 59%**

자료: IBM 2020

사이버 범죄 따라잡기

사이버 공격이 급속도로 발전함에 따라, 사이버 보안에 대한 필요성이 높아지고 있다.

정보보호 트렌드

IP IT 거버넌스, 리스크, 컴플라이언스 　　 ⊕ 네트워크 보안 　　 🔍 데이터 보안 　　 자료: CBInsights 2019

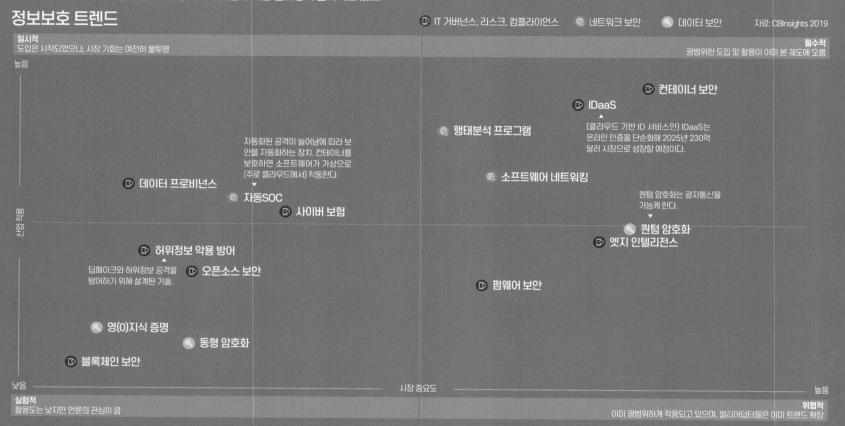

일시적
도입은 시작되었으나, 시장 기회는 여전히 불투명

필수적
광범위한 도입 및 활용이 이미 본 궤도에 오름

높음

컨테이너 보안

IDaaS

행태분석 프로그램

(클라우드 기반 ID 서비스인) IDaaS는 온라인 인증을 단순화해 2025년 230억 달러 시장으로 성장할 예정이다.

자동화된 공격이 늘어남에 따라 보안을 자동화하는 장치. 컨테이너를 보호하면 소프트웨어가 가상으로 (주로 클라우드에서) 작동한다.

데이터 프로비넌스

자동SOC

소프트웨어 네트워킹

사이버 보험

퀀텀 암호화는 광자통신을 가능케 한다.

퀀텀 암호화

엣지 인텔리전스

허위정보 악용 방어

딥페이크와 허위정보 공격을 방어하기 위해 설계된 기술.

오픈소스 보안

펌웨어 보안

영(0)지식 증명

동형 암호화

블록체인 보안

낮음　　　　　　　　　　　　　　　　　　시장 중요도　　　　　　　　　　　　　　　　　　높음

실험적
활용도는 낮지만 언론의 관심이 큼

위협적
이미 광범위하게 적용되고 있으며, 얼리어답터들은 이미 트렌드 확장

사이버 공격의 영향

사이버 공격은 생산성, 명성, 수익성 모두에 영향을 미쳐 비즈니스와 경영을 위축시킨다. 게다가 사이버 보안 조치에 늑장을 부리면 정부에 벌금을 내게 될 수도 있다.

21%
서비스 운영 중단으로 인한 수익 감소

21%
소비자 신뢰 저하

17%
경영진 교체

16%
명예 훼손

14%
정부 벌금

12%
주가 하락

자료: Deloitte 2019

사이버 보안 시장 전망

사이버 공격의 증가와 사이버 규제가 전 세계 사이버 보안 시장을 키우는 동력이다. 2026년 이 시장은 2,700억 달러에 이를 것으로 전망되는데, 이는 2018년 대비 86%의 성장세를 보이고 있다.

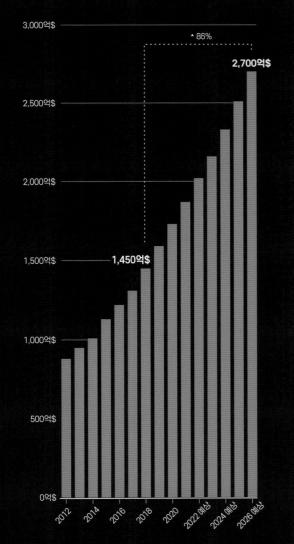

자료: Australian Cyber Security Growth Network 2019
2018년이 마지막 실제 데이터임(고정환율 적용)

누구든 사이버 범죄의 피해자가 될 수 있다.

그 대상은 기업, 정부일 수도 있다. 세계의 망 접속도가 그 어느 때보다 높고 기술 의존도 심해지고 있어 온라인 해커들이 온갖 시스템의 치명적 보안 허점을 뚫어 이득을 보려 들 가능성이 높다. 이런 심각한 위협을 억제하려면 우리의 사이버 보안 역량이 사이버 범죄자들의 치밀함에 필적해야만 한다. 물론 능가하면 더 좋을 것이다.

기술 혁신의 시대

시그널 개수 / 04

디지털 세계는 거침없는 기세로 진화 중이다. 전 세계 곳곳에서 과학자들과 기술자들이
놀라운 업적들을 내놓고 있으며, 그에 따라 우리는 새로운 미래로 향하는 길을 지금 보고 있다.

늘 그랬듯 가장 친숙한 혁신 부문은 반도체 분야다. '반도체 집적회로의 성능이 2년마다 2배씩
증가한다'는 무어의 법칙은 이미 현실이 되었다. 게다가 인간 DNA의 32억 개 염기서열 전체의 판독에
드는 비용은 무어의 법칙이 예측한 것보다 훨씬 더 가파르게 떨어졌다. 그뿐인가. 우주 비즈니스도
그야말로 폭발적 기세로 성장했다.

마지막으로 소개할 혁신은 보다 전통적인 분야인 전자통신 분야에서 벌어지고 있다.
5G 기간망을 설치하는 데 전 세계적으로 이미 수십억 달러가 투자되었고 이제 그 결실을
목격할 수 있다. 다가올 가까운 미래에 기술의 발전 속도를 더욱 빠르게 할 거대한 물결에서
우뚝 설 승자는 누구일지 살펴보자.

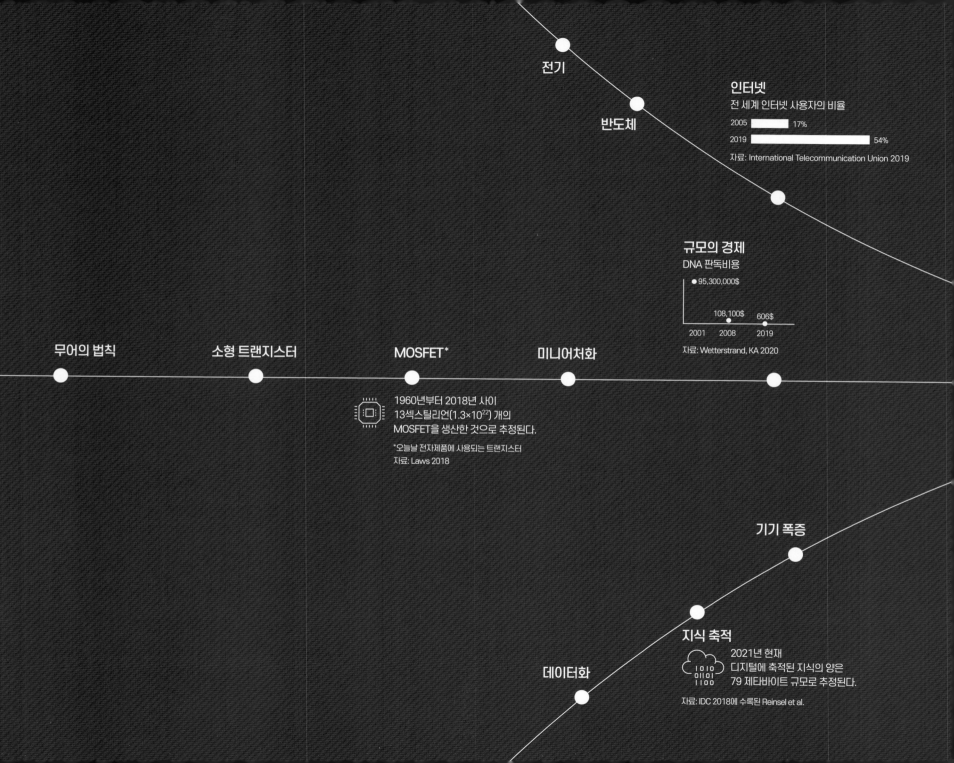

전기

인터넷
전 세계 인터넷 사용자의 비율

2005		17%
2019		54%

자료: International Telecommunication Union 2019

반도체

규모의 경제
DNA 판독비용

95,300,000$

108,100$ 606$

2001   2008   2019

자료: Wetterstrand, KA 2020

무어의 법칙   소형 트랜지스터   MOSFET*   미니어처화

1960년부터 2018년 사이
13섹스틸리언($1.3×10^{22}$) 개의
MOSFET을 생산한 것으로 추정된다.

*오늘날 전자제품에 사용되는 트랜지스터
자료: Laws 2018

기기 폭증

지식 축적

2021년 현재
디지털에 축적된 지식의 양은
79 제타바이트 규모로 추정된다.

자료: IDC 2018에 수록된 Reinsel et al.

데이터화

'인에이블링' 기술

 위성

 데이터 팜*

 와이파이

 로보틱스

*데이터 팜(Data Farms)이란, 데이터를 발전시키기 위해
컴퓨터 실험을 사용하는 과정. 통계 및 시각화 기술을 사용한다.

머신러닝

 딥마인드의 뮤제로 컴퓨터 프로그램은
규칙을 가르쳐주지 않았아도
체스, 바둑, 쇼기(일본 장기)를 배웠다.

자료: Schrittweiser et al., 2018

SIGNAL 12

기술의 진화 속도

SIGNAL 12 ◉—○—○

기술에 가속도가 붙다

기술의 진보는 기하급수적으로 일어난다. 여러 기술이 결합하면서 세상을 빠른 속도로 변모시키고 있다.

시그널 범위
아주 광범위함 (5/5)

시그널/노이즈 비율
높음 (4/5)

SIGNAL
시간 흐름에 따른 무어의 법칙
처리능력의 상승

무어의 법칙: 마이크로칩에 심을 수 있는 트랜지스터 수는 2년마다 2배로 늘어난다(그 사이 컴퓨터의 값은 반으로 떨어진다).

전구에서 인공지능 자율주행차에 이르기까지 기술 혁신의 속도는 갈수록 빨라지고 있다. 무어의 법칙은 기하급수로 빨라지는 회로 처리 속도에만 적용되었지만 이제는 급속도의 기술 진보가 꾸준히 계속될 것이며, 범사회적 변화를 불러올 것이다.

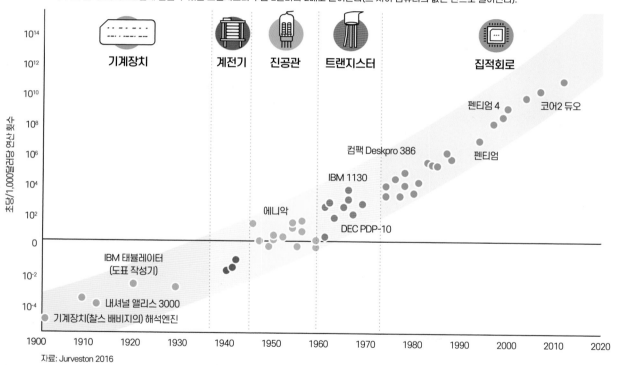

자료: Jurveston 2016

지금 기술과
옛날 기술의 차이

1만 4,000권의 책

 = 킨들 1대

21만 3,000개의
5.25인치 플로피 디스크

= 256GB 마이크로SD 카드 1개

100대의 코닥 박스카메라
No.1(100장)

 = 스마트폰 1대
(~1만 장의 사진)

자료: Routley, N., 2017에 수록된 Experts Exchange 2015

갈수록 촘촘해지는 기술 타임라인

기술 자체가 자기 진화의 동력이 되고 있다. 새 버전은 늘 옛 버전을 딛고 탄생하는 법이어서, 새로운 업적이 훨씬 짧은 시간에 탄생하도록 만든다.

미국의 기술 도입에 가속도가 붙다
보급률 80% 도달에 걸린 기간

유선전화 ●━━━━━━━━━━●━ **75년 이상**

자동차 ●━━━━━━━●━ **56년**

인터넷 ●━━●━ **22년**

스마트폰 ●━●●━ **12-15년**

자료: Ritchie 2017

1400	
1420	
1440	인쇄기
1460	
1480	
1500	
1520	
1540	
1560	
1580	
1600	

1800	
1780	
1760	전신
1740	
1720	
1700	증기기관
1680	
1660	
1640	
1620	
1600	망원경

1800
1820
1840 · 전구
1860
1880 · 전화 / 자동차
1900 · 라디오 / 비행기
1920 · 텔레비전 · 로켓
1940 · 컴퓨터 / 핵발전
1960 · 스푸트니크1호 위성 / MOSFET

마이크로프로세서 · 달 착륙
워드프로세서 · 퍼스널 컴퓨터
MS-DOS · GPS (1980)
윈도우 · 애플 매킨토시
디지털 무선전화 · 인터넷
하이브리드 자동차 · DVD
국제우주정거장 (2000)

2020

2000	아이팟
	인간게놈 프로젝트
	[꿈의 나노물질] 그래핀
	페이스북
	아이폰
	대형 강입자 충돌기
	구글 자율주행차
2010	아이패드
	크리스퍼(CRISPR)
	재활용 로켓
	인공지능이 바둑 챔피언을 이김
	금속 3D 프린팅
2020	상용 양자컴퓨터 출시

기술 분야 곳곳에서 벌어지는 놀라운 발전

기하급수적으로 발전하고 있는 분야가 반도체 분야만은 아니다. 다른 여러 분야에서도 무어의 법칙이 적용된다.

500대 고성능 슈퍼컴퓨터의 성능 로그

슈퍼컴퓨터의 성능은 플롭스(FLOPS), 즉 컴퓨터 시스템이 1초에 수행할 수 있는, 수학적으로 복잡한 부동(浮動)소수점 연산의 횟수로 측정한다.

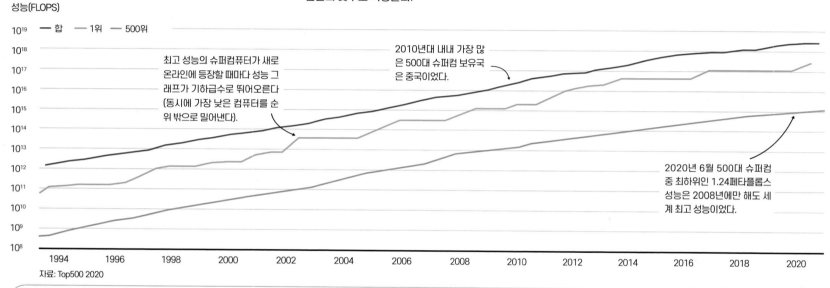

성능(FLOPS)

— 합   — 1위   — 500위

최고 성능의 슈퍼컴퓨터가 새로 온라인에 등장할 때마다 성능 그래프가 기하급수로 뛰어오른다 (동시에 가장 낮은 컴퓨터를 순위 밖으로 밀어낸다).

2010년대 내내 가장 많은 500대 슈퍼컴 보유국은 중국이었다.

2020년 6월 500대 슈퍼컴 중 최하위인 1.24페타플롭스 성능은 2008년에만 해도 세계 최고 성능이었다.

자료: Top500 2020

기계 대 기계 연결

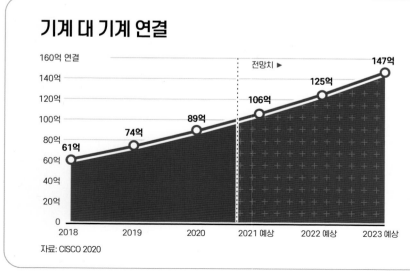

160억 연결

전망치 ▶

147억
125억
106억
89억
74억
61억

2018   2019   2020   2021 예상   2022 예상   2023 예상

자료: CISCO 2020

전 세계 데이터 축적량

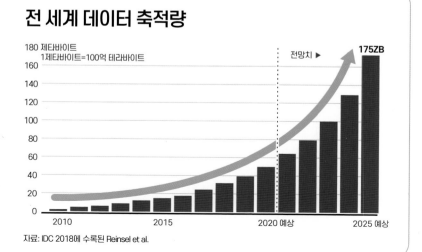

180 제타바이트
1제타바이트=100억 테라바이트

전망치 ▶

175ZB

2010   2015   2020 예상   2025 예상

자료: IDC 2018에 수록된 Reinsel et al.

더 많은 진보(그리고 투자)

기술이 진보함에 따라 관련 부문 시장 지분이 늘어나고, 이어서 더 많은 투자가 일어나 새로운 기술과 발명을 부채질한다.

미국 주식시장의 지분 비율

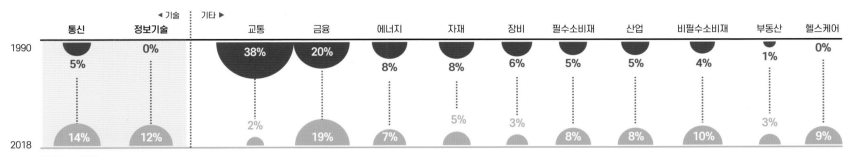

◀ 기술   기타 ▶

	통신	정보기술	교통	금융	에너지	자재	장비	필수소비재	산업	비필수소비재	부동산	헬스케어
1990	5%	0%	38%	20%	8%	8%	6%	5%	5%	4%	1%	0%
2018	14%	12%	2%	19%	7%	5%	3%	8%	8%	10%	3%	9%

자료: Taylor 2018

국가별 R&D 총 지출
구매력 평가지수(PPP)* 및 GDP 비율

PPP$ GDP의 %

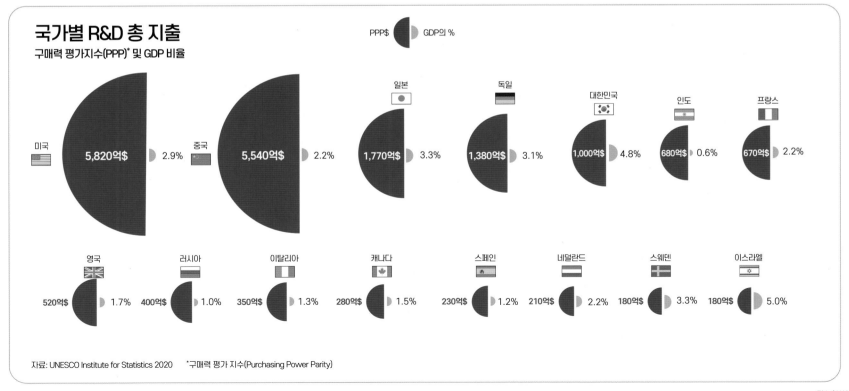

	미국	중국	일본	독일	대한민국	인도	프랑스
PPP$	5,820억$	5,540억$	1,770억$	1,380억$	1,000억$	680억$	670억$
GDP	2.9%	2.2%	3.3%	3.1%	4.8%	0.6%	2.2%

	영국	러시아	이탈리아	캐나다	스페인	네덜란드	스웨덴	이스라엘
PPP$	520억$	400억$	350억$	280억$	230억$	210억$	180억$	180억$
GDP	1.7%	1.0%	1.3%	1.5%	1.2%	2.2%	3.3%	5.0%

자료: UNESCO Institute for Statistics 2020   *구매력 평가 지수(Purchasing Power Parity)

갈수록 중차대해지는 진보

기술의 모멘텀은 거침없이 계속되고 있으며, 투자자들은 새로운 기회 창출에 초점을 맞추고 있다. 그렇지만 고삐 풀린 진보가 나쁜 결과를 가져올 수도 있다.

최신 기술로 인한 이익 또는 부정적인 결과

응답자들은 두 개의 질문에 대해 척도 1~7까지를 표시했다. "10년 내 최신 기술이 편리함과 이익을 얼마나 가져다줄 것인가?" "10년 동안 이런 기술들이 심각한 부정적 결과들을 얼마나 가져다줄 것인가?"

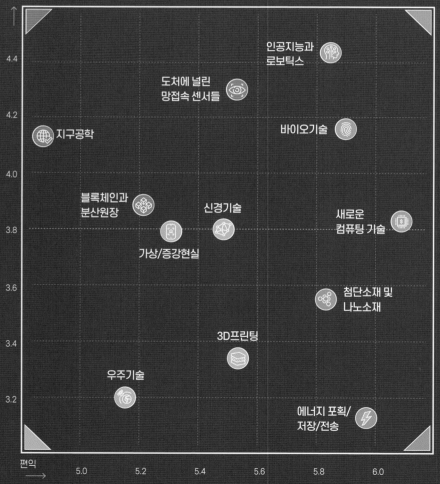

기술을 제어할 거버넌스가 필요하다고 응답한 지도자 비율

응답자들은 보다 나은 거버넌스가 가장 필요하다고 느끼는 세 분야를 선택했다.

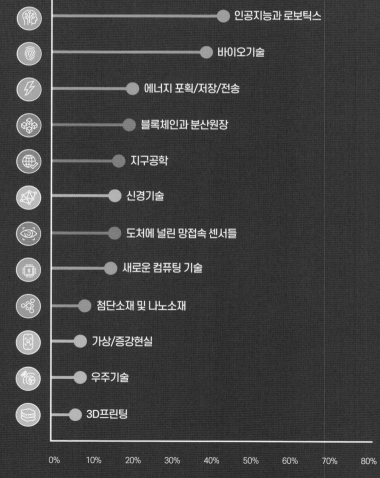

자료: World Economic Forum 2016

*비즈니스, 정부, 대학, 비정부기구 지도자 745명에 대한 설문결과.

미국 내 IT 업계 신규 상장 및 수익

IT 부문에 대한 혁신 및 투자자들의 관심은 폭발적인 기세다.

■■■■ 신규 상장 수 ◖ 신규 상장 수익금

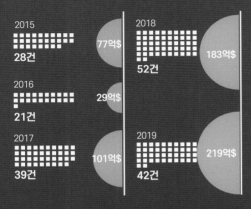

2015
28건
77억$

2016
21건
29억$

2017
39건
101억$

2018
52건
183억$

2019
42건
219억$

자료: Renaissance Capital 2019

전체 자동차 생산비에서 반도체가 차지하는 비율

모든 자동차 전자장비의 합산액

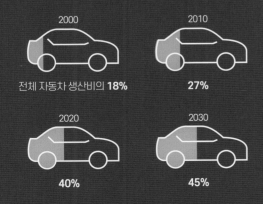

2000
전체 자동차 생산비의 **18%**

2010
27%

2020
40%

2030
45%

자료: IDC 2020

기술이 빛의 속도로 발전하고 있다.

새로운 기술이 거의 모든 산업 분야에 깊이 파고들어, 신제품들이 온갖 전자장치들을 주렁주렁 달고 출시된다. 기술 혁신이 투자자와 소비자 모두에게 멋진 기회를 만들어주는 건 사실이지만, 그 결과가 잘못되는 날에는 심각한 문제로 이어질 수도 있다. 때로는 기술 진보의 성공이 너무나 눈부신 나머지, 그걸 제어할 우리 인간의 능력을 훌쩍 추월해버리기도 한다. 전 세계 반도체 공급 경색 사태, 그리고 소셜미디어에서의 콘텐츠 검열 문제도 진행 중이다. 정책결정자와 비즈니스 리더 모두에게 있어 가속화되고 있는 혁신을 적절히 관리하는 게 핵심 과제로 떠오를 것이다.

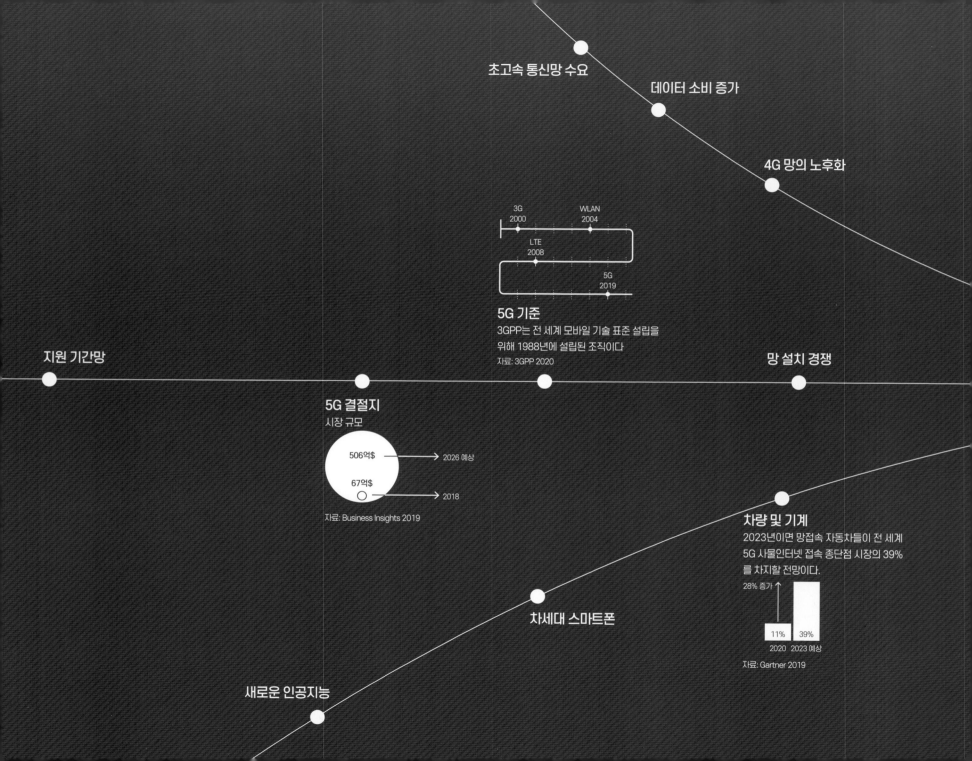

초고속 통신망 수요

데이터 소비 증가

4G 망의 노후화

3G
2000

WLAN
2004

LTE
2008

5G
2019

5G 기준
3GPP는 전 세계 모바일 기술 표준 설립을
위해 1988년에 설립된 조직이다
자료: 3GPP 2020

지원 기간망

망 설치 경쟁

5G 결절지
시장 규모

506억$ ⟶ 2026 예상

67억$ ⟶ 2018

자료: Business Insights 2019

차량 및 기계
2023년이면 망접속 자동차들이 전 세계
5G 사물인터넷 접속 종단점 시장의 39%
를 차지할 전망이다.

28% 증가 ↑

11%
2020

39%
2023 예상

자료: Gartner 2019

차세대 스마트폰

새로운 인공지능

모바일 주파수 대역의 한계
모바일 기기로 활용하는 전 세계 인터넷 트래픽

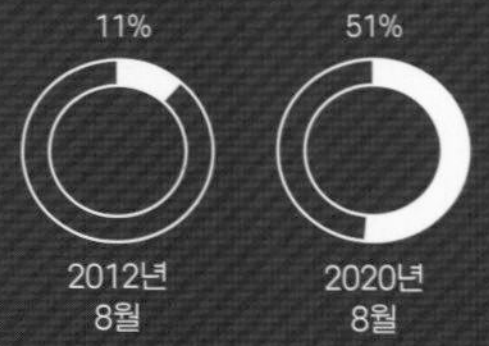

11%

51%

2012년
8월

2020년
8월

자료: Statcounter 2020

스마트시티

5G 혁명

5G 혁명

향후 10년에 걸쳐 5G 망의 도입과 그 잠재력이 삶과 비즈니스 전반을 크게 바꿀 것이다.

	시그널 범위		시그널/노이즈 비율
	아주 광범위함 (5/5)		높음 (4/5)

5G 사물인터넷 장치의 판매 예상

각 장비별 판매 대수

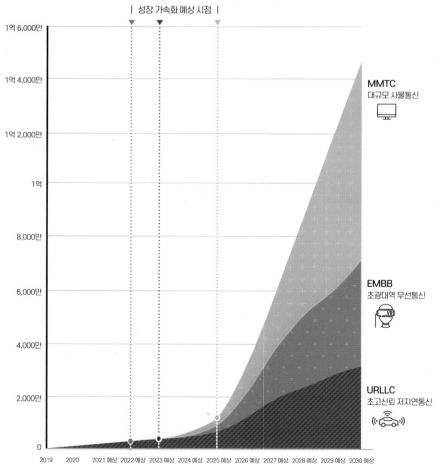

| 성장 가속화 예상 시점 |

- MMTC 대규모 사물통신
- EMBB 초광대역 무선통신
- URLLC 초고신뢰 저지연통신

1억 6,000만
1억 4,000만
1억 2,000만
1억
8,000만
6,000만
4,000만
2,000만
0

2019 2020 2021 예상 2022 예상 2023 예상 2024 예상 2025 예상 2026 예상 2027 예상 2028 예상 2029 예상 2030 예상

자료: Mckinsey & Company 2020

차세대 모바일 망이 등장할 것이라는 소식이 들려온 지 이제 꽤 되었다. 실제로 5G는 이미 일부 도입되어 있다. 도시와 산업, 삶의 여러 측면에 5G의 파급효과는 가히 변혁에 가까울 전망이다. 5G는 기존 무선 표준망에 비해 기하급수적 성능 개선을 보장할 뿐 아니라, 인공지능과 사물인터넷(IoT)의 도래를 앞당길 것이다. 이 기술을 자본화하려는, 또 통제하려는 경쟁이 이미 시작되었다.

5G와 다른 무선 표준 비교

5G   4G   와이파이6   협대역 IoT

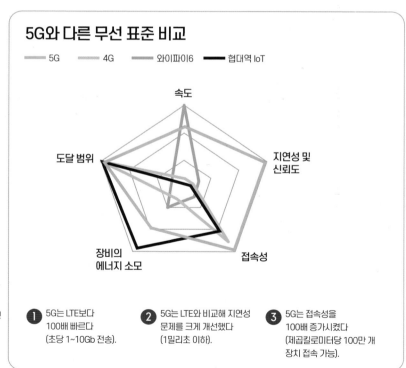

속도, 지연성 및 신뢰도, 접속성, 장비의 에너지 소모, 도달 범위

❶ 5G는 LTE보다 100배 빠르다 (초당 1~10Gb 전송).

❷ 5G는 LTE와 비교해 지연성 문제를 크게 개선했다 (1밀리초 이하).

❸ 5G는 접속성을 100배 증가시켰다 (제곱킬로미터당 100만 개 장치 접속 가능).

5G 망의 전 세계 출시

5G는 망접속 수나 활용도 측면에서 이미 4G와 다른 표준 망을 추월할 기세다.

기존 망의 포화에 따른 5G 활용 사례들

단일 망 도입   다중 망 도입   전면 도입

스웨덴
노르웨이
핀란드
영국   독일   라트비아
아일랜드   폴란드
네덜란드   헝가리
벨기에
스위스   루마니아
오스트리아
스페인   이탈리아

캐나다
미국
트리니다드토바고
대한민국
일본
중국
쿠웨이트
바레인
카타르
아랍에미리트
사우디아라비아
오만
태국
필리핀
몰디브
남아프리카공화국
호주
뉴질랜드

자료: GSMA 2020

2025년 전 세계 5G 도입 예상치
각국 모바일 망에서의 차지 비율

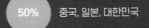 **50%**   중국, 일본, 대한민국

 48%   북미

34%   유럽

22%   기타 아시아 국가들

21%   걸프협력기구 아랍 국가들

20%   전 세계 평균

12%   러시아와 독립국가연합

7%   남미

4%   기타 중동/북아프리카 국가들

3%   사하라 이남 아프리카

자료: GSMA 2020

기존 망의 포화에 따른 5G 활용 사례들

초광대역 무선통신	공공안전 통신망	소비자 증강/가상현실 (소매)	차량/재고 관리 및 위치추적	전기, 수도, 가스 등 공익사업	IoT, 스마트도시, 스마트농업 전면화

2019 — **2020** — **2021** — **2022** — **2023** — **2024** — **2025**

무선 접속   스마트홈   스마트공장 (실시간 원격 제어)   헬스케어용 증강/가상현실   자율주행차   실시간 뱅킹

5G 망의 성능

속도: 초당 1~5Gb	속도: 초당 10Gb	신뢰도: 99.99%	신뢰도: 99.99%	신뢰도: 배터리 10년 이상 지속
지연성: 20밀리초 이하	지연성: 10밀리초 이하	지연성: 5밀리초 이하	지연성: 1밀리초 이하	장치: 제곱킬로미터당 100만 개 장치 접속

자료: PwC 2020

5G 비즈니스 혁명

2035년이면 5G가 전 세계적으로 13.2조 달러의 매출을 올릴 것으로 보인다.

각 산업별, 핵심영역별 5G의 파급력

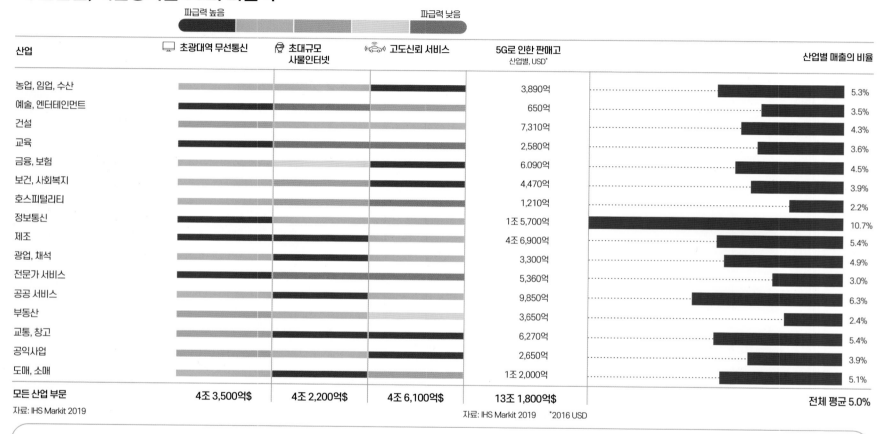

파급력 높음　　　　　　　　파급력 낮음

산업	초광대역 무선통신	초대규모 사물인터넷	고도신뢰 서비스	5G로 인한 판매고 산업별, USD*	산업별 매출의 비율
농업, 임업, 수산				3,890억	5.3%
예술, 엔터테인먼트				650억	3.5%
건설				7,310억	4.3%
교육				2,580억	3.6%
금융, 보험				6,090억	4.5%
보건, 사회복지				4,470억	3.9%
호스피털리티				1,210억	2.2%
정보통신				1조 5,700억	10.7%
제조				4조 6,900억	5.4%
광업, 채석				3,300억	4.9%
전문가 서비스				5,360억	3.0%
공공 서비스				9,850억	6.3%
부동산				3,650억	2.4%
교통, 창고				6,270억	5.4%
공익사업				2,650억	3.9%
도매, 소매				1조 2,000억	5.1%
모든 산업 부문	4조 3,500억$	4조 2,200억$	4조 6,100억$	13조 1,800억$	전체 평균 5.0%

자료: IHS Markit 2019

자료: IHS Markit 2019　　*2016 USD

5G 사물인터넷 장비의 B2B 매출고 예측 (단위: 100만 개)

특정(Distinctive)
특정 작업의 개선을 위해
5G 기술이 반드시 필요한 경우

뉴 스탠더드(New standard)
5G 기술이 꼭 필요하지는 않지만, 미래에 대비하고 표준화에
가급적 발 맞추고자 기업들이 채택하는 경우

자료: McKinsey & Company 2020

	특정(Distinctive)	뉴 스탠더드(New standard)	
2022 예상	3		
2025 예상	19	9	28
2030 예상	45	203	248

5G가 만드는 변혁

5G가 가져올 경제 효과에 대한 민간과 공공 부문의 기대감이 급속한 발전을 부채질하고 있다.

분야별 5G B2B 매출 예측 2030년

2,230만 개

산업 4.0
공장의 자동화 시스템 채택

840만 개

스마트시티
보안용/교통통제용
고해상도 카메라
첨단 환경 센서

510만 개

스마트에너지
스마트 그리드 제어
사이트 모니터링

420만 개

망접속 오피스
빌딩 센서를 통한 관리
영상 감시 체제

260만 개

스마트 보안
경계선 보안
응급 서비스

200만 개

헬스케어
원격 의료 모니터링
원격 수술

20만 개

기타
스마트 소매

자료: McKinsey & Company 2020

2035년 5G 경제 효과 예측

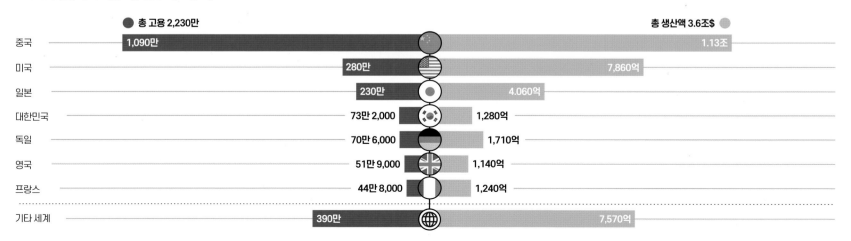

● 총 고용 2,230만   총 생산액 3.6조$ ●

	고용	생산액
중국	1,090만	1.13조
미국	280만	7,860억
일본	230만	4.060억
대한민국	73만 2,000	1,280억
독일	70만 6,000	1,710억
영국	51만 9,000	1,140억
프랑스	44만 8,000	1,240억
기타 세계	390만	7,570억

자료: IHS Markit 2019

생산적 변혁, 그리고 파괴적 변혁

5G 변혁은 생산성에 큰 영향을 미칠 것으로 전망된다. 그와 동시에 이는 5G를 가진 이들과 그렇지 못한 이들 사이의 격차를 더욱 벌림으로써 새로운 혼란도 일으킬 것이다.

5G 도입에 따라 가장 큰 변화를 겪을 것으로 예상되는 산업 부문 (각 통신 서비스 제공자별)

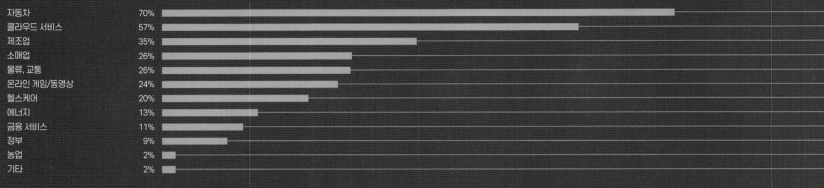

자동차	70%
클라우드 서비스	57%
제조업	35%
소매업	26%
물류, 교통	26%
온라인 게임/동영상	24%
헬스케어	20%
에너지	13%
금융 서비스	11%
정부	9%
농업	2%
기타	2%

자료: Business Performance Innovation Network 2019

5G를 향한 정치적 경쟁

5G의 성격 탓에 많은 나라들이
자국 5G 산업을 보호하는
입장을 취하고 있다.

**화웨이의 5G 장비에 대한
세계 각국의 제한 조치**
2020년 8월

- 허용
- 관망 중
- 사용하지 않을 전망
- 제한조치
- 수입불허 시행
- 아직 입장 없음

자료: Center for Strategic & International Studies 2020에 수록된 Kennedy

시장점유율 예상치
북미에서 각 망 표준별

IoT 라이선싱은 제외

2G   3G   4G   5G

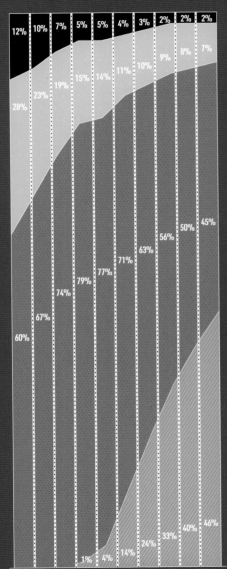

| 2016 | 2017 | 2018 | 2019 | 2020 | 2021 예상 | 2022 예상 | 2023 예상 | 2024 예상 | 2025 예상 |

자료: GSMA 2020

5G는 '할지 말지'
선택하는 문제가 아니라
'언제 할지'의 문제다.

다가올 10년 동안 5G는 교육으로부터 교통에 이르는 광범위한 영역을 급격히 바꿔 놓을 것이다. 5G에 따르는 변혁은 대개 긍정적일 것이다. 하지만 닥치기 전에 미리 준비하여 그 효과를 극대화하는 것이 꼭 필요하다.

데이터 수요

망접속 필요
2019년 발사된 모든 위성 중 35%가 전자통신
기능을 제공해, 위성 기능 중 1위를 차지했다.

자료: Euroconsult 2019

위성기술의 변화

초소형 위성의 폭증

소형 위성 제작비 하락

소형위성, 나노위성, 큐브위성 등 초소형 위성의 시장 전망

| 2020 | 28억$ | ▲ 연평균 성장률 20.5% |
| 2025 예상 | 71억$ | |

자료: Markets & Markets 2020

나사와 상업적 파트너들의 협업

발사기술 및 주파수

지상 모니터링 및 위치 추적
상업용 위성의 27% 이상이
지구 관측 서비스를 제공한다.
자료: UCS 2020

발사 옵션의 증가
2018년에 스페이스X는 한 해 상업적 로켓 발
사 신기록을 수립했다.
자료: Mosher 2018

SIGNAL 14

우주 개발

새로운 우주 개발 경쟁

우주 관련 비즈니스가 뜨거워지고 있다. 데이터와 망접속에 대한 수요가 이를 촉발했다.

SIGNAL 위성 발사의 폭증

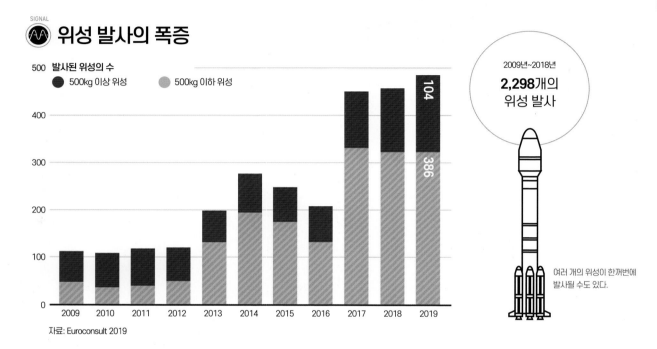

발사된 위성의 수
- 500kg 이상 위성
- 500kg 이하 위성

자료: Euroconsult 2019

2009년~2018년
2,298개의
위성 발사

여러 개의 위성이 한꺼번에
발사될 수도 있다.

새로운 우주 개발 경쟁에 진입한 이들이 노리는 것은 달이 아니라, 데이터와 분석 프로그램들으로 이뤄진 망접속 세계다. 스타트업부터 아마존, 각 기업들이 위성을 쏘아올리며 데이터와 망접속에 대한 수요가 어느 정도로 커지고 있는지 단적으로 보여준다. 이는 또한 상업적 위성 발사 능력에 대한 수요도 커질 것임을 암시한다.

위성 시장의 과거와 미래 2019년 예상

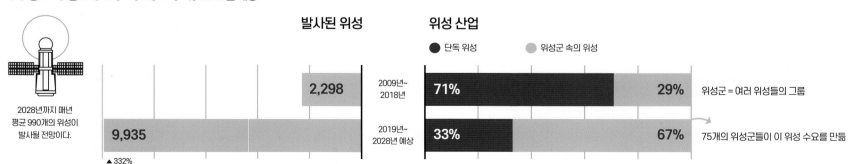

2028년까지 매년
평균 990개의 위성이
발사될 전망이다.

발사된 위성

2,298	2009년~2018년
9,935 ▲332%	2019년~2028년 예상

위성 산업
- 단독 위성
- 위성군 속의 위성

| 2009년~2018년 | 71% | 29% |
| 2019년~2028년 예상 | 33% | 67% |

위성군 = 여러 위성들의 그룹

75개의 위성군들이 이 위성 수요를 만듦

자료: Euroconsult 2019

활동 중인 위성을 가장 많이 보유한 나라들

새로운 우주 개발 경쟁을 주도하는 나라들은 1950년대의 경쟁 당사자들과 크게 다르지 않다. 활동 중인 지구 위성의 절반 정도를 차지하는 미국이 1위, 바로 그다음이 중국, 그 뒤가 러시아다.

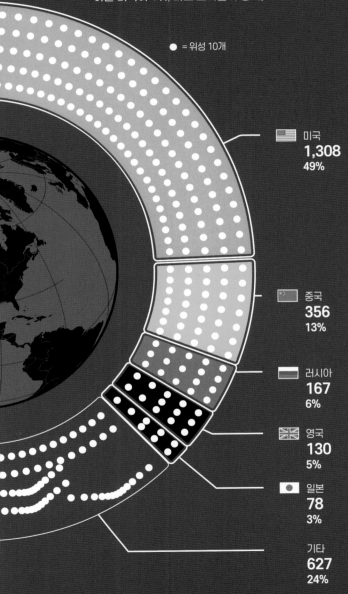

● = 위성 10개

🇺🇸 미국
1,308
49%

🇨🇳 중국
356
13%

🇷🇺 러시아
167
6%

🇬🇧 영국
130
5%

🇯🇵 일본
78
3%

기타
627
24%

활동 중인 위성들의 용도

지구 궤도를 돌며 활동 중인 수천 개의 위성 대다수는 상업적 용도로 발사된 것들이다.

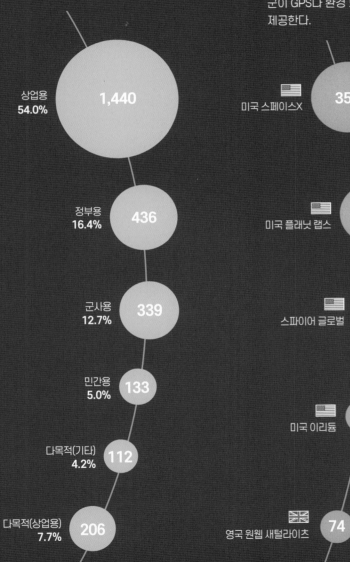

상업용
54.0%
1,440

정부용
16.4%
436

군사용
12.7%
339

민간용
5.0%
133

다목적(기타)
4.2%
112

다목적(상업용)
7.7%
206

주요 위성 기업

미국의 스페이스X와 플래닛 랩스가 상업적 위성 기업 중 시장을 주도하고 있고, 이들이 관리하는 위성군이 GPS나 환경 모니터링 같은 장치들에 서비스를 제공한다.

상업용 위성 중 차지 비율 %

🇺🇸 미국 스페이스X
358   22%

🇺🇸 미국 플래닛 랩스
246   15%

🇺🇸 스파이어 글로벌
89   5%

🇺🇸 미국 이리듐
78   5%

🇬🇧 영국 원웹 새털라이츠
74   4%

자료: UCS 2020

새로운 개척지, 우주

국가별 궤도발사 20년사

궤도로켓 발사 실적 세계 1위는 여전히 중국이다. 한편 미국에서는 스페이스X가 2018년 한 해 동안에만 가장 많은 상업용 로켓 발사 신기록을 세웠다.

100 궤도발사

● 미국　● 러시아　● 중국　● 기타

80

60

40

20

0

2000　2002　2004　2006　2008　2010　2012　2014　2016　2018

자료: Johnson-Freese 2018

주요 로켓의 용량

발사기술의 진보와 로켓 재활용 기술 덕분에 스페이스X가 위성 화물탑재 시장에서 빠르게 신뢰를 쌓는 발사대행업체로 자리잡고 있다. 화물탑재 공간을 사는 게 엄청나게 비싸긴 하지만, 발사 기회가 늘어나면서 천문학적 수준이던 비용도 떨어지고 있다.

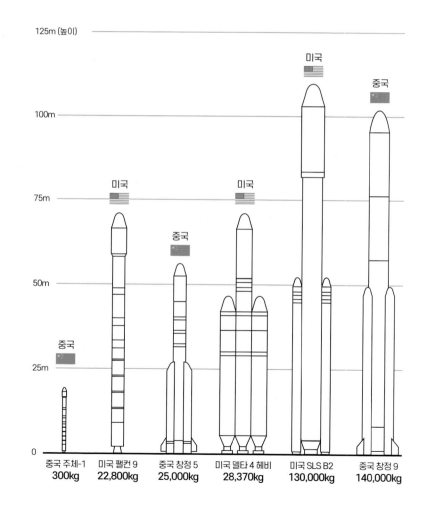

125m (높이)

100m

75m

50m

25m

0

중국 주체-1	미국 팰컨 9	중국 창정 5	미국 델타 4 헤비	미국 SLS B2	중국 창정 9
300kg	22,800kg	25,000kg	28,370kg	130,000kg	140,000kg

새로운 기회 따져보기

현재 활동 중인 위성의 용도 중에서는 전자통신 분야가 꾸준히 1위이다. 이는 상업용 위성이나 다른 위성도 마찬가지다.
이런 망접속 용도 다음으로는 지표면 관측(환경 모니터링이나 스마트팜을 지원하는 용도)과 보안(경계선 모니터링 포함) 용도가 뒤따른다.
GPS와 내비게이션 기술, 즉 스페이스X 위성군이 제공하는 서비스 또한 위성의 보편적 쓰임새 중 하나이다.

위성 발사체 목적별 분포

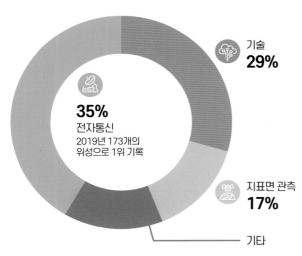

기술
29%

35%
전자통신
2019년 173개의
위성으로 1위 기록

지표면 관측
17%

기타

자료: Euroconsult 2019

우선순위의 변동

위성 제작 및 발사비용으로 본 위성의 3대 용도

전자통신   지표면 관측   보안

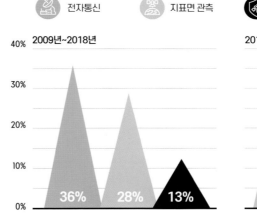

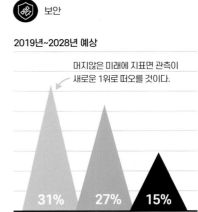

2009년~2018년

머지않은 미래에 지표면 관측이
새로운 1위로 떠오를 것이다.

2019년~2028년 예상

자료: Euroconsult 2019

활동 중인 상업용 위성의 종류

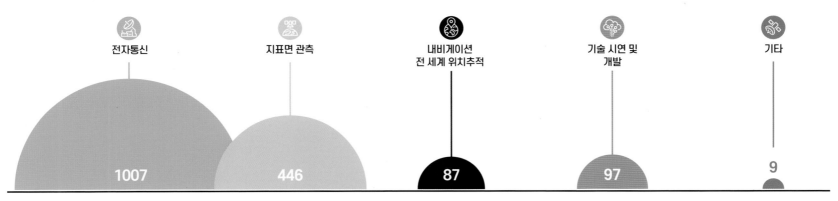

전자통신
1007

지표면 관측
446

내비게이션
전 세계 위치추적
87

기술 시연 및
개발
97

기타
9

자료: UCS 2020

별을 향해 쏴라

전 세계 우주산업의 수익 효과
과거와 미래

위성기술을 적용하는 사례들뿐만 아니라, 전 세계의 망접속 수요가 낳을 파급 효과는 꾸준히 확산될 것이다. 제조 및 발사 서비스, 그리고 관련 기술 부문은 어마어마한 수익 상승을 볼 것으로 기대된다.

● 2009-2018 ○ 2019-2028 예상

산업 전체 수익
2,920억$ ▲28%
2,280억$

제조 수익
2,188억$ ▲27%
1,730억$

발사 수익
736억$ ▲33%
550억$

자료: Euroconsult 2019

소형위성의 붐

빵 한 덩어리보다 작은 큐브위성부터 1,000파운드 무게[450kg 정도]의 소형위성에 이르기까지 작은 위성 전문 운영회사인 플래닛 랩스 같은 기업들이 자신들의 위성군을 점차 늘림으로써 규모의 경제 효과를 꾸준히 거두리라 전망된다.

소형위성 발사 예상치

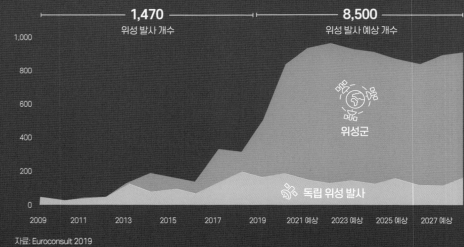

1,470 위성 발사 개수 **8,500** 위성 발사 예상 개수

위성군

독립 위성 발사

자료: Euroconsult 2019

인터넷과 인권
위성을 통한 보다 안정적인 접속 보장

이제 망접속성은 흔히 인권으로 얘기된다. 개도국들의 부가 증대하면서 보다 안정적인 인터넷 망접속 요구가 커지고 그에 따라 위성 주도의 망접속이 늘어날 전망이다. 다만 파키스탄, 볼리비아, 그리고 여러 아프리카 나라들 같은 뒤처진 시장의 경우 첨단 망접속이 보편화되려면 더 오랜 시간이 걸릴 것이다.

자료: Grijpink et al., 2020

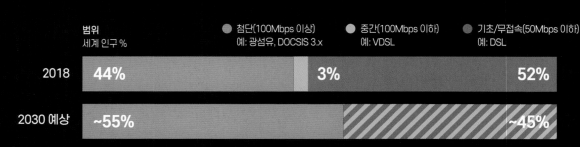

범위
세계 인구 %

● 첨단(100Mbps 이상)
예: 광섬유, DOCSIS 3.x

● 중간(100Mbps 이하)
예: VDSL

● 기초/무접속(50Mbps 이하)
예: DSL

2018	44%	3%	52%
2030 예상	~55%		~45%

저궤도(LEO) 위성이 접속 보장을 안정적으로 개선시 킬 잠재력은 충분하지만, 자금 조달의 문제로 도입은 제한적일 것이다.

스페이스X 효과

일론 머스크가 창업한 스페이스X는 로켓 발사의 경제학을 뒤바꾸어 놓았다. 이 회사는 발사에 사용한 팰컨9 로켓의 주요 부품을 회수하는 데 성공했는데 이는 상당한 비용 절감을 가능케 했다.

지구정지궤도로의 로켓 발사비(Kg당)

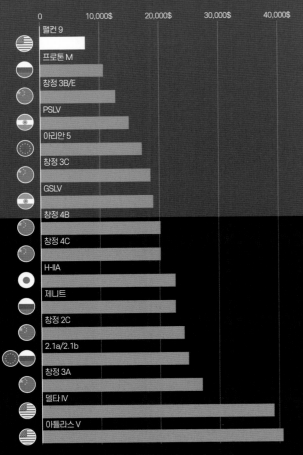

자료: Bloomberg 2018에 수록된 Federal Aviation Association

새로운 우주 개발 경쟁에 뛰어들어야 한다.

미디어들은 걸핏하면 운석 채굴이나 우주 관광 따위의 꿈같은 소리를 읊어대지만, 그건 빅픽처를 모르고 하는 소리일 뿐이다. 새로운 우주 개발 경쟁은 이미 한창 진행 중이다. 그리고 우주 개발은 망접속과 데이터에 대한 필요를 연료 삼아 성장할 알토란 같은 비즈니스로 성장할 것이다.

DNA 구조의 발견

DNA 염기서열

미생물 DNA

✂ Cas9 단백질 발견

새로운 유전자 편집 장비

**독특하고 반복적인
DNA 서열 발견**

클러스터 DNA의 반복이 서로 다른 세 곳에서
독립적으로 진행된 연구에 의해 발견되었다.

네덜란드

일본

스페인

자료: Zimmer 2015

줄기세포 연구

🐑 **복제 양 돌리**

세계 최초로 복제 양 돌리가 탄생했다.

자료: Weintraub 2016

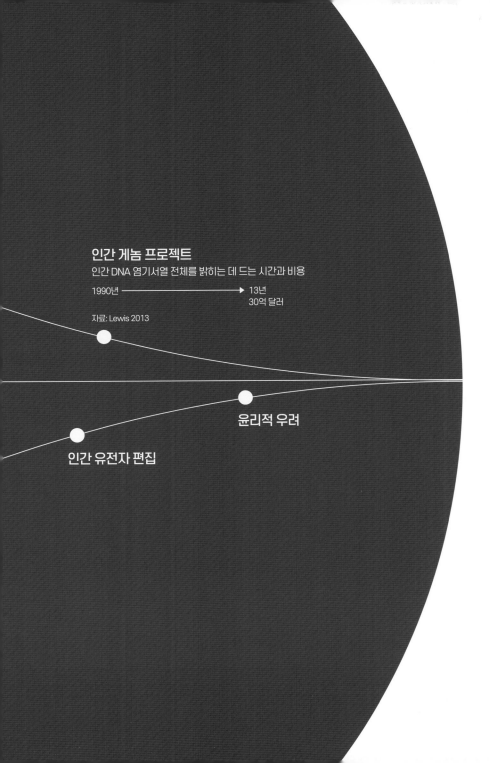

인간 게놈 프로젝트
인간 DNA 염기서열 전체를 밝히는 데 드는 시간과 비용

1990년 ⟶ 13년
30억 달러

자료: Lewis 2013

윤리적 우려

인간 유전자 편집

SIGNAL 15

유전자의 미래

크리스퍼,
적정 규모의 유전자 편집

 시그널 범위
아주 높음 (5/5)

 시그널/노이즈 비율
아주 높음 (5/5)

유전자 염기서열 연구가 기하급수적인 속도로 성과를 내고 있다. 바로 크리스퍼(CRISPR*,
세균과 고균에서 발견되는 DNA 서열)가 이제 유전자 편집 기술의 대명사처럼 쓰이게 되었다.

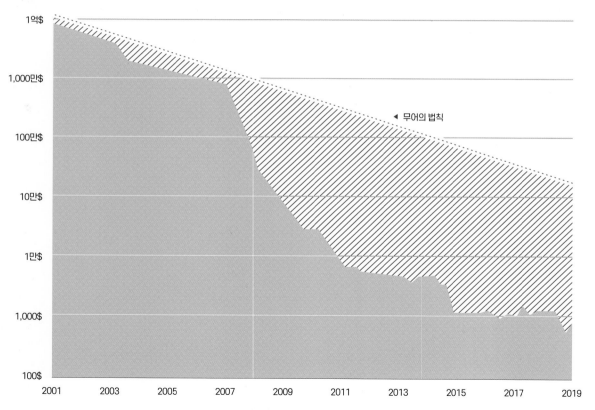

SIGNAL
인간 게놈 염기서열 파악 비용 로그 값으로 표시

◀ 무어의 법칙

크리스퍼(CRISPR)란 말을 들으면 사람들은 대개 질병을 떠올린다. 하지만 유전자 편집의 영역과 그 적용 범위는 훨씬 더 넓다. 새로운 장치들이 개발되어 DNA 편집을 훨씬 쉽고 싸게 만들었다. 그리고 이 분야에서의 과학 우위가 늘어나면 이는 아주 색다른 세계로 우리를 인도할 수밖에 없다.

왜 크리스퍼가 중요한가?

크리스퍼 유전자 편집 기술은

 단순하고, 싸고,
활용하기 쉽다.

 2세대 기술(TALEN)에 비해
4배 더 효율적이다.

 예전 기술들보다 더 정교하게
특정 유전자를 겨냥할 수 있다.

*이 기술은 종종 CRISPR-Cas9이라고 불리기도 하지만, 여기서는 크리스퍼라고 부르기로 한다.
자료: Wetterstrand, KA., 2020

크리스퍼는 어떻게 기능하나?

클러스터 장비

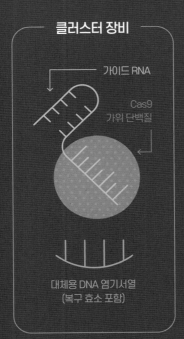

가이드 RNA

Cas9
가위 단백질

대체용 DNA 염기서열
(복구 효소 포함)

자료: The Economist 2015

1단계

가이드 RNA가 세포 안
목표물 DNA를 찾음

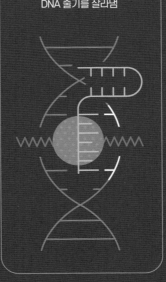

목표물
DNA

2단계

Cas9 단백질이
DNA 줄기를 잘라냄

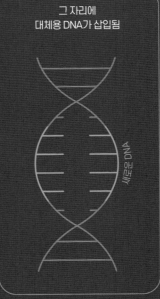

3단계

그 자리에
대체용 DNA가 삽입됨

대체용 DNA

ⓘ Cas9 = 크리스퍼 관련 단백질 9.
이 단백질이 DNA의 줄기들을 잘라내는 분자 가위 역할을 한다.

적용 가능한 대상

자료: Hsu et al 2014

의학		생물학		생명공학		
유전자 수술	약품 개발	동물 모델	유전자 변이	연료	음식	신소재

이제껏 크리스퍼는 어떻게 사용되었나?

2012년의 한 연구보고서에서 잠재적인 유전자 편집 장치로 떠오른 이래, 크리스퍼는 과학과 의학 분야에서 혁혁한 공을 세웠다.

동물

쥐의 유전적 난청에 따른 중증도를 떨어뜨림

쥐의 골수세포를 편집하여 낫적혈구빈혈 치료

인간 전립선암과 간암세포를 이식한 쥐에게서 종양 크기를 줄임

쥐에게서 발병한 헌팅턴병을 편집해 제거함

개의 근육위축병 치료

작물

현대 토마토와 고대 토마토의 장점을 결합

야생 토마토 종의 장점을 결합해 크기 3배, 생산량 10배인 토마토를 만듦

조류(藻類)를 이용한 바이오연료 생산량을 2배로 늘림

좀처럼 갈변하지 않는 버섯을 만들어냄

인간

인간의 면역세포에서 에이즈 바이러스를 제거함

에이즈 치료를 위해 쌍둥이 소녀들의 유전자를 편집함

세계 최초로 유전자 편집을 거친 아이들이 2018년 중국에서 태어나 유전자 편집의 윤리 등 큰 논란을 불러일으켰다.

인간 배아를 편집하여 심장병 유발 유전자를 제거함

크리스퍼 암 치료법의 인간 대상 임상실험이 시작됨

약품

신약 투여 가능자를 즉각 선별해냄

코로나19 진단키트를 만듦

크리스퍼는 병의 발견 시간을 줄여, 진단법 개발을 앞당길 수 있다.

암세포의 성장을 늦춤

단일 세포 안에서 1만 3,000건의 유전자 편집을 실행함

크리스퍼의 미래

전문가들은 크리스퍼 기술은 이제 겨우 시작했을 따름이라며, 다음과 같은 미래의 사용처를 예상하고 있다.

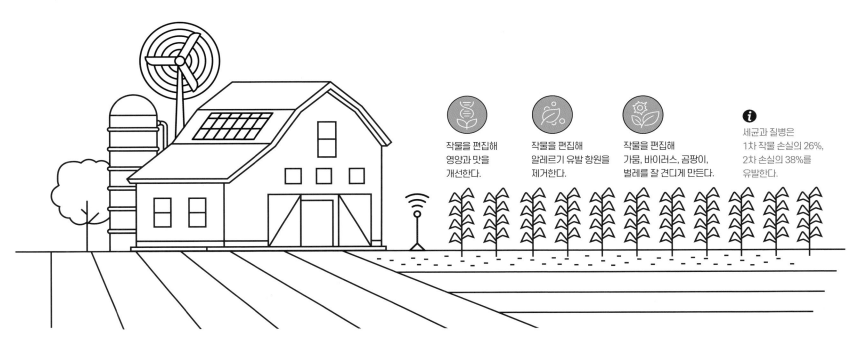

작물을 편집해
영양과 맛을
개선한다.

작물을 편집해
알레르기 유발 항원을
제거한다.

작물을 편집해
가뭄, 바이러스, 곰팡이,
벌레를 잘 견디게 만든다.

세균과 질병은
1차 작물 손실의 26%,
2차 손실의 38%를
유발한다.

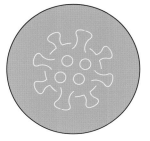

**모기, 쥐 같은
질병 전염 동물 개체 모두를
통제한다.**

전 세계 말라리아 발병
2018년
2억 2,800만 건

그중 **90%**가
아프리카에서 발병

**인간 게놈을 편집하여
유전병을 막는다**

과학자들은 이미 1만 개가 넘는 유전 질
병이 특정 유전자의 결함 탓에 발병한다
는 것을 밝혀냈다. 낭포성섬유증, 혈우
병, 근육위축병 등이 그런 사례이다.

**'디자인된 아기'
만들기**

엄청난 윤리적 논란과
우려가 일어나겠지만,
가능한 일이다.

**병원균을 되감아서
스스로를 공격, 파괴**

**암에 면역력을 가진
세포를 개발**

암은 2018년 전 세계에서
960만 명의
사망 원인이었다.

**보다 강력한 항바이러스
물질과 항생제를 개발**

자료: Bergan 2017

믿기 힘든 미래, 단단히 따져보자

크리스퍼 특허 제출 상위 10개국 2019년

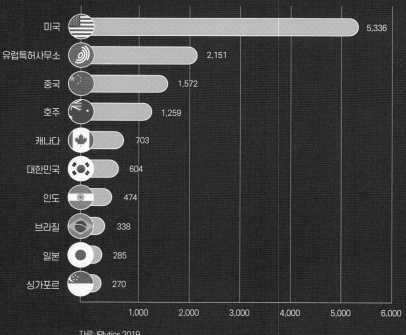

미국	5,336
유럽특허사무소	2,151
중국	1,572
호주	1,259
캐나다	703
대한민국	604
인도	474
브라질	338
일본	285
싱가포르	270

자료: IPlytics 2019

크리스퍼를 다룬 학술 논문 수	2011년	2018년
자료: Plumer et al., 2018	100개 미만	1만 7,000개 이상

과학자들은 유전자 편집을 인간에게 적용하기 전에 반드시 대중에 알려야 한다.

이 주장에 동의한 사람들의 비율

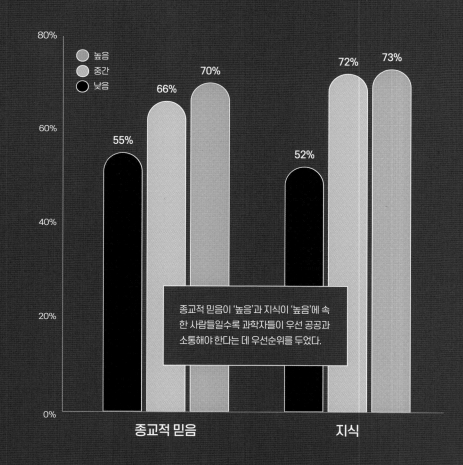

● 높음
● 중간
● 낮음

종교적 믿음: 55% / 66% / 70%
지식: 52% / 72% / 73%

종교적 믿음이 '높음'과 지식이 '높음'에 속한 사람들일수록 과학자들이 우선 공공과 소통해야 한다는 데 우선순위를 두었다.

종교적 믿음   지식

자료: Scheufele et al., 2017

유전자와 윤리 문제

정확도

크리스퍼가 다른 유전자 편집 기술보다 정확하다고는 해도, 아직 완벽한 것은 아니다. 만약 과녁을 '잘못' 설정한다면, 다른 질병이나 암을 유발할 수 있다. 이제껏 인간에 대한 적용이 그토록 제한적이었던 것도 이런 이유에서다.

윤리적 문제

만약 인간의 생식세포계열을 편집해버린다면, 미래 세대는 이를 되돌릴 수가 없을 것이다. 이는 윤리적 딜레마 상황을 만든다. 현재 여론 또한 인간 유전자의 편집에 대해서는 팽팽히 맞서고 있다.

ⓘ 생식세포계열은 인간 몸의 다른 모든 세포들이 생겨나는 원천이 되는 DNA이다. 돌연변이를 겪은 생식세포계열은 부모에게서 자식에게로 직접 전달되며, 자식의 세포 DNA에서도 마찬가지로 발견된다.

71% 미국 성인의 71%가 아이의 유전병 발병을 막기 위한 유전자 편집을 지지한다.

12% 미국 성인의 12%가 지적 능력이나 운동능력 향상을 위한 유전자 편집을 지지한다.

자료: AP-NORC 2018

정치적 문제

2016년의 한 보고서에서 오바마 행정부는 유전자 편집을 최고의 국가 위협 요소로 분류해, '잠재적 대량살상무기'의 하나로 포함시켰다. 범죄자의 손에 들어갈 경우 크리스퍼 기술은 주요 작물을 황폐화시킬 병균, 혹은 인간 DNA를 공격할 바이러스를 만드는 데 사용될 수 있다고 몇몇 과학자들은 우려했다.

크리스퍼라는 위험부담을 떠안을 가치가 있을까?

급속도로 발전하는 이 유전자 편집 기술은 갈수록 많은 검증을 받을 것이다. 동시에 오용 사례를 막기 위한 보다 많은 연구도 필요할 것이다. 그렇지만, 지난 10년간 과학자들은 농사에서 신약에 이르는 여러 분야에서 유전자의 잠재적 적용 가능성을 밝혀낸 바 있다. 앞으로 더 많은 가능성이 쏟아져 나올 것임은 물론이다.

05

금리와 주식

시그널 개수 / 06

주식시장은 세상의 다른 그 무엇보다 더 많은 관심과 분석의 대상이 되는 방대한 데이터를 만들어내는 곳이다. 세상에는 눈을 뜨고 있는 내내 이 데이터를 어떻게 활용할지에 대해서만 고민하는 사람들도 있다. 동시에 엄청난 속도로 이 정보를 처리하는 컴퓨터와 자동 알고리즘도 있다.

그런데 시장은 엄청난 양의 노이즈를 만들어내는 곳이기도 하다. 투자자이자 경제학자인 벤저민 그레이엄(Benjamin Graham)이 묘사했듯, 시장은 인기 있는 기업과 인기 없는 기업에 대한 투표를 집계하는 선거판과 같다. 가격은 이 집단의 느낌에 따라 오르락내리락할 것이며, 별 이유가 없어 보이는데도 대중의 정서는 오락가락할 것이다. 그래도 시간을 두고 보면 데이터가 만들어내는 핵심 시그널들이 트렌드를 보여줄 것이고, 그에 따라 돈과 시장의 미래가 어떤 모양으로 바뀔지 짚어볼 수 있다.

여기서는 통화정책과 중앙은행부터, 점점 더 거품이 끼어 포화 상태로 치닫는 주가지수에 이르기까지 온갖 금융 문제를 짚어본다. 700년 동안의 이자율 변동 트렌드라는 결정적 변수도 살피고, 왜 시대를 풍미한 기업들의 생애주기가 점점 짧아지고 있는지도 다룰 것이다. 코로나19 이후 전 세계 시장에 영향을 미치는 트렌드들은 계속 변할 것이다. 그러나 여기 실린 시그널을 활용한다면 당신은 그 어떤 것에든 대비할 수 있을 것이다.

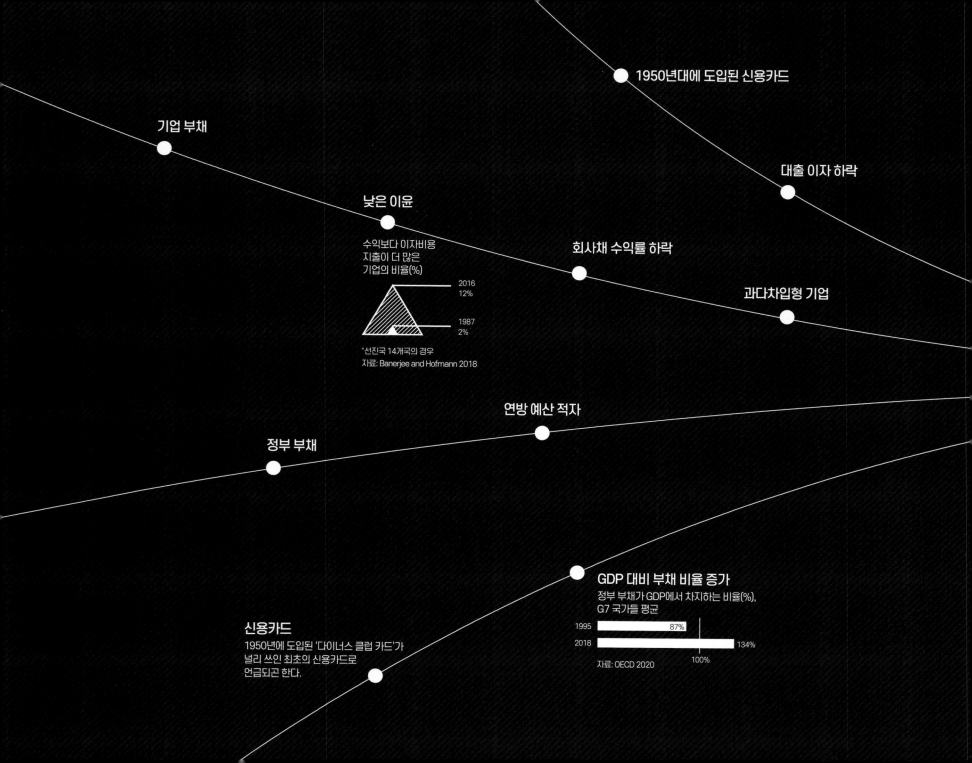

1950년대에 도입된 신용카드

기업 부채

대출 이자 하락

낮은 이윤

수익보다 이자비용
지출이 더 많은
기업의 비율(%)

2016
12%

1987
2%

*선진국 14개국의 경우
자료: Banerjee and Hofmann 2018

회사채 수익률 하락

과다차입형 기업

연방 예산 적자

정부 부채

GDP 대비 부채 비율 증가

정부 부채가 GDP에서 차지하는 비율(%),
G7 국가들 평균

1995   87%

2018   134%

100%

자료: OECD 2020

신용카드

1950년에 도입된 '다이너스 클럽 카드'가
널리 쓰인 최초의 신용카드로
언급되곤 한다.

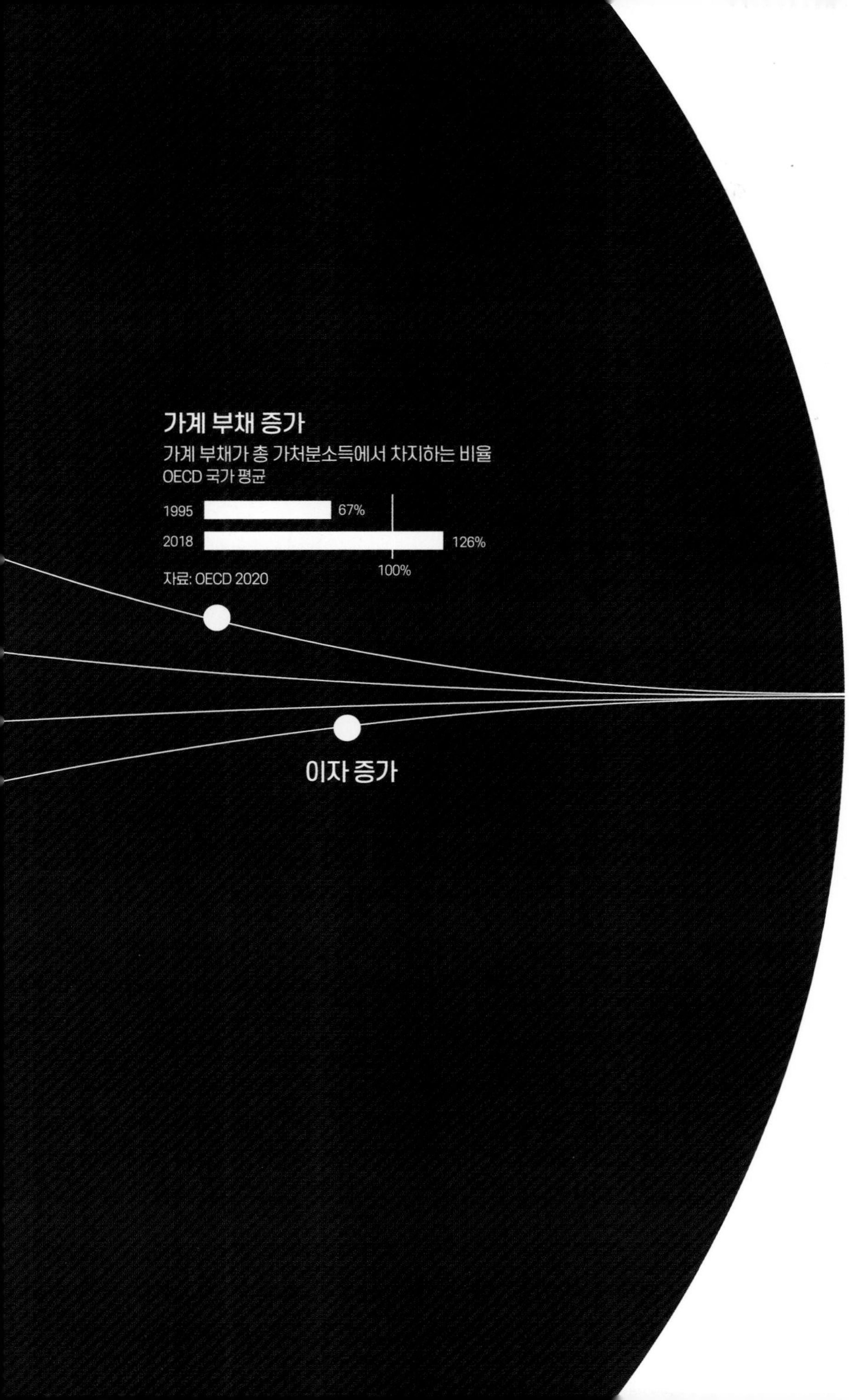

가계 부채 증가

가계 부채가 총 가처분소득에서 차지하는 비율
OECD 국가 평균

1995		67%
2018		126%

100%

자료: OECD 2020

이자 증가

빚의 세계

빚의 세계

2008년 세계적인 금융위기 이후, 전 세계가 경악할 만한 비율로 돈을 빌리고 있다.
오늘날 세계 총 부채는 289조 달러 규모인데, 이는 전 세계 GDP의 3배를 뛰어넘는 수치다.

 시그널 범위
아주 광범위함 (5/5)

 시그널/노이즈 비율
높음 (4/5)

전 세계 부채의 증가

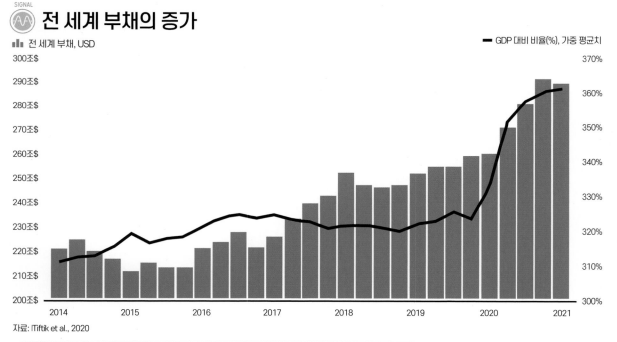

전 세계 부채, USD

━ GDP 대비 비율(%), 가중 평균치

자료: ITiftik et al., 2020

꾸준히 낮게 유지된 이자율 덕분에 정부와 기업, 가계는 1970년대 이래 가장 높은 부채율을 보이고 있다. 과거에는 이와 같은 규모로 부채가 쌓인 상태라면, 그 파동의 끝은 공황이었다. 이 문제가 머지않아 해결될 것 같지는 않다. 최악의 팬데믹이 우리를 덮치고 있음에도 말이다.

부문별 세계 부채 (USD, 2021년 1사분기) ● 가계 ● 비금융 기업 ● 정부 ● 금융 부문

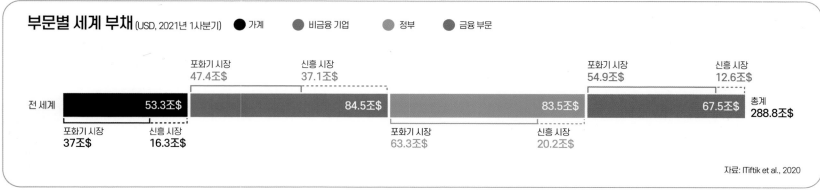

		포화기 시장 47.4조$	신흥 시장 37.1조$		포화기 시장 54.9조$	신흥 시장 12.6조$
전 세계	53.3조$	84.5조$		83.5조$	67.5조$	총계 288.8조$
	포화기 시장 37조$ 신흥 시장 16.3조$		포화기 시장 63.3조$	신흥 시장 20.2조$		

자료: ITiftik et al., 2020

정부의 부채 증가

많은 나라에서 국가 부채가 해당국 GDP의 90%를 뛰어넘는 수준으로 증가했다.

2007년부터 2020년까지의 공공부채 변화, %

-50%　0%　50%　100%　200%

ⓘ 다이어그램 보는 법

— 2020년 부채
— 2007년 부채

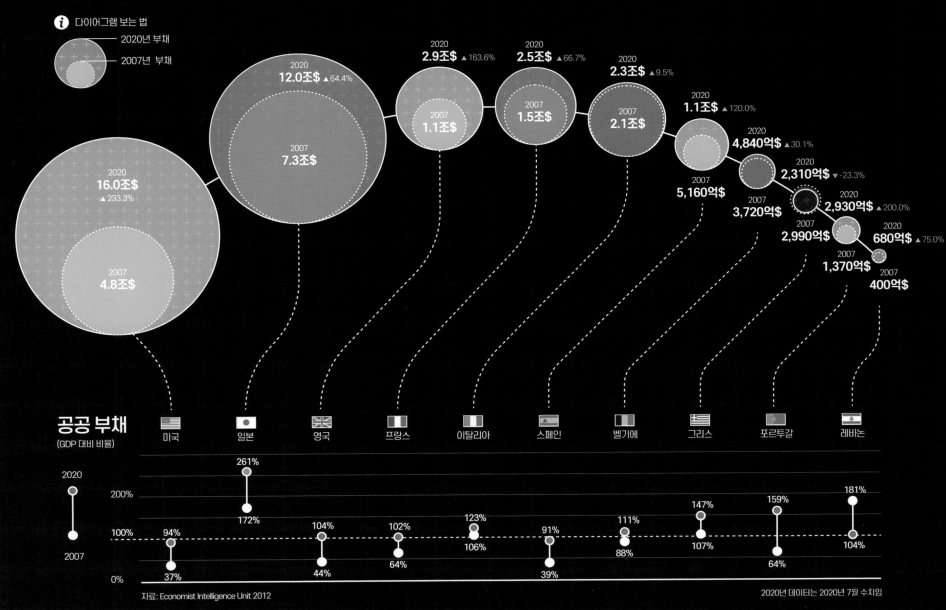

2020
12.0조$ ▲64.4%

2007
7.3조$

2020
2.9조$ ▲163.6%

2007
1.1조$

2020
2.5조$ ▲66.7%

2007
1.5조$

2020
2.3조$ ▲9.5%

2007
2.1조$

2020
1.1조$ ▲120.0%

2007
5,160억$

2020
4,840억$ ▲30.1%

2007
3,720억$

2020
2,310억$ ▼-23.3%

2007
2,990억$

2020
2,930억$ ▲200.0%

2007
1,370억$

2020
680억$ ▲75.0%

2007
400억$

2020
16.0조$
▲233.3%

2007
4.8조$

공공 부채
(GDP 대비 비율)

미국　일본　영국　프랑스　이탈리아　스페인　벨기에　그리스　포르투갈　레바논

		261%								181%

2020

200%

2020년　172%　94%　104%　102%　123%　91%　111%　147%　159%

100%

2007　37%　44%　64%　106%　39%　88%　107%　64%　104%

0%

자료: Economist Intelligence Unit 2012　　　2020년 데이터는 2020년 7월 수치임

코로나19: 정부가 또 (돈을) 빌리기 시작했다

팬데믹 재난 구호 조치에는 많은 돈이 든다. 따라서 각국 정부는 이미 늘어나고 있던 부채폭을 더욱 크게 늘릴 수밖에 없었다.

전 세계 정부 부채의 연도별 변동 전 세계 GDP 대비 비율

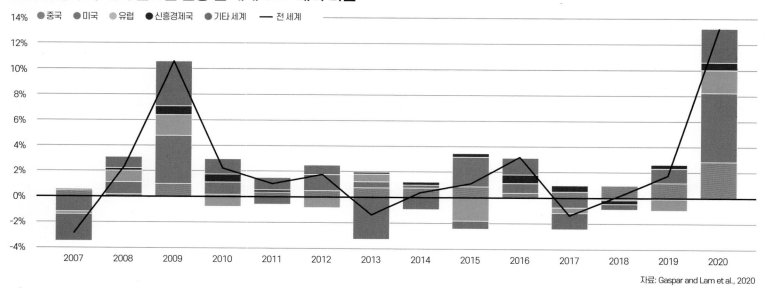

자료: Gaspar and Lam et al., 2020

미래의 투자
부채를 관리하는 데 드는 비용이 계속 늘어남에 따라 보건의료나 교육 같은 부문에 들어가야 할 미래 투자가 밀려날 수도 있다.

미 정부 부채에 대한 순 이자 비용

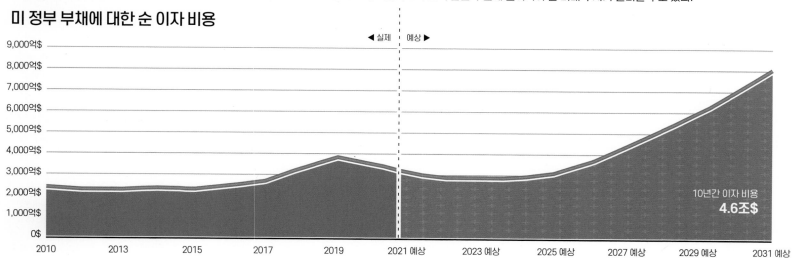

자료: Peter G. Peterson Foundation 2020

기업의 대출 증가

기업들이 낮은 이자율을 적극 활용하고 있음을 자산 대비 부채의 상승을 통해 확인할 수 있다.

미국 내 자산 대비 총 부채

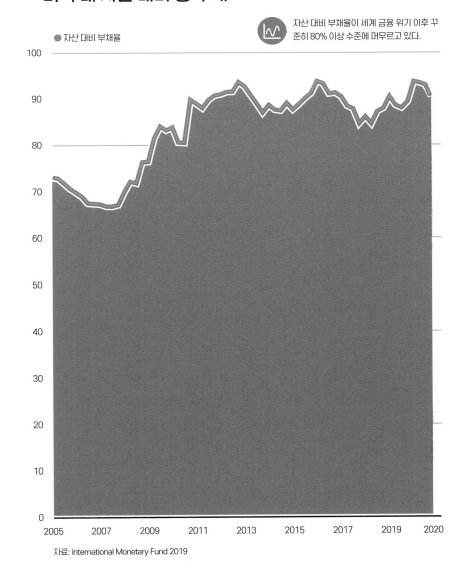

● 자산 대비 부채율

자산 대비 부채율이 세계 금융 위기 이후 꾸준히 80% 이상 수준에 머무르고 있다.

자료: International Monetary Fund 2019

기업 신용상태 악화

고수익채권 같은 리스크 높은 신용시장 영역이 세계 금융위기 이후 큰 폭으로 성장했다.

지불해야 할 전 세계 고수익 회사채

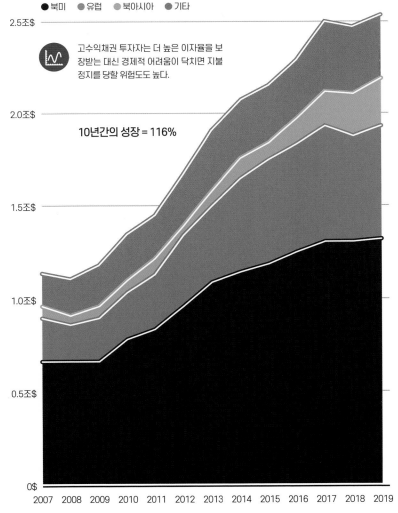

● 북미　● 유럽　● 북아시아　● 기타

고수익채권 투자자는 더 높은 이자율을 보장받는 대신 경제적 어려움이 닥치면 지불 정지를 당할 위험도도 높다.

10년간의 성장 = 116%

자료: International Monetary Fund 2019

가계 부채

전 세계적으로 가계 부채가 사상 최대인 48조 달러에 달하고 있으며, 신흥 시장의 가계 부채가 그중 가장 높다.

지역별 가계 부채가 전 세계 GDP에서 차지하는 비율(%)

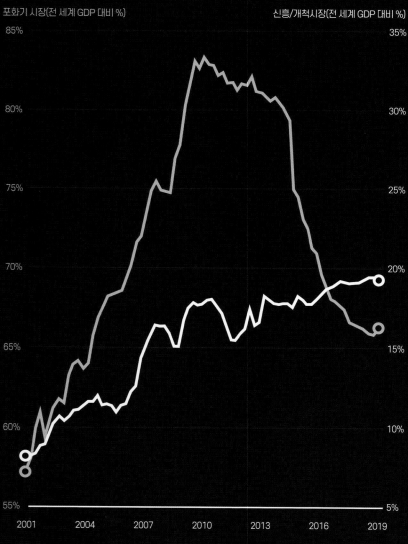

포화기 시장(전 세계 GDP 대비 %)

신흥/개척시장(전 세계 GDP 대비 %)

자료: Tiftik and Guardia 2020

젊을수록 더 큰 리스크

젊은 세대는 교육이나 부동산 구매를 위해 돈을 더 많이 빌린다. 미래에 이자율이 오른다면 이들의 부채 증가는 심각한 문제가 될 수 있다.

세대별 미국인들의 평균 부채

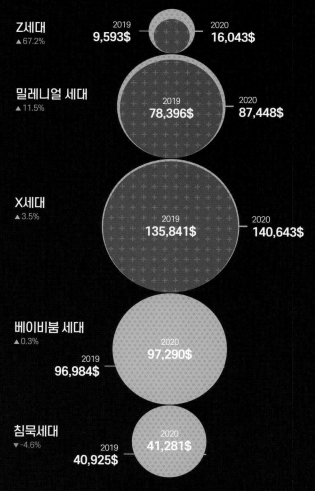

Z세대
▲67.2%
2019 9,593$ 2020 16,043$

밀레니얼 세대
▲11.5%
2019 78,396$ 2020 87,448$

X세대
▲3.5%
2019 135,841$ 2020 140,643$

베이비붐 세대
▲0.3%
2019 96,984$ 2020 97,290$

침묵세대
▼-4.6%
2019 40,925$ 2020 41,281$

자료: Stolba 2020

*Z세대는 18~23세, 밀레니얼 세대는 24~39세, X세대는 40~55세, 베이비붐 세대는 56~74세, 침묵 세대는 75세 이상.

내친김에 더 빌리는 사람들

GDP 대비 과도한 부채는 시장 변동성을 초래하고 성장을 저해할 수 있다. 2019년 들어, 하단의 4개 부문에 걸친 부채 부담이 이미 세계 금융 위기 이전 수준을 넘어섰다.

부문별 부채
GDP 대비 비율(%)

 비금융 기업 정부

금융 부문 가계

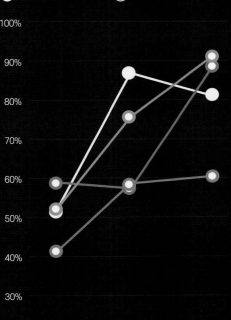

자료: Tiftik and Mahmood 2020

탐욕은 도무지 채워질 것 같지 않아 보인다.

2008년 금융위기 이후 낮은 이자율 체제가 지속되면서 전 세계의 부채를 놀라운 속도로 늘어나게 했다. 이는 소비자와 기업, 정부가 파산을 맞을 위험을 더욱 높였다. 정책 입안자들은 앞으로 이러한 부담을 큰 충격 없이 달랠 방법을 찾아내려는 압박에 시달릴 것이다. 정상 상태로 되돌아갈 확실한 길 따위는 없다.

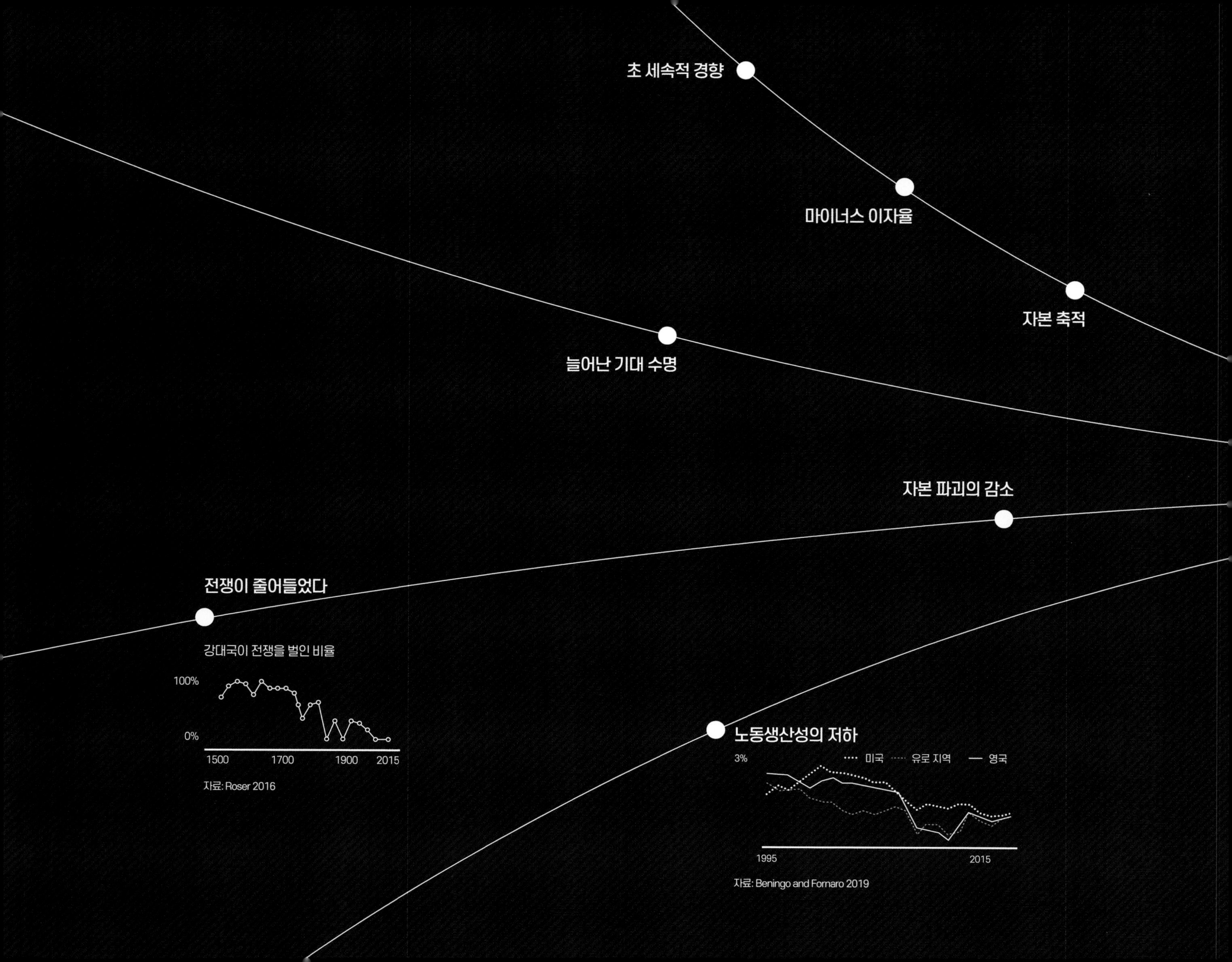

초 세속적 경향

마이너스 이자율

자본 축적

늘어난 기대 수명

자본 파괴의 감소

전쟁이 줄어들었다

강대국이 전쟁을 벌인 비율

100%

0%

1500　　1700　　1900　2015

자료: Roser 2016

노동생산성의 저하

3%　　　　···· 미국　···· 유로 지역　── 영국

1995　　　　　　　　　2015

자료: Beningo and Fornaro 2019

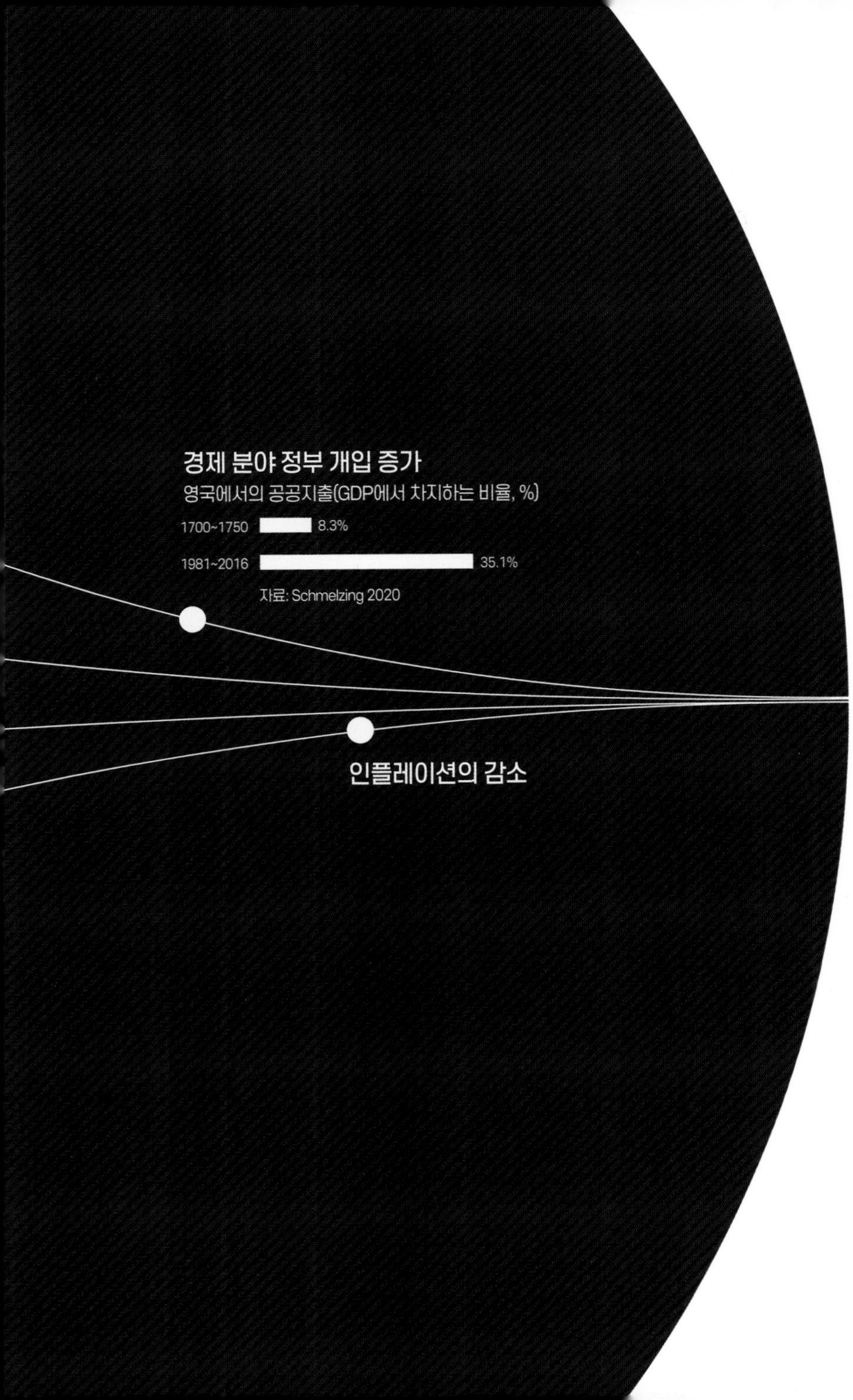

경제 분야 정부 개입 증가

영국에서의 공공지출(GDP에서 차지하는 비율, %)

1700~1750	▇	8.3%
1981~2016	▬▬▬▬▬	35.1%

자료: Schmelzing 2020

인플레이션의 감소

SIGNAL 17

낮은 금리와 채권

떨어지는 이자율

이자율은 지난 700년 동안 계속 떨어졌다. 그리고 이런 경향은 앞으로 수십 년 동안 계속될 전망이다.

실제 장기 '안전자산' 비율의 100년 평균값*

%, 전 세계

시그널 범위
아주 광범위함 (5/5)

시그널/노이즈 비율
높음 (4/5)

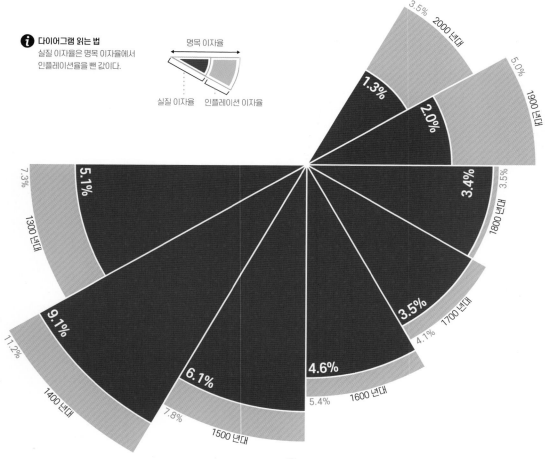

ⓘ **다이어그램 읽는 법**
실질 이자율은 명목 이자율에서 인플레이션율을 뺀 값이다.

명목 이자율

실질 이자율　인플레이션 이자율

3.5%　2000 년대

5.0%　1900 년대

1.3%

2.0%

3.4%

3.5%

7.3%

5.1%

1300 년대

1800 년대

9.1%

11.2%

1400 년대

3.5%

4.6%

4.1%　1700 년대

6.1%

7.8%

5.4%　1600 년대

1500 년대

지난 700년 동안 실질 이자율은 매년 평균 0.0159%의 비율로 꾸준히 떨어졌다. 그런 오랜 실적에도 불구하고 왜 이런 경향이 일어나는지, 그 이유는 불분명한 채로 남아 있다. 연구자들은 이를 자본 축적의 증가, 기대 수명의 연장, 공공지출의 증가와 같은 다양한 요인들이 작용한 결과일 것이라고 분석한다.

*안전자산은 전 세계 금융 강자들이 발행하는 것을 뜻한다.
자료: Schmelzing 2020

ⓘ 인플레이션-조정 이자율로도 불리는 실질 이자율은 인플레이션을 반영한 수치다. 이 실질 이자율은 대출과 채권에 따른 모든 이자의 실제 구매력 가치를 보여준다.

역사 속의 이자율 1317년~2018년

전 세계 실질 이자율(%)

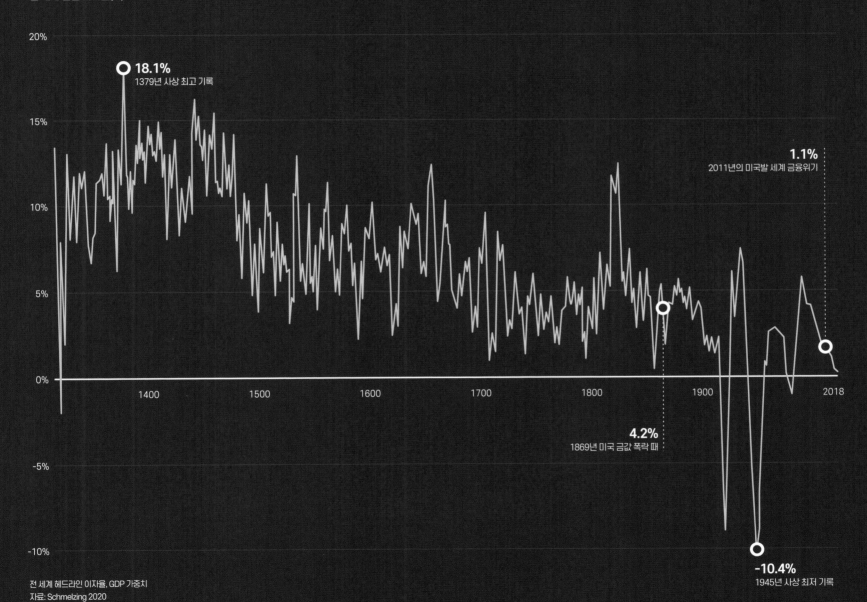

18.1%
1379년 사상 최고 기록

1.1%
2011년의 미국발 세계 금융위기

4.2%
1869년 미국 금값 폭락 때

-10.4%
1945년 사상 최저 기록

전 세계 헤드라인 이자율, GDP 가중치
자료: Schmelzing 2020

OECD 국가별 이자율

단기적 관점에서 보아도 결과는 마찬가지로 놀랍다. 1990년 이후 몇몇 나라들의 경우 이자율이 두 자릿수에서 한 자릿수로 떨어졌다.

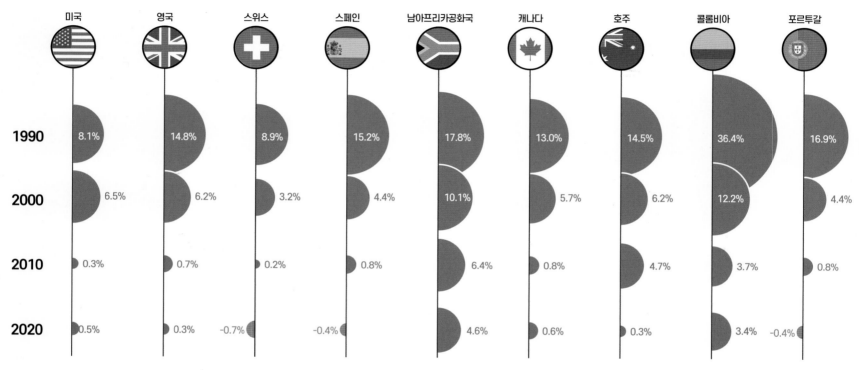

	미국	영국	스위스	스페인	남아프리카공화국	캐나다	호주	콜롬비아	포르투갈
1990	8.1%	14.8%	8.9%	15.2%	17.8%	13.0%	14.5%	36.4%	16.9%
2000	6.5%	6.2%	3.2%	4.4%	10.1%	5.7%	6.2%	12.2%	4.4%
2010	0.3%	0.7%	0.2%	0.8%	6.4%	0.8%	4.7%	3.7%	0.8%
2020	0.5%	0.3%	-0.7%	-0.4%	4.6%	0.6%	0.3%	3.4%	-0.4%

3개월 대출시장 이자율로 계산한 단기 이자율임
자료: OECD 2021

미국 모기지 이자율 1990년~2020년

미국 모기지 이자율도 지난 30년 동안
큰 폭으로 떨어졌다.

1990년 1월	2020년 8월
10.1%	**3.0%**

30년 고정 모기지 이자율. 2020년 8월 19일 데이터
자료: Mortgage Rates 2020

채권 수익률의 하락 1314년~2018년

채권 수익률 또한 비슷한 하락 경로를 보여준다. 1981년부터 시작된 오늘날의 채권 시장은
지난 700년을 두고 볼 때 두 번째로 오래된 시장이다.

세계 명목 수익률, GDP가중치 ······ 직선화한 세계 명목 수익률, GDP가중치
세계 명목 수익률, 산술적 가중치 ······ 직선화한 세계 명목 수익률, 산술적 가중치

자료: Schmelzing 2020

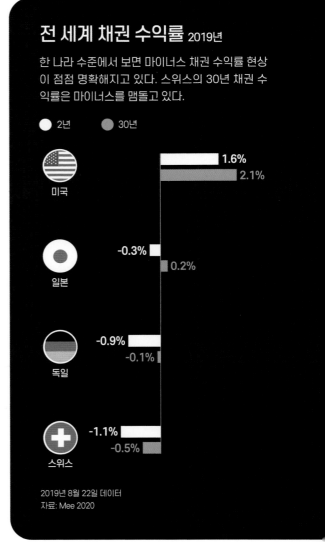

전 세계 채권 수익률 2019년

한 나라 수준에서 보면 마이너스 채권 수익률 현상
이 점점 명확해지고 있다. 스위스의 30년 채권 수
익률은 마이너스를 맴돌고 있다.

● 2년   ● 30년

미국   1.6%
       2.1%

일본   -0.3%
       0.2%

독일   -0.9%
       -0.1%

스위스 -1.1%
       -0.5%

2019년 8월 22일 데이터
자료: Mee 2020

저축 및 연금 수익의 하락

이자율 하락은 예금 이자에도 영향을 미칠 수밖에 없고, 따라서 개인 저축의 축소로 이어질 공산이 크다.

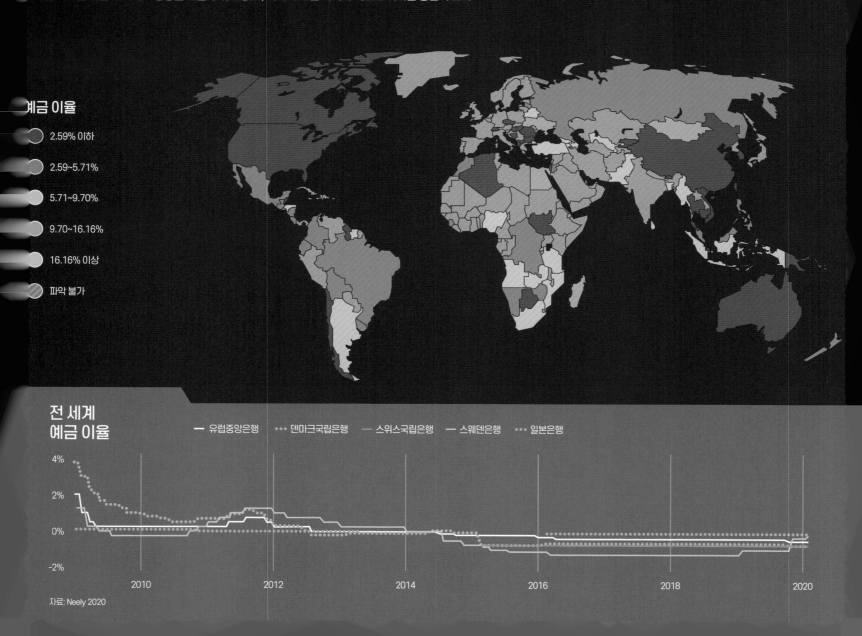

예금 이율

- 2.59% 이하
- 2.59~5.71%
- 5.71~9.70%
- 9.70~16.16%
- 16.16% 이상
- 파악 불가

전 세계 예금 이율

— 유럽중앙은행　···· 덴마크국립은행　— 스위스국립은행　— 스웨덴은행　···· 일본은행

자료: Neely 2020

영국 연기금 적자 운용의 비율

낮은 이자율이 연기금에 미치는 영향도 암울해 보인다. 2018년 영국에서는 연기금 적자 운용의 비율이 64%에 이르렀다.

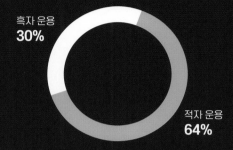

흑자 운용
30%

적자 운용
64%

연기금 운용이 적자로 돌아서는 데까지 걸릴 시간
(2018년 영국 연기금 계획)

아직까지는 흑자 운용을 기록 중인 영국 연기금들 중 72%도 10년 안에 적자 운용의 나락으로 떨어질 전망이다.

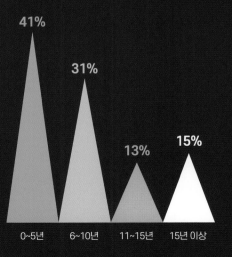

41%
31%
13%
15%

0~5년　　6~10년　　11~15년　　15년 이상

자료: Mercer 2019

마이너스 이자율이 곧 전 세계의 보편적인 현상이 될 것이다.

현재까지로는 이자율 하락이라는 장기적 현상이 역전될 기미가 보이지 않는다. 그리고 지속적인 이자율 하락 곡선은 전 세계뿐만 아니라 개인과 기업, 정부의 금융 관련 결정에 영향을 미칠 것이다.

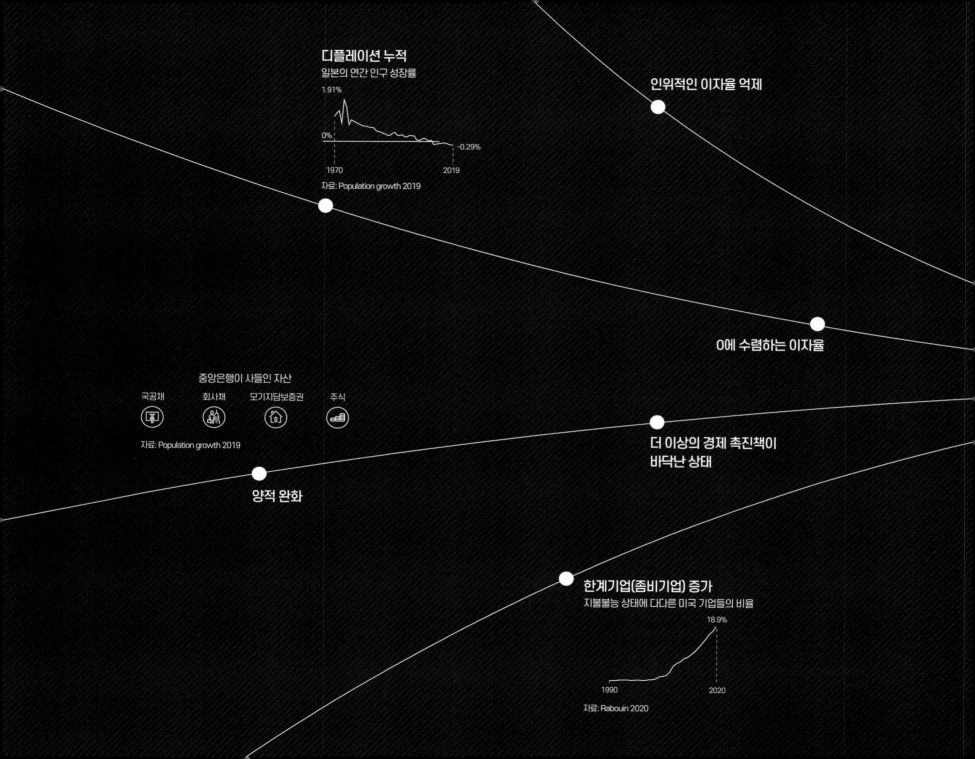

디플레이션 누적
일본의 연간 인구 성장률

1.91%

0%

-0.29%

1970

2019

자료: Population growth 2019

인위적인 이자율 억제

0에 수렴하는 이자율

중앙은행이 사들인 자산

국공채 회사채 모기지담보증권 주식

자료: Population growth 2019

양적 완화

더 이상의 경제 촉진책이
바닥난 상태

한계기업(좀비기업) 증가
지불불능 상태에 다다른 미국 기업들의 비율

18.9%

1990

2020

자료: Rabouin 2020

부채 수준의 급상승
미국 소비자들의 신용거래에 따른 부채

4조 2,020억$

8,140억$

1990   2020

자료: FRED Economic Data 2019

자유로운 시장 개입의 증가

SIGNAL 18

무기력한 중앙은행

무기력한 중앙은행

세계 금융위기 이후 중앙은행들은 전통적 통화정책을 활용해 경제개발을 촉진하려고 애썼다.

시그널 범위
광범위함 (4/5)

시그널/노이즈 비율
보통 수준 (3/5)

중앙은행의 재무 상태 (USD)

● 일본은행(BoJ)   ● 유럽중앙은행(ECB)   ● 미국 연방준비기금(Fed)   ● 스위스국립은행(SNB)   ● 영국은행(BoE)

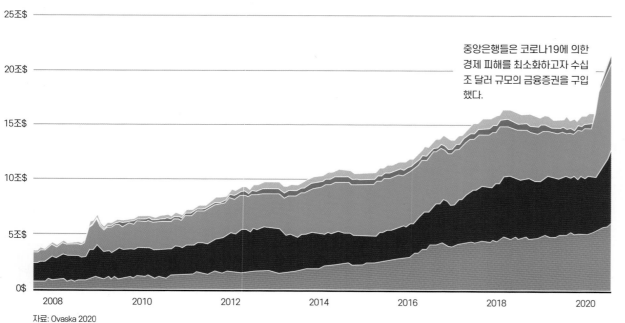

중앙은행들은 코로나19에 의한 경제 피해를 최소화하고자 수십 조 달러 규모의 금융증권을 구입했다.

자료: Ovaska 2020

낮은 이자율은 기업과 소비자들로 하여금 돈을 구하기 쉽게 해 투자와 대규모 구매행위를 늘리도록 하려는 조치였다. 그런데 이 이자율이 0에 접근하면서 새로운 문제가 생겨나고 있다.

이제 더 이상 이자율을 내리는 조치에 기댈 수 없게 된 중앙은행들은 '양적 완화(QE)'라고 불리는, 관례를 벗어난 조치에 기대 경제를 부양하려 하고 있다. 그 결과 중앙은행의 부채가 엄청나게 증가하고 말았는데, 이를 두고 많은 이들은 중앙은행이 너무 과하게 양적완화를 진행한 게 아닌지 의문을 품기 시작했다.

중앙은행 정책 이자율   — BoJ   — ECB   — Fed   — SNB   — BoE

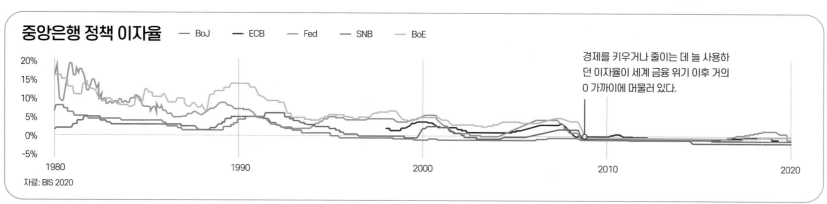

경제를 키우거나 줄이는 데 늘 사용하던 이자율이 세계 금융 위기 이후 거의 0 가까이에 머물러 있다.

자료: BIS 2020

중앙은행의 전통적 처방

급격한 인플레이션은 통화의 구매력을 훼손하며 기업들로 하여금 가격 책정에 어려움을 겪게 한다.
그에 따라 많은 중앙은행들은 꾸준한 성장을 보장하기 위해 적정 인플레이션 목표를 설정해두곤 했다.

적정 인플레이션 목표

 2%
영국은행
일본은행
미 연준*

 **2%
이하**
스위스국립은행
유럽중앙은행

자료: Central Bank News 2020   *미국 중앙은행 연방준비제도

정책 이자율 책정

중앙은행들은 이자율 조절을 위해 단기 국공채를 사고팔 수 있다.
이는 채권의 가격과 수익 사이의 반비례 관계 덕분에 가능한 조치다.

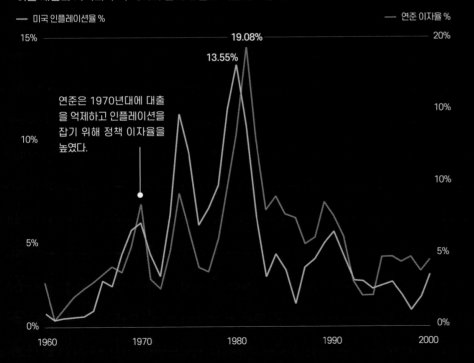

— 미국 인플레이션율 %

— 연준 이자율 %

연준은 1970년대에 대출을 억제하고 인플레이션을 잡기 위해 정책 이자율을 높였다.

19.08%

13.55%

자료: Federal Reserve of Dallas 2020

시중 은행과 인플레이션

인플레이션 목표를 맞추기 위해 중앙은행은 자신들의 정책 이자율을 조절해 경제를 밀어주거나 주저앉히거나 한다. 이에 따라 모기지 상환율 같은 다른 이율도 영향을 받는다.

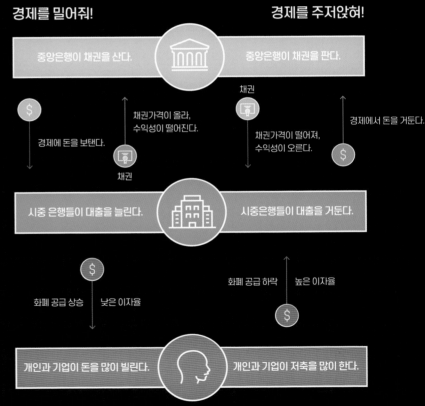

경제를 밀어줘!

경제를 주저앉혀!

중앙은행이 채권을 산다.

중앙은행이 채권을 판다.

채권가격이 올라, 수익성이 떨어진다.

채권

채권가격이 떨어져, 수익성이 오른다.

경제에 돈을 보탠다.

경제에서 돈을 거둔다.

채권

시중 은행들이 대출을 늘린다.

시중은행들이 대출을 거둔다.

화폐 공급 상승   낮은 이자율

화폐 공급 하락   높은 이자율

개인과 기업이 돈을 많이 빌린다.

개인과 기업이 저축을 많이 한다.

일본은 디플레이션으로 악전고투 중

일본은행은 디플레이션과 싸워야 했던 1세대 중앙은행 중 하나다. 일본은행은 경제 성장에 도움이 되지 않는 아주 낮은, 심지어 마이너스를 기록하기도 한 인플레이션을 극복하는 데 제한된 성공밖에 거두지 못했다. 떨어지는 물가는 기업과 소비자로 하여금 새로운 투자나 소비 지출을 미루게 한다.

일본의 인플레이션 VS. 일본은행 정책 이자율

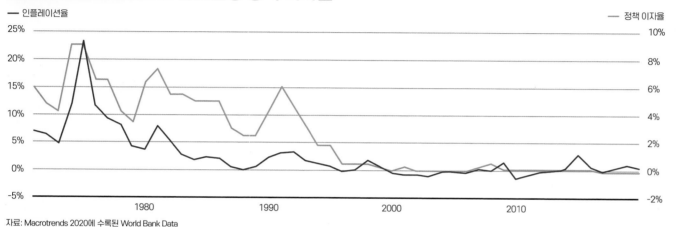

— 인플레이션율   — 정책 이자율

자료: Macrotrends 2020에 수록된 World Bank Data

이자율 하락이 예전에는 인플레이션을 줄이는 데 도움이 되었다. 하지만 이 도구를 거꾸로 쓸 때는 그만큼 강력한 성과를 거두지 못한다.

정책 이자율이 0이 됨에 따라 일본은행은 추가적 자극 조치가 필요해졌다. 일본은행은 2001년부터 양적 완화를 시작했다. 초장기 증권을 구입해 통화 공급을 늘리고 장기 이자율을 억누르고자 했다.

실질임금의 정체 일본은행 보유 자산(USD)

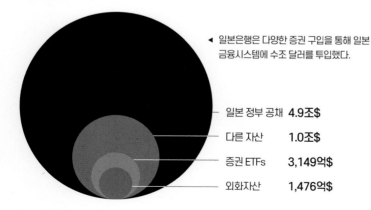

◀ 일본은행은 다양한 증권 구입을 통해 일본 금융시스템에 수조 달러를 투입했다.

일본 정부 공채	4.9조$
다른 자산	1.0조$
증권 ETFs	3,149억$
외화자산	1,476억$

자료: Japan Macro Advisors 2020

평균 실질임금(연봉)

일본의 양적 완화가 어떤 효과를 낳았는지 파악하는 건 쉽지 않다. 정체된 임금 같은 디플레이션 요인이 그 효과를 일부 상쇄시켰을지도 모른다.

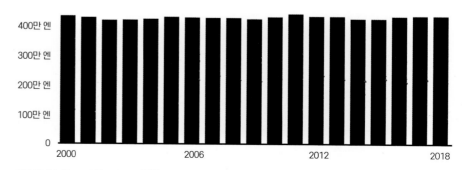

자료: Statista Research Department 2020

미국 연준: 한도는 없다!

미국 연준은 경제 활성화를 위해서 필요한 일이라면 무엇이든 할 것이라고 천명한 바 있다. 그런데 미 연준의 이러한 통큰 양적 완화는 뜻밖의 부작용을 낳을 수도 있다.

주식시장의 인플레

연준 총자산 VS. S&P 500

연준은 2008년 이후 국공채와 회사채를 수조 달러 규모로 사들여, 이런 증권의 수익을 사상 최저 수준으로 만들었다. 채권 수익이 떨어지자 투자자들은 주식시장으로 몰렸고, 가격에 거품이 끼게 되었다.

— 연준 총자산

— S&P 500 주가지수

◀ 색깔 기둥은 미국 불경기 기간을 뜻한다.

자료: Federal Reserve of St. Louis 2020

연준이 펴부은 유례없는 온 갖 부양책들은 최근 수년간 의 S&P 500 지수의 폭등을 불러온 요인일 가능성이 높다.

은행 보유고의 과잉

2008년, 연준은 민간은행이 보유한 과잉 보유고 문제에 관심을 기울이기 시작했다. 이때 도입한 정책은 예금을 소비자나 기업에 더 대출하는 게 아니라, 연준에 맡기는 걸 장려하는 것이었다.

연준의 과잉 보유고

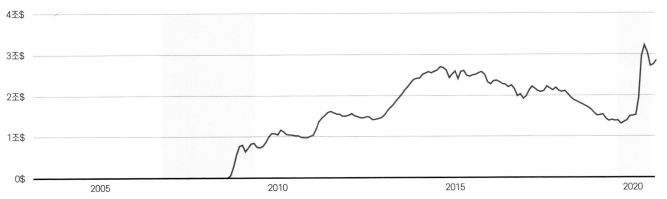

자료: Federal Reserve of St. Louis 2020

연준이 수조 달러씩을 보유한 상황에서 아무리 통화 공급을 늘린다 해도 그게 그리 효과적일 리 없다.

낮은 이자율 딜레마

중앙은행들은 이자율을 억누르는 데 양적 완화를 최대한으로 활용하고 있다. 전통적 이론에 따르면 이는 소비자들로 하여금 저축보다는 소비에 매달리도록 부추겨야 한다. 그런데 실제로는 이런 극도로 낮은 이자율이 정반대로 작용할 수 있다.

극도로 낮은 이자는 가계 지출을 증가시킨다

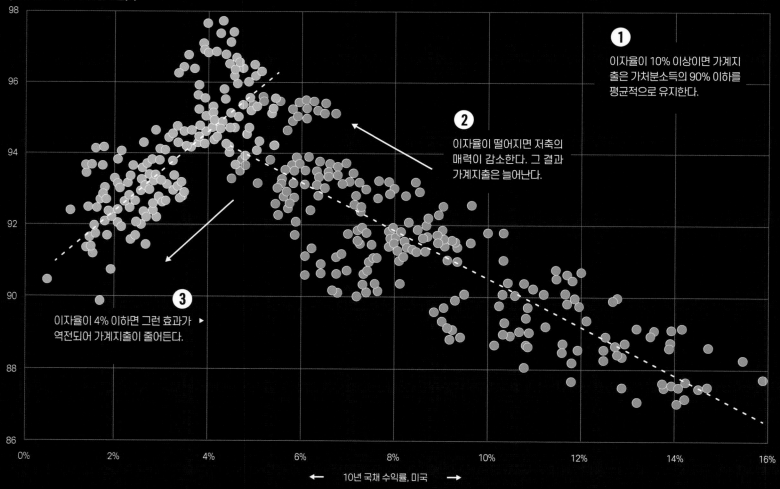

월별 가치   ● 1980년~2000년   ● 2001년~2020년

↑ 가처분소득 중 가계지출 비율(%)

① 이자율이 10% 이상이면 가계지출은 가처분소득의 90% 이하를 평균적으로 유지한다.

② 이자율이 떨어지면 저축의 매력이 감소한다. 그 결과 가계지출은 늘어난다.

③ 이자율이 4% 이하면 그런 효과가 역전되어 가계지출이 줄어든다. ▶

← 10년 국채 수익률, 미국 →

자료: Zerohedge 2020에 수록된 Bank of America Research Investment Committee and Haver Analytics

안전자산인 확정금리부 증권의 수익률이 곤두박질침에 따라, 가계는 은퇴 후를 대비하고자 지출을 줄일 수 있다. 이 딜레마로 말미암아 중앙은행들은 계속되는 부양책을 제공해야만 하는 순환고리 속에 갇힐 수 있다. 일본에서 살펴본 것처럼 말이다.

일본 ETFs의 80%는 중앙은행 소유

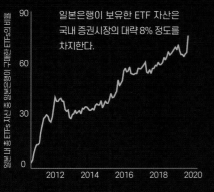

일본은행이 보유한 ETF 자산은 국내 증권시장의 대략 8% 정도를 차지한다.

자료: Zerohedge 2020에 수록된 Deutsche Bank Data

일본 국채의 수익률 추락

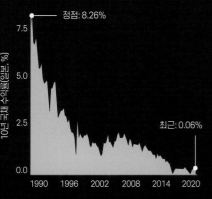

자료: CNBC 2020

중앙은행은 여전히 자국 경제를 부양해야 하는 임무가 막중하다.

그 결과 여러 해 동안 극도로 낮은 이자율과 수많은 양적 완화 조치들이 꼬리를 무는 일이 벌어졌다. 회의론자들은 이런 방식의 개입이 자유 시장이라는 개념에 반하는 것이며 득보다는 실이 더 많다고 주장한다. 그렇지만 2008년 이후 진정한 자유 시장이 구현되었다면 과연 더 좋은 결과를 낳았을지, 그것은 미지수다.

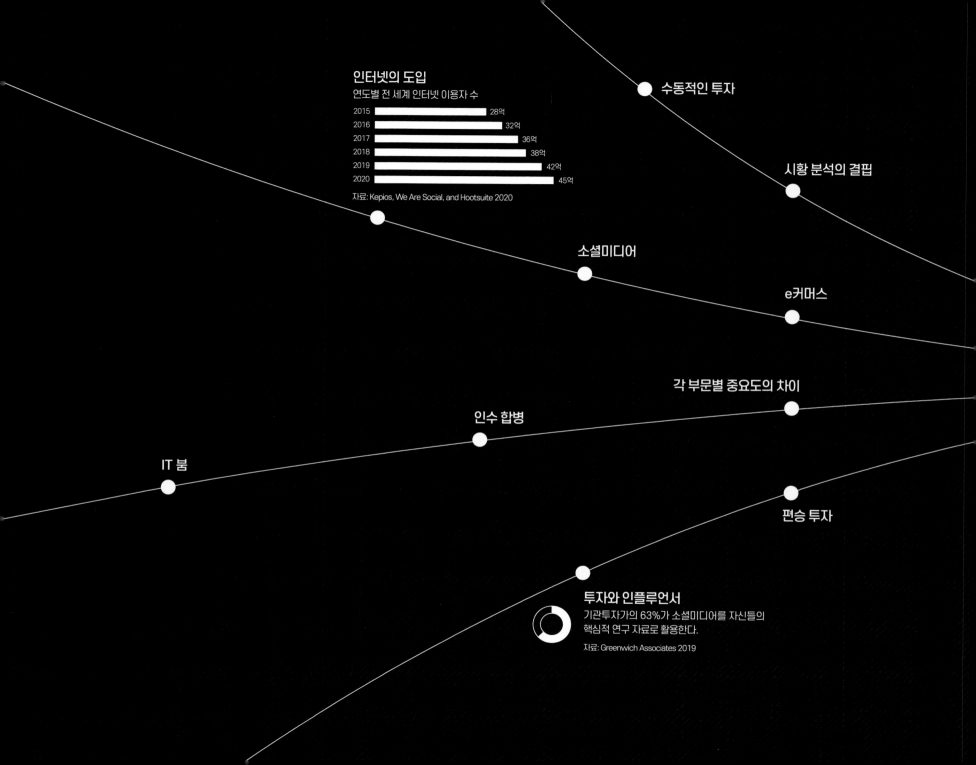

수동적인 투자

시황 분석의 결핍

인터넷의 도입
연도별 전 세계 인터넷 이용자 수

연도	이용자 수
2015	28억
2016	32억
2017	36억
2018	38억
2019	42억
2020	45억

자료: Kepios, We Are Social, and Hootsuite 2020

소셜미디어

e커머스

각 부문별 중요도의 차이

인수 합병

IT 붐

편승 투자

투자와 인플루언서
기관투자가의 63%가 소셜미디어를 자신들의
핵심적 연구 자료로 활용한다.

자료: Greenwich Associates 2019

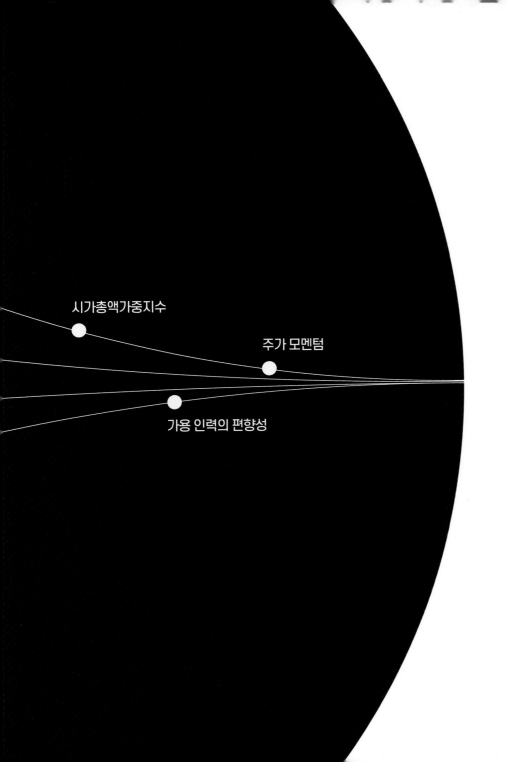

시가총액가중지수

주가 모멘텀

가용 인력의 편향성

SIGNAL 19

10년 후, 주식시장

주식시장에의 집중

몇 안 되는 기업들이 주식시장을 지배하고 있는데, 이들의 거대한 몸집은 시간이 흐르면서 점점 더 커지고 있다.

시그널 범위
보통 수준 (3/5)

시그널/노이즈 비율
아주 높음 (5/5)

SIGNAL S&P 500 시가총액 비율

상위 5개 주식 종목

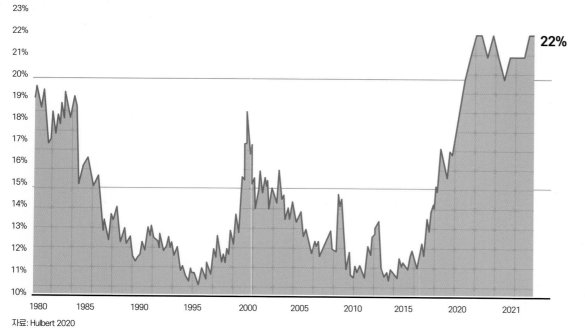

자료: Hulbert 2020

상위 5개 주식 종목이 S&P 500 전체 가치의 거의 1/4을 차지한다. 이렇게 높은 집중도를 기록한 건 적어도 1980년 이후로는 처음이다. 그에 따라 이들 주식은 주가지수의 판도에 큰 영향을 미치며, 이어서 S&P 500 지수에 연동하여 운용되는 11.2조 달러 규모의 투자자 펀드 또한 흔들어놓는다.

5대 주식(FAAMG)의 S&P 500 수익 기여도 2015년 5월~2020년 5월

FAAMG 기업: 애플 마이크로소프트 아마존 페이스북 G 알파벳

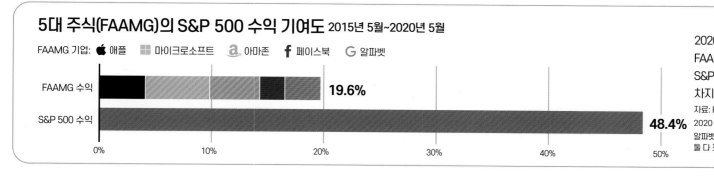

2020년 5월 31일 현재, FAAMG 주식은 지난 5년간의 S&P 500 수익 중 41%를 차지했다.

자료: BMO Global Asset Management 2020
알파벳의 경우 차등의결권 주식을 둘 다 포함한 값

전 세계적으로 비교해보자

전 세계의 다른 주식시장과 비교하자면 미국 시장은 집중도가 덜한 편이다. 그렇지만 S&P 500의 경우는
다른 나라들의 시장 대부분과 달리 집계 대상 기업의 수가 월등히 많다는 점을 상기해야 한다.

5대 기업의 시가총액 총 시가총액 중 차지하는 비율(%)

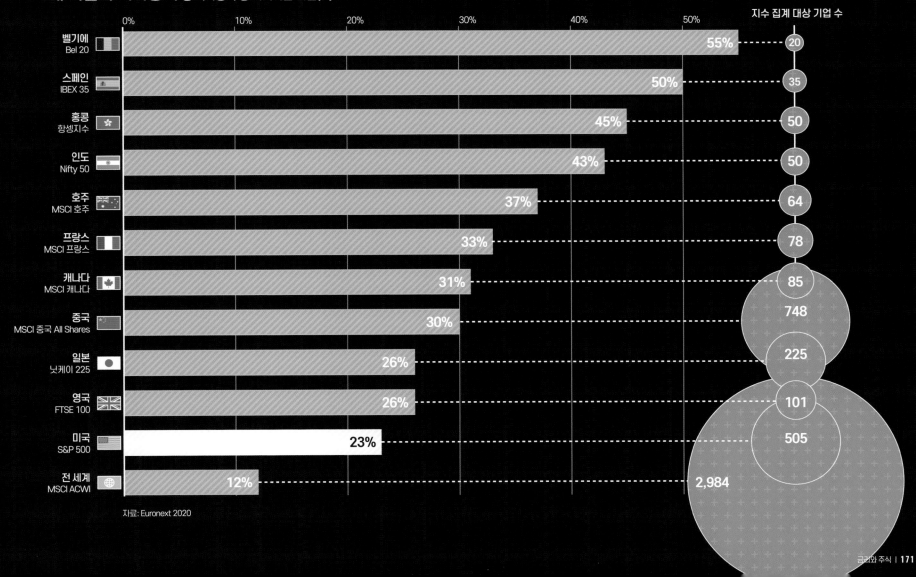

지수 집계 대상 기업 수

국가	지수	비율	기업 수
벨기에	Bel 20	55%	20
스페인	IBEX 35	50%	35
홍콩	항셍지수	45%	50
인도	Nifty 50	43%	50
호주	MSCI 호주	37%	64
프랑스	MSCI 프랑스	33%	78
캐나다	MSCI 캐나다	31%	85
중국	MSCI 중국 All Shares	30%	748
일본	닛케이 225	26%	225
영국	FTSE 100	26%	101
미국	S&P 500	23%	505
전 세계	MSCI ACWI	12%	2,984

자료: Euronext 2020

기술 모멘텀

최근 몇 해 동안 기술 부문이 지수 집중을 초래하는 힘이었지만, 항상 그랬던 것은 아니다. 1980년에는 에너지주가 최상층에 군림했는데, 이때 5대 주식이 S&P 500의 19%를 차지했다.

시기별 S&P 500 최상위 5대 주 시가총액 기준

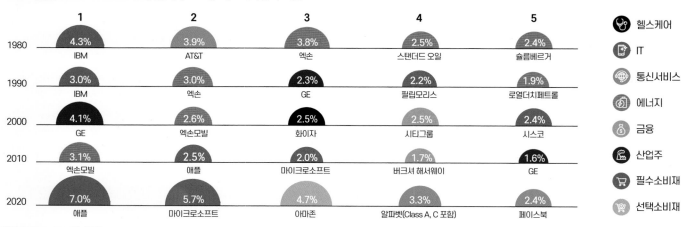

	1	2	3	4	5
1980	4.3% IBM	3.9% AT&T	3.8% 엑손	2.5% 스탠더드 오일	2.4% 슐름베르거
1990	3.0% IBM	3.0% 엑손	2.3% GE	2.2% 필립모리스	1.9% 로열더치페트롤
2000	4.1% GE	2.6% 엑손모빌	2.5% 화이자	2.5% 시티그룹	2.4% 시스코
2010	3.1% 엑손모빌	2.5% 애플	2.0% 마이크로소프트	1.7% 버크셔 해서웨이	1.6% GE
2020	7.0% 애플	5.7% 마이크로소프트	4.7% 아마존	3.3% 알파벳(Class A, C 포함)	2.4% 페이스북

- 헬스케어
- IT
- 통신서비스
- 에너지
- 금융
- 산업주
- 필수소비재
- 선택소비재

자료: Slickharts 2020에 수록된 S&P 500

연도별 빅테크 기업의 시가총액

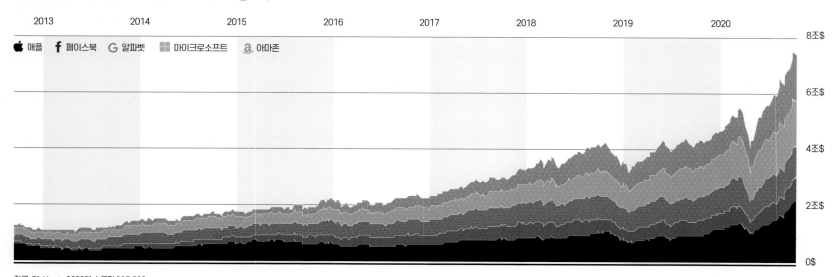

애플 페이스북 알파벳 마이크로소프트 아마존

| 2013 | 2014 | 2015 | 2016 | 2017 | 2018 | 2019 | 2020 |

8조$
6조$
4조$
2조$
0$

자료: Slickharts 2020에 수록된 S&P 500

수동적인 투자

수동형 투자가 늘어난 점도 시장 포화에 기여했다. 미국에서 상위 10대 ETF가 위탁운용자산의 28%를 차지한다.

자료: Gurdus 2019

상위권 펀드의 다수가 시가총액가중지수(각 주식별 시가총액에 따라 가중치 적용)를 따름에 따라, 초우량 주식의 가격이 오르면 더 많은 돈이 몰리게 되어 있다.

자료: Aviva Investors 2018

적극적/수동적 펀드 자금흐름 및 시장점유율

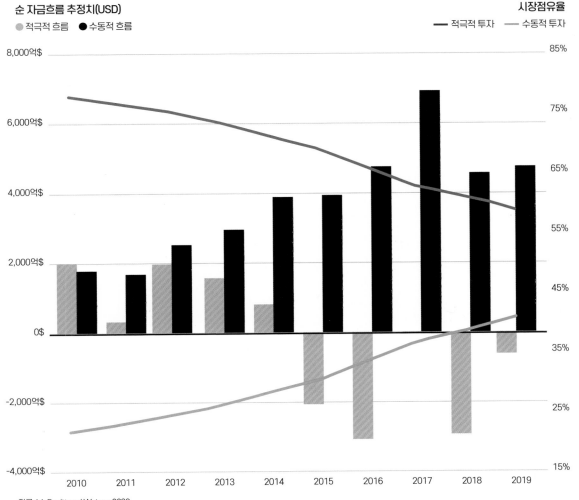

순 자금흐름 추정치(USD)
- ● 적극적 흐름
- ● 수동적 흐름

시장점유율
— 적극적 투자
— 수동적 투자

자료: McDevitt and Watson 2020

영화 〈빅 쇼트〉에서 세계 금융 위기를 정확히 예측한 것으로 소개된 마이클 베리(Michael Burry)는 수동적 투자에는 거품이 존재한다고 본다. 인덱스펀드에는 진정한 증권별 분석이 필요 없음을 지적하면서, 그는 투자자들이 주식 가격의 왜곡을 깨달을 때는 이미 심각한 자금 유출이 발생했을 수 있다고 주장한다.

하지만 다른 증권 전문가들은 이를 반박하기도 한다. 적극적인 투자자들은 시장의 지역별 가격편차를 이용하는 차익거래를 하며, 여전히 ETF의 유동성은 충분하다는 것이다.

자료: Divine 2019

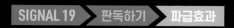

투자자 입장에서 보자면 주식시장에서 특정 기업에의 집중은 비체계적 리스크를 높일 수 있다. 이는 오로지 특정 기업 혹은 부문에만 영향을 미치는 리스크이다. 역사적으로는 부문별 실적에 악영향을 미친 정부 규제조치 등을 들 수 있다.

정부 규제조치에 따른 부문별 실적

S&P 500 값을 100으로 놓고 각 부문별 실적을 이에 비교한 값

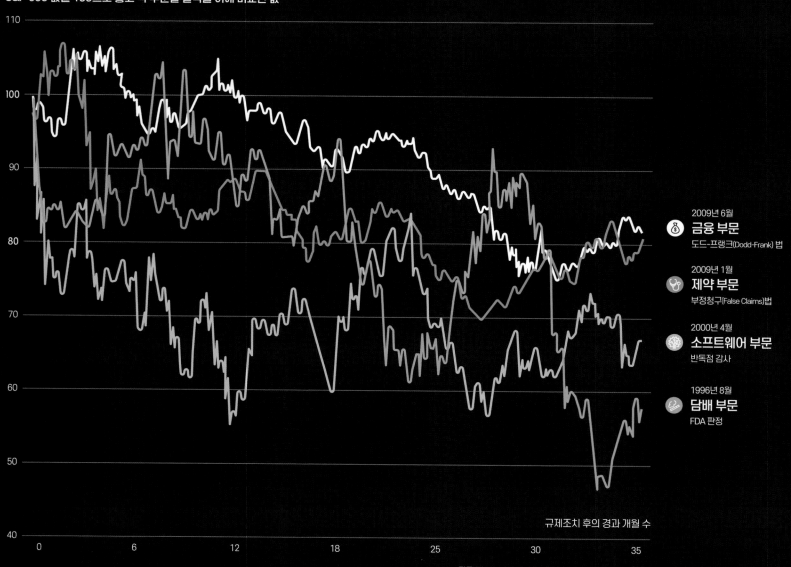

2009년 6월
금융 부문
도드-프랭크(Dodd-Frank) 법

2009년 1월
제약 부문
부정청구(False Claims)법

2000년 4월
소프트웨어 부문
반독점 감사

1996년 8월
담배 부문
FDA 판정

규제조치 후의 경과 개월 수

자료: Goldman Sachs Asset Management Connect 2020

하지만 이런 리스크를 잘 활용하면 더 많은 수익을 거둘 가능성도 있다.

투자 다각화를 위해 모든 기업에게 동등한 가중치를 부여한 'S&P 500 동등가중치 지수'와 비교해 볼 때 S&P 500 지수의 실적이 역사적으로 늘 앞서 있다.

연간 총 수익

*2020년 8월 31일

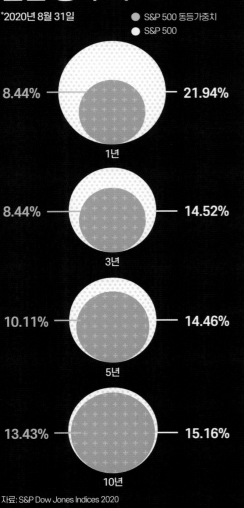

● S&P 500 동등가중치
○ S&P 500

8.44% — ○ — 21.94%

1년

8.44% — ○ — 14.52%

3년

10.11% — ○ — 14.46%

5년

13.43% — ○ — 15.16%

10년

자료: S&P Dow Jones Indices 2020

주식시장에서 일부 기업에 집중되는 문제는 경제 전반에도 영향을 미친다.

연구자들에 따르면 47개국에서 30년간의 자료를 살핀 결과, 주식시장에서의 집중은 경제 성장의 저하뿐만 아니라 신규 상장, 혁신, 신규 기업에 대한 펀딩의 감소 또한 유발한다. 가장 성공한 기업들에만 이윤과 판매, 고용이 몰린다면, 창조성은 하락할 수도 있다.

전 세계의 M&A 성사 금액

2015	3.8조$
2016	3.2조$
2017	2.9조$
2018	3.4조$
2019	3.4조$

자료: Bain & Company 2020

인수합병 M&A

기업매수

과소 평가된 위협

회사 임원의 39%만 자신의 산
업 외부로부터의 경쟁이 닥쳐올
것이라고 예상하고 있었다.

자료: Anthony et al., 2018

보수적 기업 문화　　　　**적응 실패**　　　**기업의 능률 저하**　　**복합 대기업**　　　**장기적 안목의 부재**

새 비즈니스 모델

낮아진 진입장벽

10억 달러 스타트업

미국 내 연도별 신규 유니콘 기업

2010	4개
2012	10개
2014	41개
2016	21개
2018	57개

자료: PitchBook 2019

벤처자본 붐

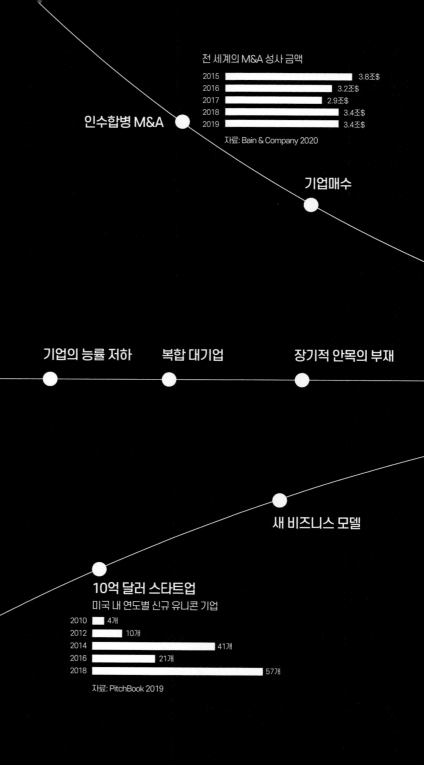

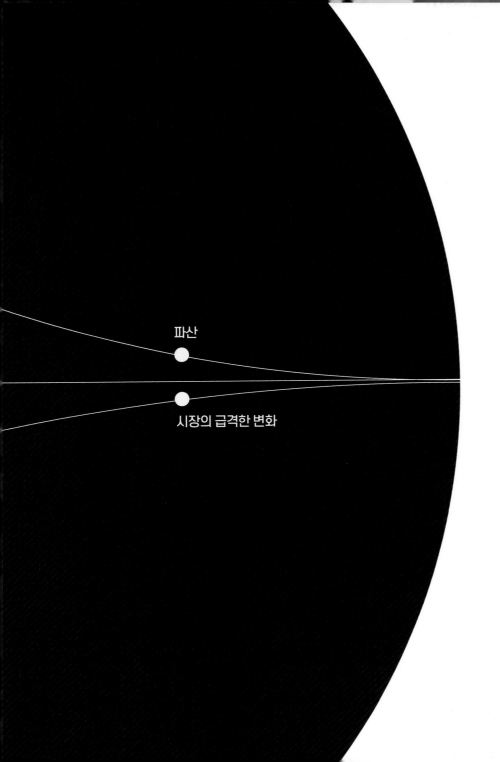

파산

시장의 급격한 변화

SIGNAL 20

10년 후에도
살아남을 기업

기업 수명이 점점 짧아진다

지난 10여 년에 비해 기업의 기대수명이 짧아졌다. 그리고 아마 미래에는 그 수명이 더욱 짧아지리라 전망된다.

시그널 범위
좁음 (2/5)

시그널/노이즈 비율
보통 수준 (3/5)

S&P 500 기업들의 평균 수명*

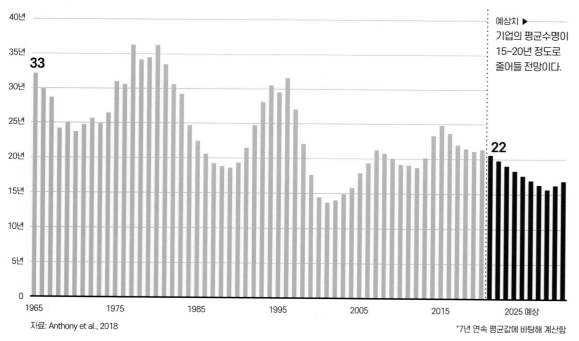

예상치 ▶
기업의 평균수명이
15~20년 정도로
줄어들 전망이다.

자료: Anthony et al., 2018

*7년 연속 평균값에 바탕해 계산함

아이콘 기업들이 망하는 일이 점점 잦아지고 있다.
왼쪽 그래프는 기업의 존속기간이 얼마나 되는지 대략적으로 보여주는 지표로서, S&P 500 기업들의 평균 수명을 뜻하는 7년 연속 평균값이 대리 수치로 쓰인다. 기업 수명은 경기순환과 기술혁신에 따라 주기적으로 변한다. 하지만 전반적으로는 하향 트렌드를 보인다.

지속할 힘이 없어진 기업들

자료: Anthony et al., 2018

50%
지금과 같은 퇴조 추세라면 S&P 500 기업들의 50%가 2018년~2027년 사이에 다른 기업들로 바뀔 전망이다.

기업 수명이 짧아진 이유는 무엇일까? S&P 500에서 밀려난
기업들의 면면을 살피면 힌트를 얻을 수 있을 것이다.

실패

🐢 파산

🏚 시가총액 감소

인수합병

🤝 인수

◉ 합병

S&P 500 퇴출/신규진입
기업 사례

2016년~2020년

퇴출

🏚 FOSSIL GROUP	
	🏚 BED BATH & BEYOND
	🏚 CHESAPEAKE ENERGY
	🐢 PG&E CORP
	🏚 FOOT LOCKER
	🏚 HARLEY-DAVIDSON
	🤝 MACY'S
	🤝 DR PEPPER SNAPPLE

인수합병

🤝 THE WARNER CABLE	🤝 WHOLE FOODS
◉ STARWOOD HOTELS & RESORTS	🤝 STAPLES
🤝 MONSANTO	🤝 VIACOM
	🤝 ALLERGAN

자료: S&P Dow Jones Indices 2020

진입

2016년 1월	Willis Group Holdings
2016년 5월	Digital Realty Trust
2016년 9월	CooperCompanies
2017년 7월	A.O. Smith
2017년 8월	Quintiles IMS
2017년 9월	Cadence Design Systems
2018년 3월	Nektar Therapeutics
2018년 6월	Copart
2018년 7월	Twitter
2019년 1월	Teleflex
2019년 8월	Leidos Holdings
2019년 12월	W.R. Berkley
2020년 4월	Carrier Global
2020년 5월	Domino's Pizza
2020년 6월	Bio-Rad Laboratories

기업 퇴출 2대 요인

1 기존 기업이
소비자들의 요구 변화에
발 맞추지 못한 경우

사례:

★macy's

2 기존 기업이 성공적 경쟁 업체에
인수합병되는 경우

사례:

abbvie가 Allergan 매입

abbvie

buying ⟡ Allergan

자료: S&P Dow Jones Indices 2020

벤처자본의 초대형 거래

벤처자본의 메가 딜(계약 규모 1억 달러 이상) 또한 기업 수명의 단축을 부추겼을 공산이 크다. 스타트업이 막강한 경쟁업체가 되거나, 기존 기업에 합병되거나 인수되기 충분할 정도의 규모를 갖추게 된 것이다.

특히 인수합병(M&A) 활동이 S&P 500 기업의 변동에 직접적인 영향을 미쳤다. 그리고 뒤이어 기업 수명에도 엇비슷한 영향을 미쳤을 것이다.

미국 내 벤처 자본의 메가 딜
USD

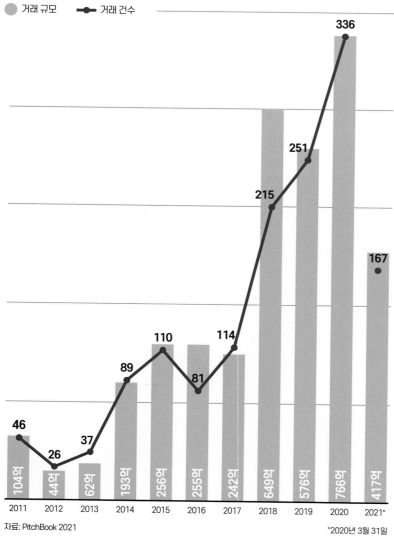

자료: PitchBook 2021
*2020년 3월 31일

S&P 500 기업 교체 및 미국 내 M&A 규모
1990년~2016년, 2015 USD

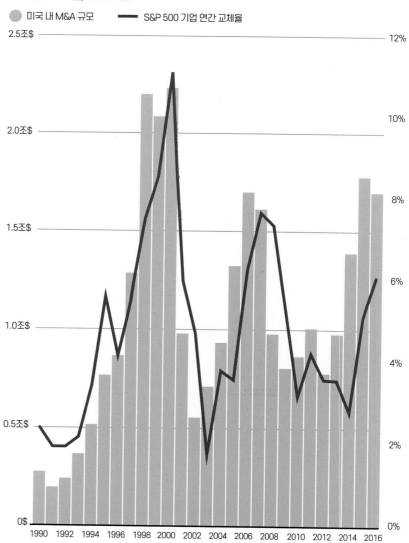

자료: Credit Suisse 2017에 수록된 Thomson Reuters, S&P Dow Jones Indices

더욱 빨라지는 기술 발달

기술용품을 활용 중인 미국 가구수

1860년~2019년, 도입률

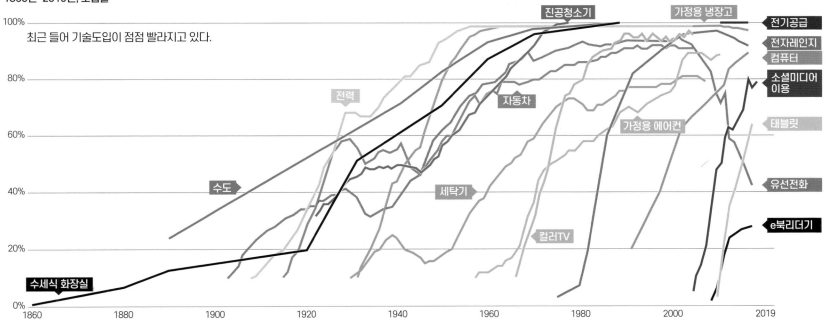

최근 들어 기술도입이 점점 빨라지고 있다.

진공청소기 · 가정용 냉장고 · 전기공급 · 전자레인지 · 컴퓨터 · 소셜미디어 이용 · 태블릿 · 유선전화 · e북리더기 · 전력 · 자동차 · 가정용 에어컨 · 수도 · 세탁기 · 컬러TV · 수세식 화장실

자료: Ritchie 2017

이 꾸준한 변화가 스타트업 혁신을 일으켰고, 그에 따라 기존 기업들은 적응에 실패할 경우 퇴출될 위기에 처했다.

코닥은 디지털카메라가 카메라 산업 자체를 얼마나 근본적으로 바꿔놓을지 인식하는 데 실패했다.

블록버스터 사는 넷플릭스가 초창기에 파트너십을 제안했을 때 거절했고, 결국 파산했다.

자료: Anthony 2016, Satell 2014

소매업 또한 기술 도입에 따라 크게 변모한 부문 중 하나다. 소비자들이 온라인 쇼핑으로 넘어간 것이다.

미국 내 e커머스 매출 USD

● e커머스 매출 ━ 총 소매 매출 중 비율(%)

예상치 ▶

연도	매출	비율
2010	1,700억$	4.5%
2011	2,000억$	4.9%
2012	2,320억$	5.4%
2013	2,640억$	5.9%
2014	3,030억$	6.5%
2015	3,470억$	7.3%
2016	3,970억$	8.2%
2017	4,610억$	9.1%
2018	5,240억$	9.9%
2019	6,020억$	11.0%
2020	7,990억$	14.2%
2021 예상	9,090억$	15.5%
2022 예상	1.0조$	17.2%
2023 예상	1.2조$	19.0%

자료: US Census Bureau via Business Insider 2020, eMarketer 2021

e커머스는 시대의 아이콘이던 거대 소매기업을 몰락시켰는데, 코로나19 팬데믹은 이 사태를 더욱 촉발했다.

기업들이 가속화하는 기술을 따라잡기 위해 노력함에 따라 그들의 초점은 광고로부터 연구개발(R&D)로 옮겨갔다.

R&D 지출이 광고 지출을 이기다

기업 비용에서 차지하는 비율 %

자료: Anthony 2016

혁신에 초점을 맞춘 기업들은 인재도 꾸준히 필요로 한다. 경력직 구인 문제는 여전히 걱정거리다.

경력직 구인 관련 전 세계 CEO들의 걱정

'조금 걱정된다' 혹은 '크게 걱정된다'고 응답한 비율

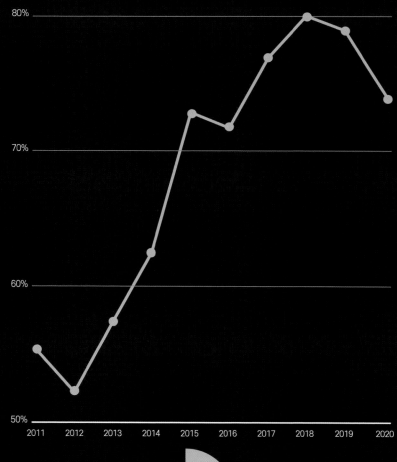

기술 부족이 기업 성장에 얼마나 큰 영향을 미칠까?

55% 전 세계 CEO 중 55%가 혁신 의지가 있어도 효과적으로 혁신을 수행하기가 힘들다고 밝혔다.

자료: PwC 2019

기업이 기존 직원들에게 새로운 기술을 교육시키고
자 숙련 향상 프로그램에 투자할 때, 혁신뿐 아니라
확실한 성과가 생겨날 수 있다.

숙련 향상 프로그램의 효과
'아주 효과적'이라고 응답한 전 세계 CEO들의 비율

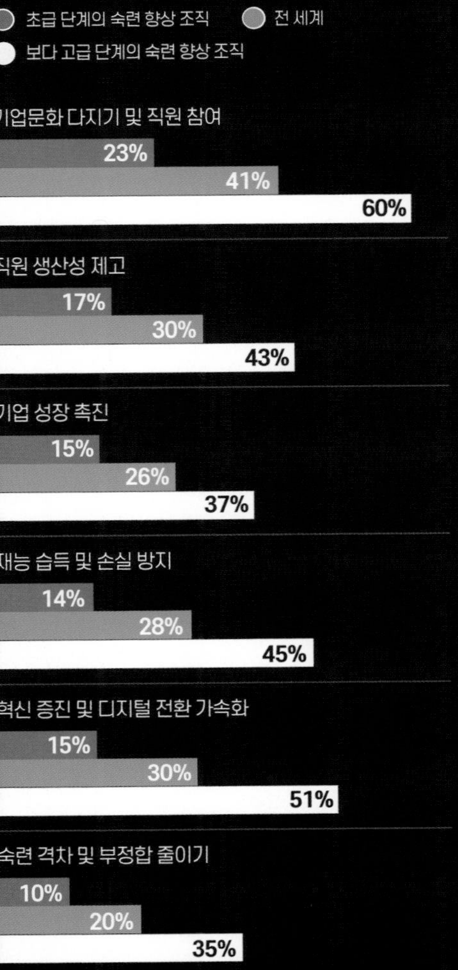

- 초급 단계의 숙련 향상 조직
- 전 세계
- 보다 고급 단계의 숙련 향상 조직

기업문화 다지기 및 직원 참여

23%
41%
60%

직원 생산성 제고

17%
30%
43%

기업 성장 촉진

15%
26%
37%

재능 습득 및 손실 방지

14%
28%
45%

혁신 증진 및 디지털 전환 가속화

15%
30%
51%

숙련 격차 및 부정합 줄이기

10%
20%
35%

자료: PwC 2020

적응에 실패한 기업들은
뒤처질 위험을 감수할 수밖에 없다.

엘리트 기업들이 먹이사슬의 최상층 자리를 지키기가 지금처럼 어려웠던 적은 없
다. 투자자, 직원, 기업 리더 모두가 이 문제가 자기 문제임을 깨달아야 한다. 한편
이는 야심 찬 스타트업들에게는 엄청난 기회를 뜻한다.

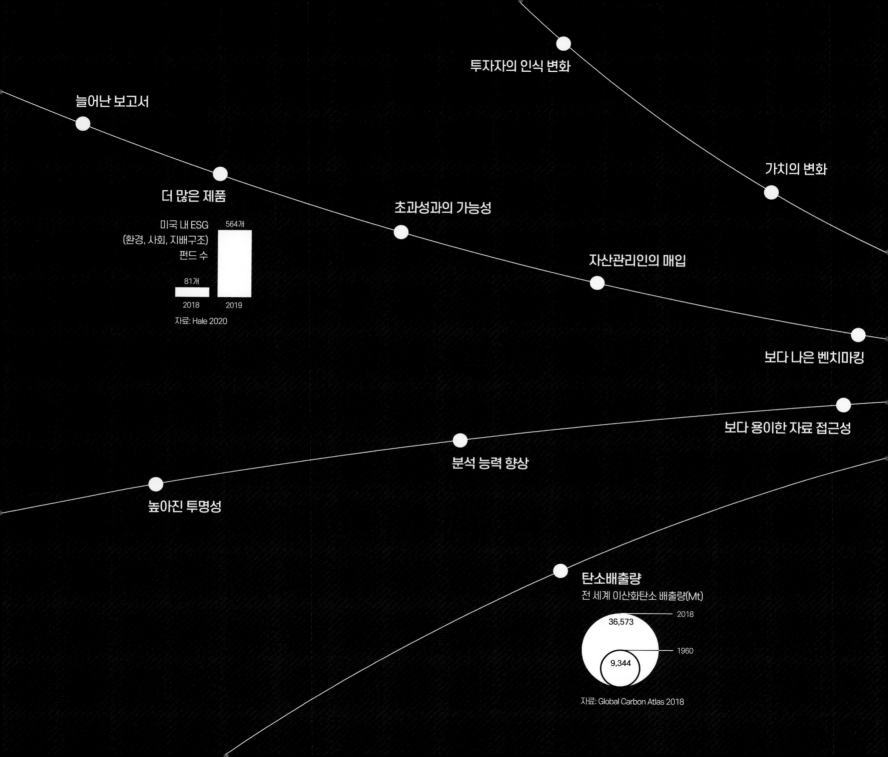

투자자의 인식 변화

늘어난 보고서

가치의 변화

더 많은 제품

미국 내 ESG
(환경, 사회, 지배구조)
펀드 수

564개

81개

2018   2019

자료: Hale 2020

초과성과의 가능성

자산관리인의 매입

보다 나은 벤치마킹

보다 용이한 자료 접근성

분석 능력 향상

높아진 투명성

탄소배출량
전 세계 이산화탄소 배출량(Mt)

36,573   2018

1960

9,344

자료: Global Carbon Atlas 2018

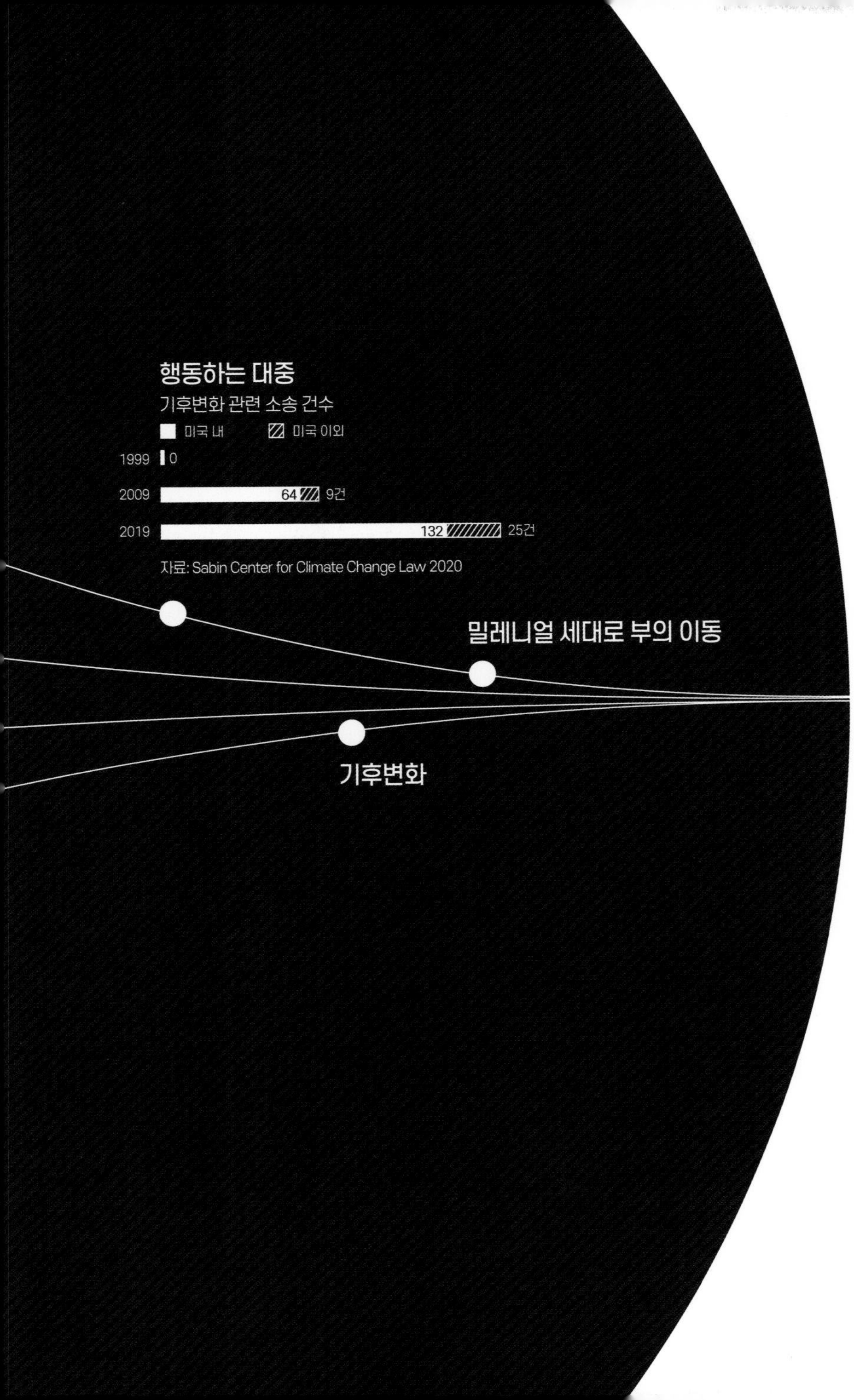

행동하는 대중

기후변화 관련 소송 건수

■ 미국 내   ▨ 미국 이외

1999	▮ 0	
2009	64 ▨▨	9건
2019	132 ▨▨▨▨▨	25건

자료: Sabin Center for Climate Change Law 2020

밀레니얼 세대로 부의 이동

기후변화

SIGNAL 21

지속 가능한 투자

지속 가능한 투자

최근 수년간 지속가능한 자산이 상당한 규모로 성장하고 있다. 이러한 새로운 움직임은 당분간 계속될 전망이다.

 시그널 범위
보통 수준 (3/5)

시그널/노이즈 비율
아주 높음 (5/5)

SIGNAL ESG* 범주의 자산관리인이 관리하는 전 세계 자산 규모 USD

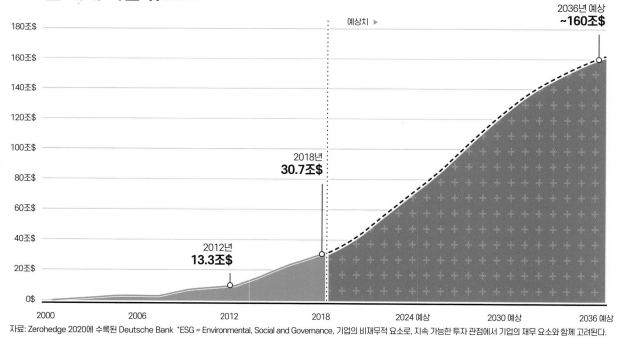

예상치 ▶

2036년 예상
~160조$

2018년
30.7조$

2012년
13.3조$

2000   2006   2012   2018   2024 예상   2030 예상   2036 예상

자료: Zerohedge 2020에 수록된 Deutsche Bank *ESG = Environmental, Social and Governance, 기업의 비재무적 요소로, 지속 가능한 투자 관점에서 기업의 재무 요소와 함께 고려된다.

평등, 기후행동, 기업의 책임에 대한 목소리가 갈수록 커짐에 따라, 지속 가능한 투자의 인기가 크게 늘었다. 그런데 이러한 전략은 개인의 가치 문제에만 국한되는 것은 아니다. 지속 가능한 투자는 투자자들로 하여금 환경과 사회, 지배구조의 리스크를 관리할 수 있도록 돕기도 한다. 그 결과, ESG 투자 전략이 전 세계에서 크게 늘었다.

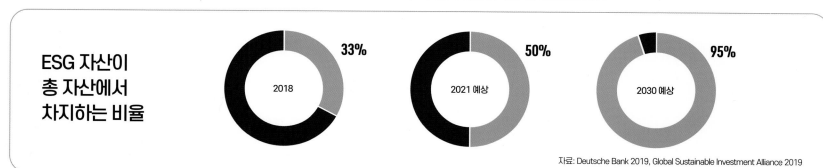

ESG 자산이 총 자산에서 차지하는 비율

33%
2018

50%
2021 예상

95%
2030 예상

자료: Deutsche Bank 2019, Global Sustainable Investment Alliance 2019

지역별 지속가능한 투자 자산 2012년과 2018년의 비교

▲ 연평균 성장률(CAGR)

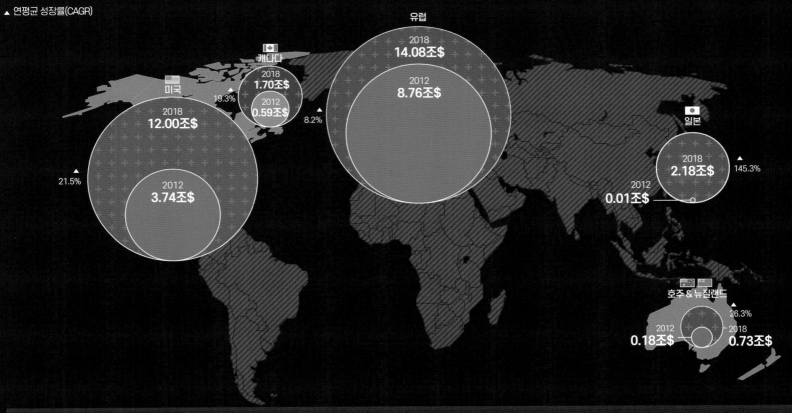

유럽
2018
14.08조$
2012
8.76조$

캐나다
2018
1.70조$
2012
0.59조$

19.3%

8.2%

미국
2018
12.00조$
2012
3.74조$

21.5%

일본
2018
2.18조$
2012
0.01조$
145.3%

호주 & 뉴질랜드
26.3%
2012
0.18조$
2018
0.73조$

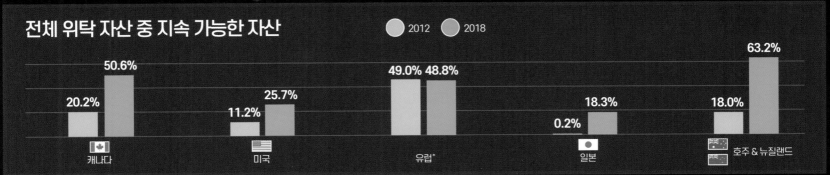

전체 위탁 자산 중 지속 가능한 자산

● 2012 ● 2018

캐나다	미국	유럽*	일본	호주 & 뉴질랜드
20.2% → 50.6%	11.2% → 25.7%	49.0% 48.8%	0.2% → 18.3%	18.0% → 63.2%

*유럽에서 시장 지분이 줄어든 것은 일부 지속 가능한 투자에 대해 보다 엄격한 기준을 적용한 데 따른 것일 수 있다.

자료: Global Sustainable Investment Alliance 2018

관심과 선택

지속 가능 투자에 대한 관심도

● 밀레니얼 세대   ● 전체 인구

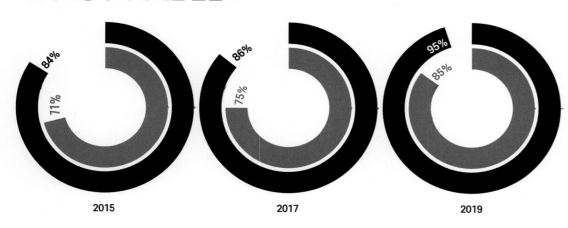

84%
71%
2015

86%
75%
2017

95%
85%
2019

지속 가능 투자를 채택하는 비율

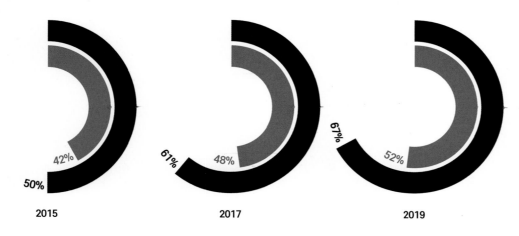

50%
42%
2015

61%
48%
2017

67%
52%
2019

자료: Morgan Stanley Institute for Sustainable Investing 2019

연간 총 수입 예상치

미국 개인 투자자 분석

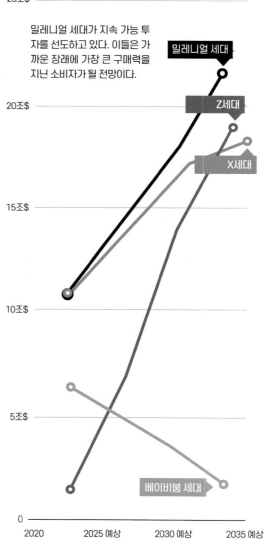

25조$

밀레니얼 세대가 지속 가능 투자를 선도하고 있다. 이들은 가까운 장래에 가장 큰 구매력을 지닌 소비자가 될 전망이다.

밀레니얼 세대

Z세대

X세대

20조$

15조$

10조$

5조$

베이비붐 세대

0

2020   2025 예상   2030 예상   2035 예상

자료: Brookings 2020
* Z세대는 2000년~2020년에 태어난 사람을 가리킨다.

ESG 투자자에게는 어떤 혜택이 있을까?

ESG 투자는 지속 가능성 투자에서의 위험을 최소화하며, 따라서 투자자에게는 더 높은 수익과 더 낮은 변동성을 안겨줄 수 있다.

전 세계 주가지수 실적 누적치 총 수익

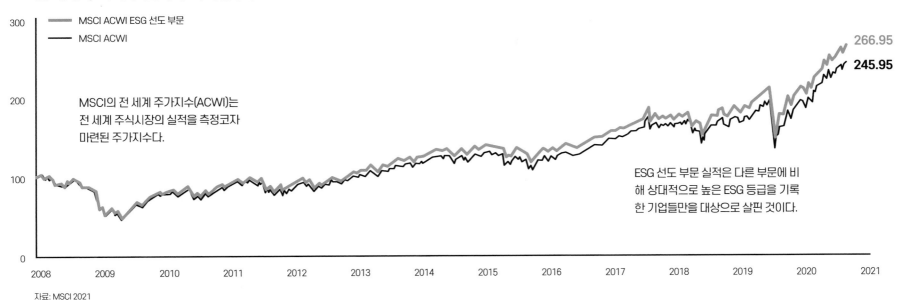

MSCI의 전 세계 주가지수(ACWI)는 전 세계 주식시장의 실적을 측정코자 마련된 주가지수다.

ESG 선도 부문 실적은 다른 부문에 비해 상대적으로 높은 ESG 등급을 기록한 기업들만을 대상으로 살핀 것이다.

- MSCI ACWI ESG 선도 부문 — 266.95
- MSCI ACWI — 245.95

자료: MSCI 2021

연간 총 수익 연간 리스크 표준편차

● MSCI ACWI ESG 선도 부문   ● MSCI ACWI

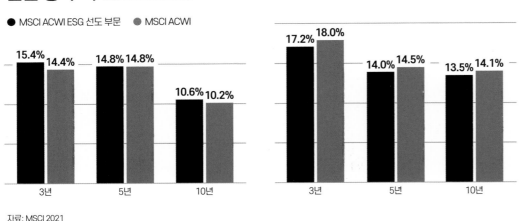

	3년	5년	10년
ESG 선도 부문	15.4%	14.8%	10.6%
ACWI	14.4%	14.8%	10.2%

	3년	5년	10년
ESG 선도 부문	17.2%	14.0%	13.5%
ACWI	18.0%	14.5%	14.1%

자료: MSCI 2021

S&P 500 기업들의 지속 가능성 보고

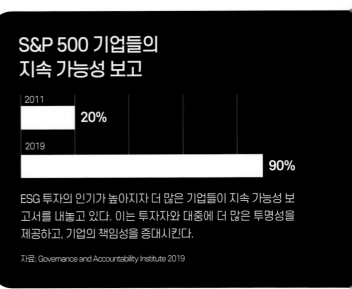

2011 — 20%
2019 — 90%

ESG 투자의 인기가 높아지자 더 많은 기업들이 지속 가능성 보고서를 내놓고 있다. 이는 투자자와 대중에 더 많은 투명성을 제공하고, 기업의 책임성을 증대시킨다.

자료: Governance and Accountability Institute 2019

변화를 선도하다

자본의 환경, 사회, 지배구조(ESG)를 주목하는 일의 범사회적 파급효과는 상당하다. 예를 들어 환경 친화형 투자는 재생형 전기 생산의 증가에 기여할 수 있다. 시간이 흐르며 보다 많은 투자자들이 UN 책임투자원칙(PRI)에 서명하고 있다. 이것이 환경 및 사회적 책임을 앞세운 제안에 대한 지지를 끌어올리는 데 기여하고 있다.

지속 가능성을 지지하는 비율

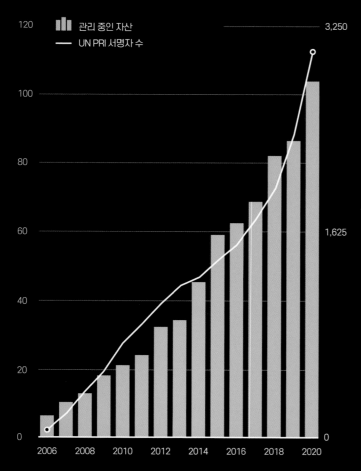

자료: Principles for Responsible Investment 2021

전 세계의 에너지 생산
1990년~2050년

⬤ 수력　⬤ 풍력　⬤ 태양열　⬤ 다른 재생형 에너지　◯ 기타 화석연료

2019년 「미국 에너지정보 관리 보고서」에 따르면 2018년 28%인 재생형 전기발전이 2050년이면 49%를 기록할 것이라고 한다.

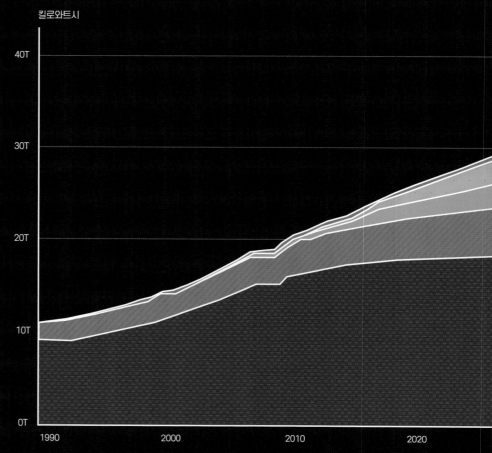

◀ 전체 전기 발전의 기록

자료: US Energy Information Administration 2019

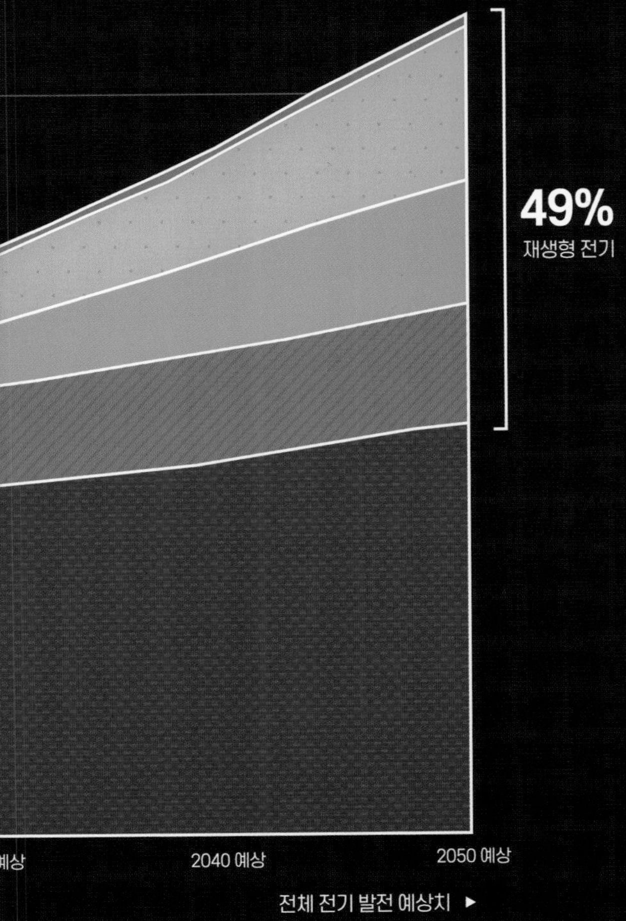

49%
재생형 전기

예상 2040 예상 2050 예상

전체 전기 발전 예상치 ▶

지속 가능한 투자가 확실히
주류 투자방식으로 진입했다.

보다 젊고 사회적으로 의식이 높은 세대가 가까운 미래에 부와 그에 따르는 구매력을 물려받을 전망이다. 이미 현실이 된 지속 가능한 투자가 투자자들에게는 탄탄한 수익을 거두면서 동시에 긍정적인 파급효과도 자아낼 멋진 기회를 마련해줄 것이다.

소비자 행동

시그널 개수 / 03

기술이 혁신을 이끌어내는 데 도움이 되기는 한다. 그렇지만 소비의 최종 권한은 역시 소비자에게 있다. 이 장에서는 소비자들의 마음과 지갑을 동시에 사로잡고 있는 세 가지의 새로운 트렌드를 살핀다.

첫 번째 시그널은 소비자들을 점점 더 재미있는 경험으로 끌어들이고 있는 기술 트렌드에 관한 것이다. 신기술 덕분에 거래와 물류, 상품 개인화 영역 모두에서 장벽이 허물어지고 있다.

이어서 우리는 '고기 없는 고기'를 살핀다. 이 또한 기술 진보가 환경적 우려, 변화하는 사회적 태도 등과 맞물리면서 한창 생겨나고 있는 소비 현상이다.

마지막 시그널은 보건의료 부문에서의 패러다임 전환에 관한 것이다. 소비자 중심 헬스케어라는 소비자 주도 분야에서 새로운 제품에 대한 수요가 빠르게 증가하고 있는 실정이다 보니, 소매, 음식, 보건의료 같은 부문에서 변화에 적극적이지 못한 기업은 뒤처질 것이다.

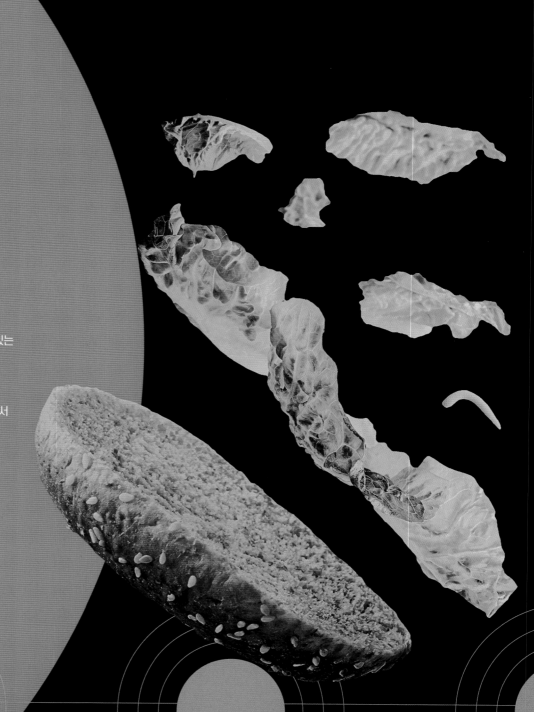

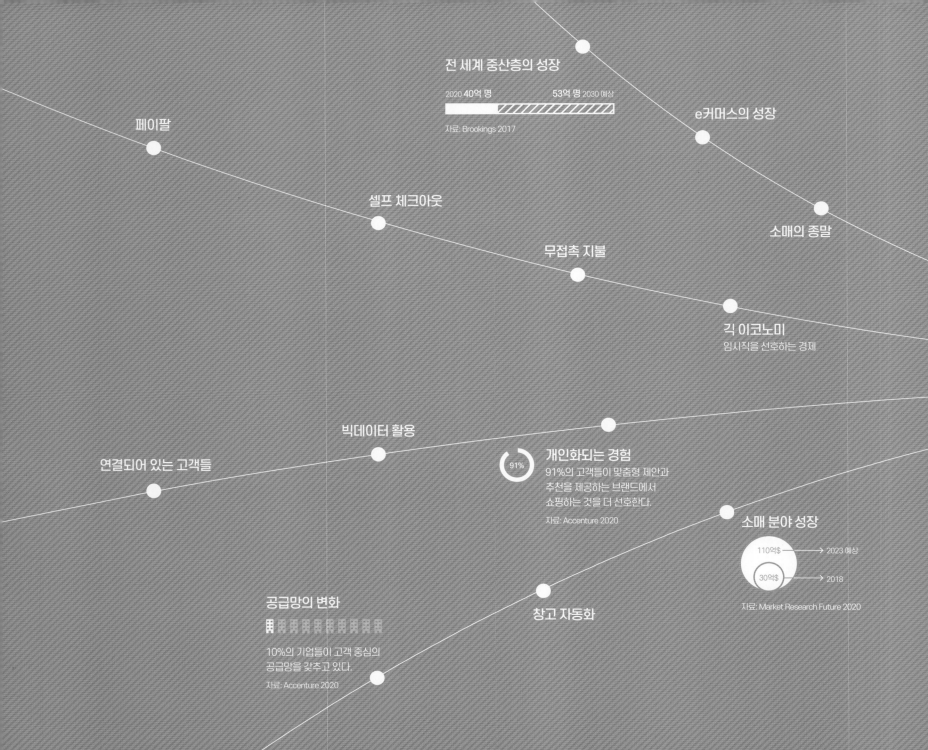

페이팔

전 세계 중산층의 성장

2020 **40억 명**　　　　　**53억 명** 2030 예상

자료: Brookings 2017

e커머스의 성장

셀프 체크아웃

무접촉 지불

소매의 종말

긱 이코노미
임시직을 선호하는 경제

빅데이터 활용

연결되어 있는 고객들

개인화되는 경험
91%의 고객들이 맞춤형 제안과
추천을 제공하는 브랜드에서
쇼핑하는 것을 더 선호한다.

자료: Accenture 2020

91%

소매 분야 성장

110억$ ⟶ 2023 예상

30억$ ⟶ 2018

자료: Market Research Future 2020

공급망의 변화

10%의 기업들이 고객 중심의
공급망을 갖추고 있다.

자료: Accenture 2020

창고 자동화

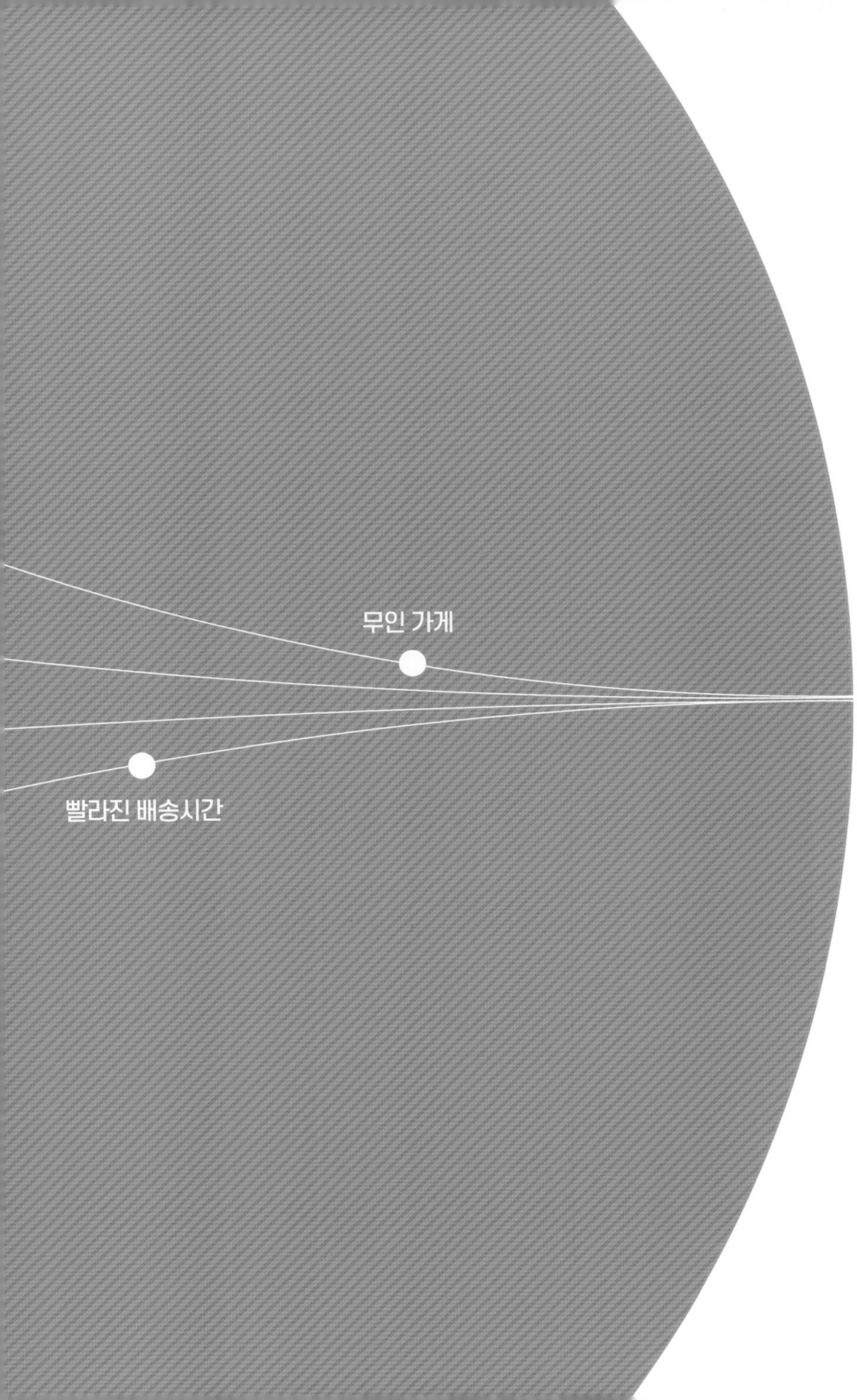

무인 가게

빨라진 배송시간

폭발하는 쇼핑

더욱 편리해진 쇼핑

소매업은 엄청난 디지털 변혁을 겪고 있는 중이다. 여러 혁신이 겹치면서 소비자들의 쇼핑이 그 어느 때보다 더 쉽고 빨라지는 중이다.

시그널 범위
보통 수준 (3/5)

시그널/노이즈 비율
보통 수준 (3/5)

 SIGNAL

스마트 소매 부문 투자의 증가

전 세계 매장 소매업 IT 기업 거래 및 자금조달

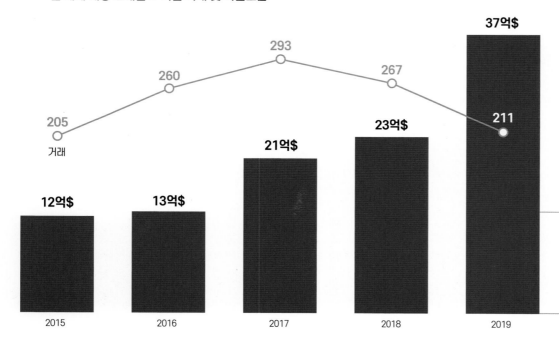

연도	거래 건수	투자금액
2015	205	12억$
2016	260	13억$
2017	293	21억$
2018	267	23억$
2019	211	37억$

거래

새로운 기술 혁신, 소비자의 지갑을 열려는 경쟁의 격화, 소비자 선호의 변화, 이 모든 것들이 소매 부문에 변화를 가져왔다. 소매 브랜드들은 공급망 측면에서의 효율성 제고를 위해 가혹하리만큼 채찍질을 계속하고 있으며, 물리적 환경에서든 디지털 환경에서든 소비자들의 체험이 새로운 혁신을 경험할 수 있도록 하는 데도 혈안이 되어 있다.

2019년 거래 건수가 21% 감소했음에도 불구하고 투자금액은 37억 달러로 거의 60% 가까이 늘었다. 각 거래의 규모가 평균 700만 달러 수준이었던 것이다.

자료: CBInsights 2020

핵심 기능 소매 및 포장 소비재 상품 영역에 인공지능을 활용하는 기업들의 경우

 머천다이징 (상품화 계획)

 재고 관리

 계산대 없는 점포 기술

 판매 시점의 재고 부족 모니터링

 옴니채널* 마케팅

 소매 공급망 최적화

 e커머스 서치

*여러 경로로 상품을 검색하고 구매하는 서비스

기술 파이프라인

상품 박스를 탑재하는 것 같은 반복된 일을 수행하는 로봇들이 앞으로
e커머스 공급망 자동화의 핵심 요소가 될 것이다.

창고에서 일하는 물건 집는 로봇 시장 전망 수익, USD

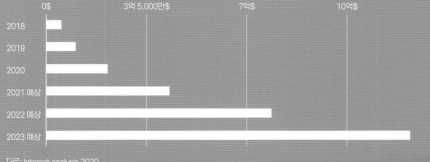

2018	
2019	
2020	
2021 예상	
2022 예상	
2023 예상	

0$　　3억 5,000만$　　7억$　　10억$　　14억$

자료: Interact analysis 2020

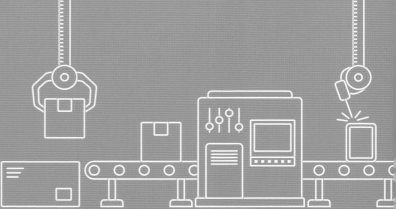

창고 자동화 부문에 가장 많은 투자 금액이 몰리
지만, 기술은 소매업 전반을 다른 방향에서도
바꿔놓고 있다.
이 다이어그램은 투자가 이뤄지고 있는
영역들을 보여준다.

소매, 제조,
물류기업의 비율

다음과 같은 기술들에 투자하고 있는 기업

자료: Hadwick 2019

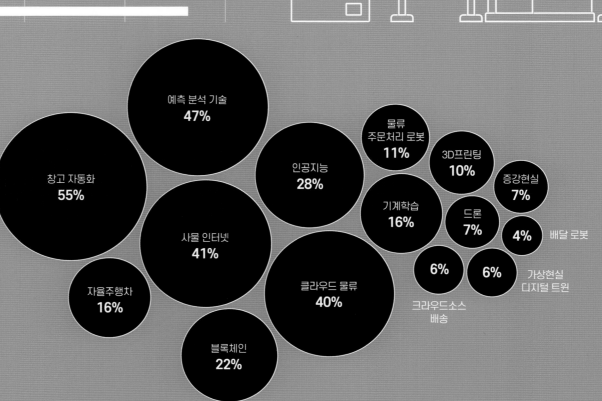

예측 분석 기술
47%

물류
주문처리 로봇
11%

3D프린팅
10%

증강현실
7%

창고 자동화
55%

인공지능
28%

기계학습
16%

드론
7%

배달 로봇
4%

사물 인터넷
41%

자율주행차
16%

클라우드 물류
40%

6%

크라우드소스
배송

6%

가상현실
디지털 트윈

블록체인
22%

아마존 효과

아마존은 고객들에게 만족스러운 쇼핑 체험을 제공함으로써
온라인과 오프라인의 차이를 메우고 있다.

아마존 프라임 멤버십

미국 멤버십 이용자 수

1억 6,000만

1억 2,000만

8,000만

4,000만

0

2013년 12월　　　　　　　　　　　　　　　　　2020년 12월

자료: Ali 2021

아마존은 '보이지 않는 결제' 기술의
한 예일 뿐이며, 이 기술은 2022년
780억 달러 규모로 성장할 전망이다.

2020년 온라인 주문 후 문앞 배송까지 걸린 시간

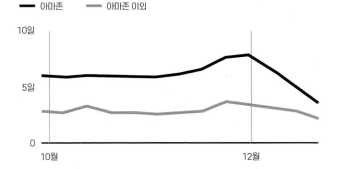

— 아마존　　— 아마존 이외

10일

5일

0

10월　　　　　　　　　　12월

자료: Rakuten Intelligence 2019

아마존은 또한 계산대 없는 가게인 '아마존 고(Amazon Go)'도
론칭했다.

아마존 고의 작동 방식

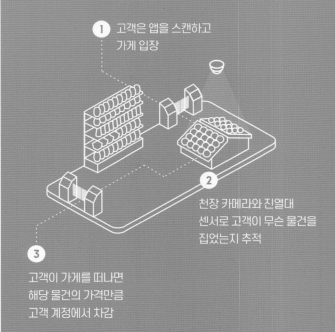

1 고객은 앱을 스캔하고
가게 입장

2 천장 카메라와 진열대
센서로 고객이 무슨 물건을
집었는지 추적

3 고객이 가게를 떠나면
해당 물건의 가격만큼
고객 계정에서 차감

아마존 배송시간은
강력한 2차 효과를 발휘했다.
다른 e커머스 브랜드들도
발맞추지 않을 수
없었던 것이다.

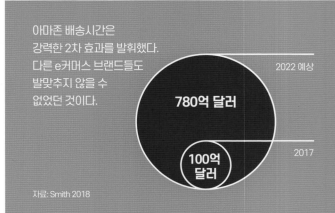

2022 예상

780억 달러

100억
달러

2017

자료: Smith 2018

재빠른 쇼핑

신기술이 점점 보편화함에 따라 소매 혁신에 대한 소비자들의 태도 또한 갈수록 적극 수용하는 쪽으로 바뀌고 있다. 쇼핑 체험이 쉬워지기만 한다면 자신들의 습관을 얼마든지 바꾸겠다는 소비자가 이미 다수를 이루었다.

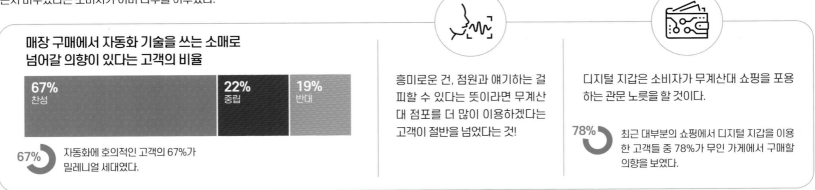

매장 구매에서 자동화 기술을 쓰는 소매로 넘어갈 의향이 있다는 고객의 비율

67% 찬성   **22%** 중립   **19%** 반대

67% 자동화에 호의적인 고객의 67%가 밀레니얼 세대였다.

흥미로운 건, 점원과 얘기하는 걸 피할 수 있다는 뜻이라면 무계산대 점포를 더 많이 이용하겠다는 고객이 절반을 넘었다는 것!

디지털 지갑은 소비자가 무계산대 쇼핑을 포용하는 관문 노릇을 할 것이다.

78% 최근 대부분의 쇼핑에서 디지털 지갑을 이용한 고객들 중 78%가 무인 가게에서 구매할 의향을 보였다.

자료: Bridges 2020

더 많은 브랜드가 증강현실을 도입할 것이다. 고객들이 디지털 체험을 통해 그 브랜드와 제품을 경험해볼 수 있도록 하기 위해서 말이다. 이런 체험은 표준 웹사이트보다 더 자세하고 직관적인 제품 정보를 전달하는 데 도움을 준다.

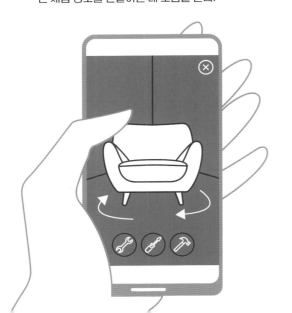

증강현실 쇼핑 기회의 매트릭스

○ 실험단계   ○ 초기 성공을 거둔 기술   ○ 투자수익률 흑자 기록, 도입 확산 중

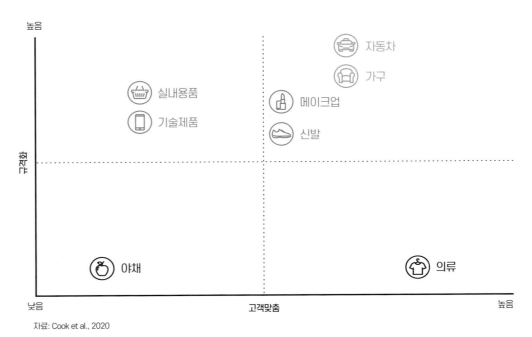

높음

실내용품   자동차
기술제품   가구
메이크업
신발

기술진화

야채   의류

낮음   고객맞춤   높음

자료: Cook et al., 2020

혁신의 혜택

기술은 소비자에게 새로운 경험을 제공할 뿐 아니라, 직원의 참여, 전체 과정의 효율성 제고 등을 가져온다.
나아가 혁신 기술을 활용하면 가게의 수익을 갑절로 만들 수도 있다.

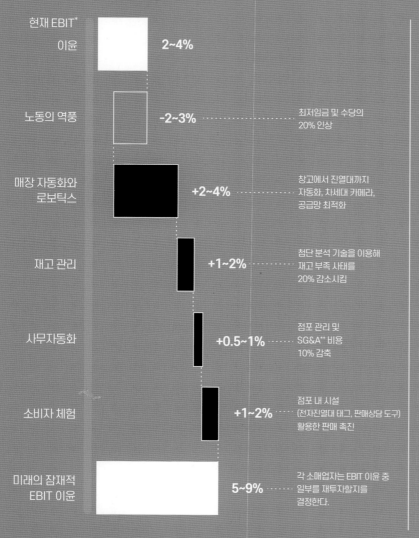

현재 EBIT* 이윤	2~4%	
노동의 역풍	-2~3%	최저임금 및 수당의 20% 인상
매장 자동화와 로보틱스	+2~4%	창고에서 진열대까지 자동화, 차세대 카메라, 공급망 최적화
재고 관리	+1~2%	첨단 분석 기술을 이용해 재고 부족 사태를 20% 감소시킴
사무자동화	+0.5~1%	점포 관리 및 SG&A** 비용 10% 감축
소비자 체험	+1~2%	점포 내 시설(전자진열대 태그, 판매상담 도구) 활용한 판매 촉진
미래의 잠재적 EBIT 이윤	5~9%	각 소매업자는 EBIT 이윤 중 일부를 재투자할지를 결정한다.

소매 산업은 디지털 완숙도를 거두고 장기적 디지털 계획을 갖추는 데 있어 IT 산업에 비해 뒤처졌다.

만약 기존 관행대로 혁신을 등한시한다면 소비자 충성도는 떨어지고 편리한 소비 체험 기대는 높아지면서 소매 기업들을 곤경에 빠뜨릴 수도 있다.

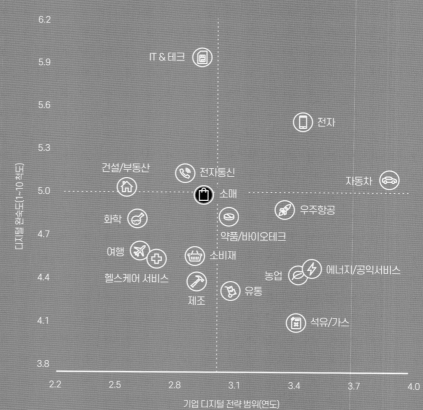

*EBIT: 이자, 세금 포함 수익   **SG&A 비용: 판매, 일반, 관리비용
자료: McKinsey 2020

자료: Wellener et al., 2018

직원들의 혼란

공급망 전반에 혁신이 가속화되면 소매 브랜드에는 소비자의 고충을 해결하고 운영비용을 절감하는 등의 혁신을 통해 놀라운 기회의 창이 열릴 것이다. 한편, 소매 및 유통 분야 양측에서의 자동화는 결국 전 세계 수백만 노동 인력을 대체할 수도 있다.

자동화 가능성으로 본 소매 관련 직업

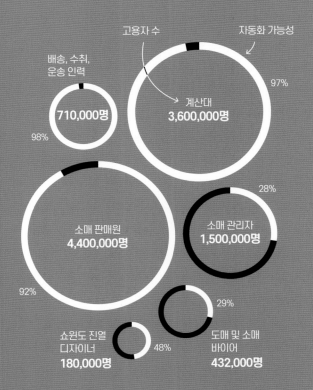

고용자 수

자동화 가능성

배송, 수취,
운송 인력

710,000명

98%

계산대
3,600,000명

97%

소매 판매원
4,400,000명

92%

소매 관리자
1,500,000명

28%

쇼윈도 진열
디자이너
180,000명

48%

도매 및 소매
바이어
432,000명

29%

자료: US Bureau of Labor Statistics 2020, Frey and Osborne 2013

편리한 쇼핑은
지독한 편의 추구의 결과다.

이 현상은 온라인이나 오프라인 일부에만 국한된 결과가 아니다. 오히려 소비자들이 두 채널 모두를 넘나드는 경험을 통해 온라인과 오프라인의 경계가 희미해지고 있다. 효율성 증진과 소비자 고충 해소를 위해 기술을 도입하는 소매 기업은 그 결실을 거둘 것이다. 소비자들의 쇼핑은 그 어느 때보다 더 쉬워질 것이다.

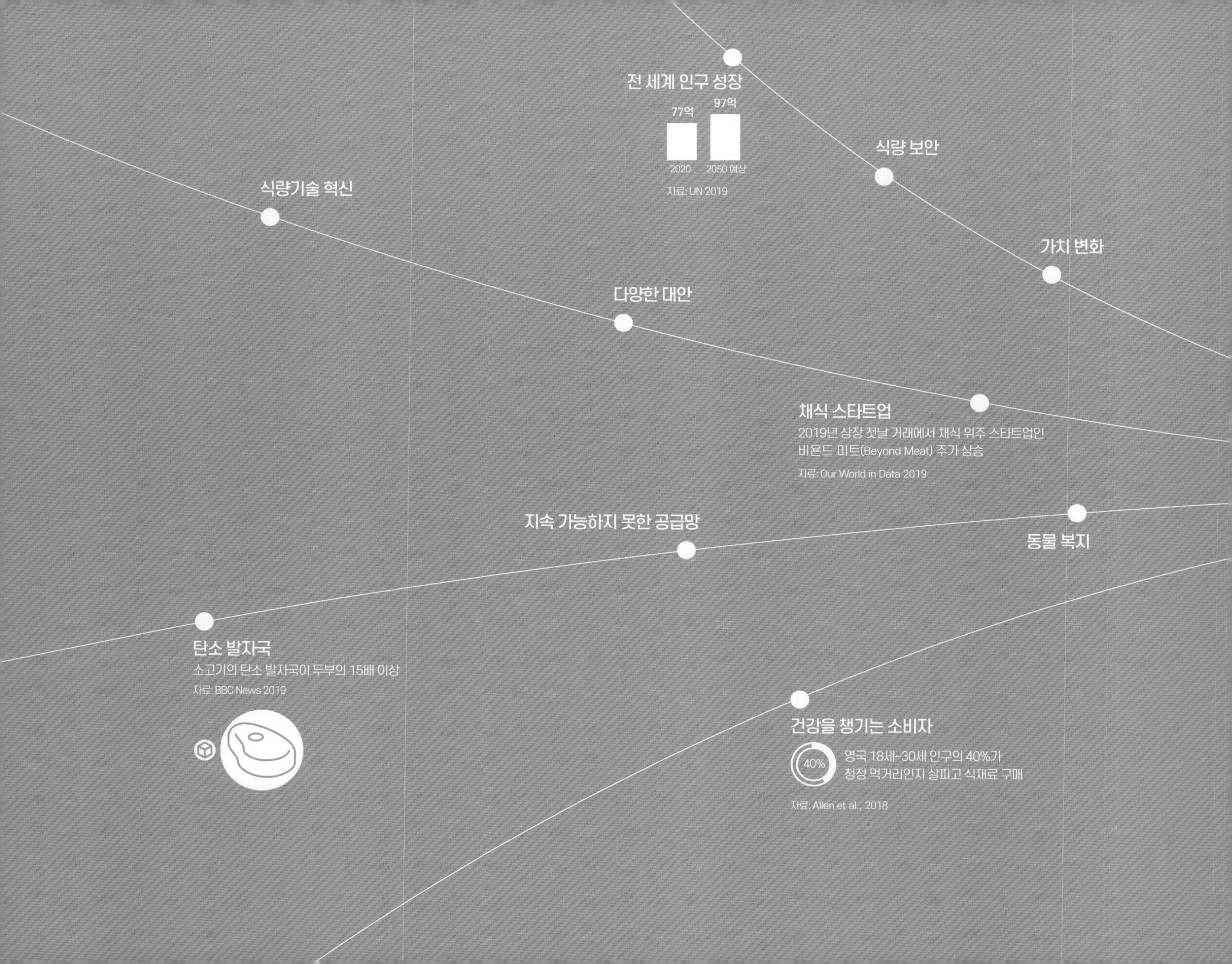

전 세계 인구 성장

77억
2020

97억
2050 예상

자료: UN 2019

식량 보안

식량기술 혁신

가치 변화

다양한 대안

채식 스타트업

2019년 상장 첫날 거래에서 채식 위주 스타트업인
비욘드 미트(Beyond Meat) 주가 상승

자료: Our World in Data 2019

지속 가능하지 못한 공급망

동물 복지

탄소 발자국

소고기의 탄소 발자국이 두부의 15배 이상

자료: BBC News 2019

건강을 챙기는 소비자

40% 영국 18세~30세 인구의 40%가
청정 먹거리인지 살피고 식재료 구매

자료: Allen et al., 2018

채식 위주의 식습관

식품 안전에 대한 우려

대체육의 시대

고기 없는
고기의 등장

전 세계에서 대체육의 인기가 빠르게 늘고 있다. 연구자들은 대체육 소비가 늘어난다면 인간에게도 지구에도 좋은 일이 될 것임을 보여준다. 다만 전통적 육류 산업은 일대 혼란을 겪어야 할 것이다.

SIGNAL

전 세계 대체육 시장 전망 USD

2040년이면 대체육 판매량이 일반 육류의 판매량을 따라잡을 전망이다.

● 일반육   ● 대체육

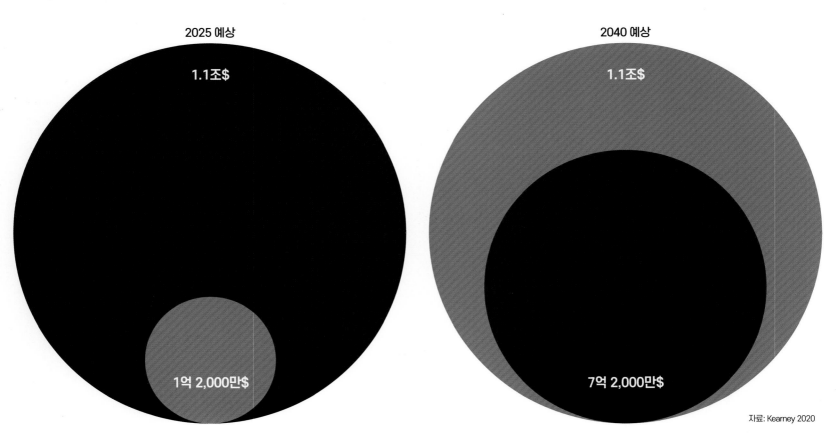

2025 예상

1.1조$

1억 2,000만$

2040 예상

1.1조$

7억 2,000만$

자료: Kearney 2020

전 세계 육류 소비 USD

같은 시기 동안 일반 육류 소비량은 33% 넘게 줄어들 것이다.

● 일반육
● 배양육
○ 비건 대체육

자료: Kearney 2020

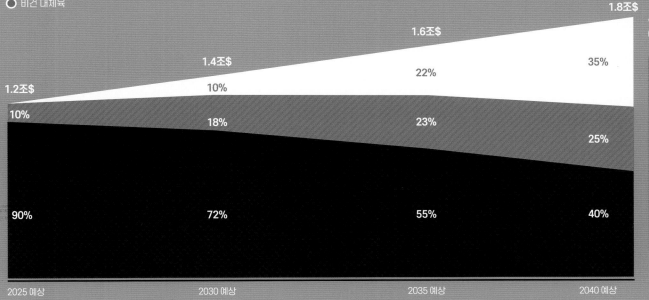

배양육
실험실에서 동물세포를 활용해 만든 고기

비건 대체육
야채를 이용해 고기처럼 만든 제품

연평균성장율
(2025년~2040년)

+41% ◀ 기술진보와 소비자 선호도의 변화 탓에 배양육이 비건 대체육을 2040년이면 따라잡을 전망이다.

+9%

-3% ◀ 육류 소비는 매년 3% 증가하지만 통상적인 육류 수요는 매년 3%씩 떨어질 전망이다.

1.2조$ 10% / 90%
1.4조$ 10% / 18% / 72%
1.6조$ 22% / 23% / 55%
1.8조$ 35% / 25% / 40%

2025 예상   2030 예상   2035 예상   2040 예상

단백질 다이어트에 대한 관심

2016년 이래 대안 단백질에 대한 소비자들의 관심이 폭발적으로 증가했다.

최고점 대비 인터넷 쿼리의 변화 비율 (인터넷 서치 값 활용)
○ 비건 ○ 베지테리언 ● 고단백 ○ 유제품 무첨가

120
80
40
0

2004   2008   2012   2016

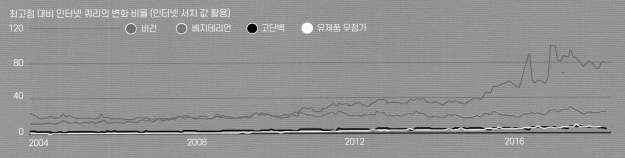

자료: Google Trend 2019

미국 내 비건 대체육 시장 USD

판매
10억$
5억$
0$

6억 8,200만$
+16%
7억 9,400만$
+18%
9억 3,900만$

2017   2018   2019

이런 수요가 비건 대체육 판매고에 반영되었다. 2017년~2019년 시기에 미국 내 대체육 시장이 38% 증가했다. 소매 음식 시장 전체 성장률은 4%에 머물렀는데도 말이다.

자료: Good Food Institute 2020

건강에 미치는 영향

환경에 악영향을 미치는 음식이 수명 감소 또한 불러일으키는 것으로 보인다.

매일 이런 음식을 먹을 경우 건강 및 환경에 미치는 영향

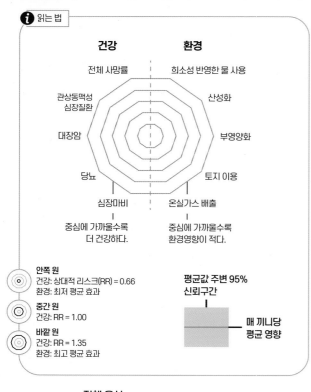

읽는 법

건강 | **환경**

전체 사망률 | 희소성 반영한 물 사용
관상동맥성 심장질환 | 산성화
대장암 | 부영양화
당뇨 | 토지 이용
심장마비 | 온실가스 배출

중심에 가까울수록 더 건강하다. | 중심에 가까울수록 환경영향이 적다.

안쪽 원
건강: 상대적 리스크(RR) = 0.66
환경: 최저 평균 효과

중간 원
건강: RR = 1.00

바깥 원
건강: RR = 1.35
환경: 최고 평균 효과

평균값 주변 95% 신뢰구간

매 끼니당 평균 영향

음식의 환경 영향은 생산법에 크게 영향을 받는다. 유기농을 하려면 유기농이 아닐 때보다 더 많은 땅을 써야 하기 때문에 산출물당 오염발생량도 더 많다.

견과류의 물 사용은 종류에 따라, 지역별 가용성에 따라 다르다.

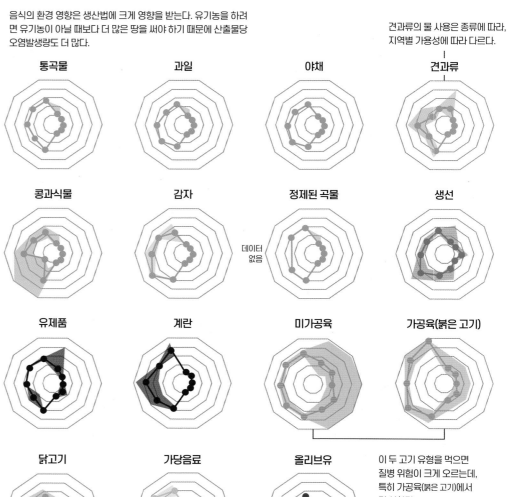

통곡물　과일　야채　견과류

콩과식물　감자　정제된 곡물　생선

데이터 없음

유제품　계란　미가공육　가공육(붉은 고기)

전체 음식

자료: Springman et al., 2019

닭고기　가당음료　올리브유

데이터 없음

닭고기 1인분을 생산하는 데 따른 환경피해가 다른 대부분의 음식보다 더 크다.

이 두 고기 유형을 먹으면 질병 위험이 크게 오르는데, 특히 가공육(붉은 고기)에서 더 심하다.

이 두 종류는 연구대상 음식들 중 가장 높은 평균 환경 영향을 초래하는데, 이는 주로 온실가스 배출이 심해서이다.

데이터 없음

동물 복지

만약 사람들이 식물성 식단을 전폭적으로 받아들인다면 고기 생산을 위해 도살되는 동물의 수가 줄어들 것이다.

육류 생산을 위해 도살되는 동물의 수 2018년(마리)

소
3억 200만

염소
4억 7,900만

양
5억 7,400만

돼지
15억

닭
690억

자료: UN FAO 2020

토지 이용 한눈에 보기

식물성 식단 수요가 증가하면 길러야 하는 가축 수가 줄어듦에 따라 기존 토지를 다른 용도로 전용할 수 있을 것이다. 현재 미국에서 식용 가축 사육에 쓰는 땅이 1억 2,700만 에이커인데, 이는 거의 캘리포니아주 정도의 크기다.

자료 : Merrill et al., 2018

요동치는 육류 시장

육류 업체의 수익

총 수익의 대부분을 동물성 제품에 의존하고 있는 세계 굴지의 거대 기업들은 대체육 시장의 성장에 취약할 수 있다.

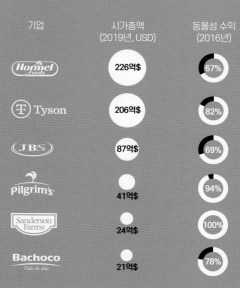

기업	시가총액 (2019년, USD)	동물성 수익 (2016년)
Hormel Foods	226억$	67%
Tyson	206억$	82%
JBS	87억$	69%
Pilgrim's	41억$	94%
Sanderson Farms	24억$	100%
Bachoco	21억$	78%

이 기업들 중 몇몇은 이미 새로운 시장 경쟁력 확보를 위해 대안 단백질 스타트업과 신제품 개발에 투자하고 있다.

자료: CB Insights 2019

보다 전폭적인 대안 시장 등장

육류뿐만이 아니다. 다른 식물성 대안 시장에서도 수많은 혁신이 일어났고, 이는 앞으로도 꾸준히 성장할 태세이다.

전 세계 유제품 대체품 시장 전망 USD

| 2020
210억$ | 2025 예상
370억$ | 연평균 성장률
11.4% |

자료: McKinsey 2019

치열한 경쟁

매해 끊임없이 새 상품이 시장에 등장하면서 식물성 음식 시장의 경쟁도 점점 치열해지고 있다.

○ 비건　○ 베지테리언　○ 유제품 무첨가　○ 고단백　● 윤리적

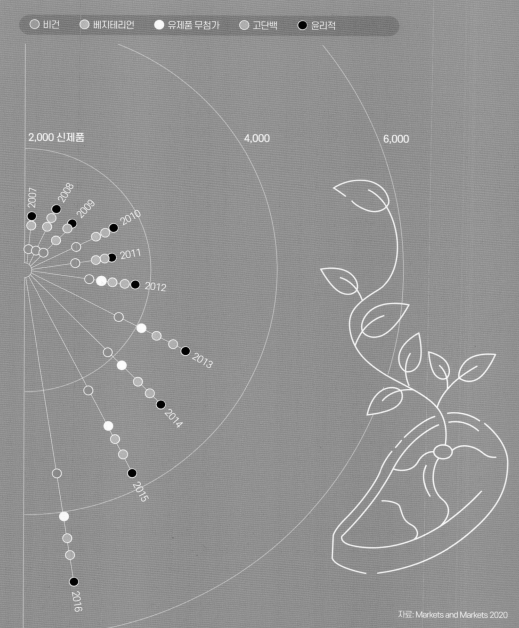

2,000 신제품　　4,000　　6,000

2007　2008　2009　2010　2011　2012　2013　2014　2015　2016

자료: Markets and Markets 2020

조정이 필요하다

이 시장이 성공을 거두려면, 대안 제품의 가격이 확실히 떨어져야 보다 많은 소비자들에게 어필할 수 있을 것이다.

미국 내 100g당 육류 가격 2018년

다짐육

0.80$

비건 대체육

2.50$

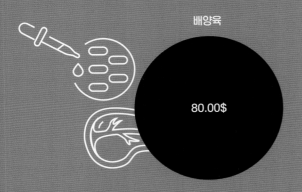

배양육

80.00$

자료: Kearney 2020

우리는 우리가 먹는 것 그 자체다.

식단의 효과를 두고 오래도록 논쟁이 오고가는 가운데, 육류 소비를 줄여야 한다는 연구 결과가 점점 더 많이 나오고 있다. 채식 위주의 식단이 전면 도입된다면 이는 건강을 개선하는 데 있어서뿐만 아니라 기후변화에 대응하는 데에도 상당한 기여를 할 것이다.

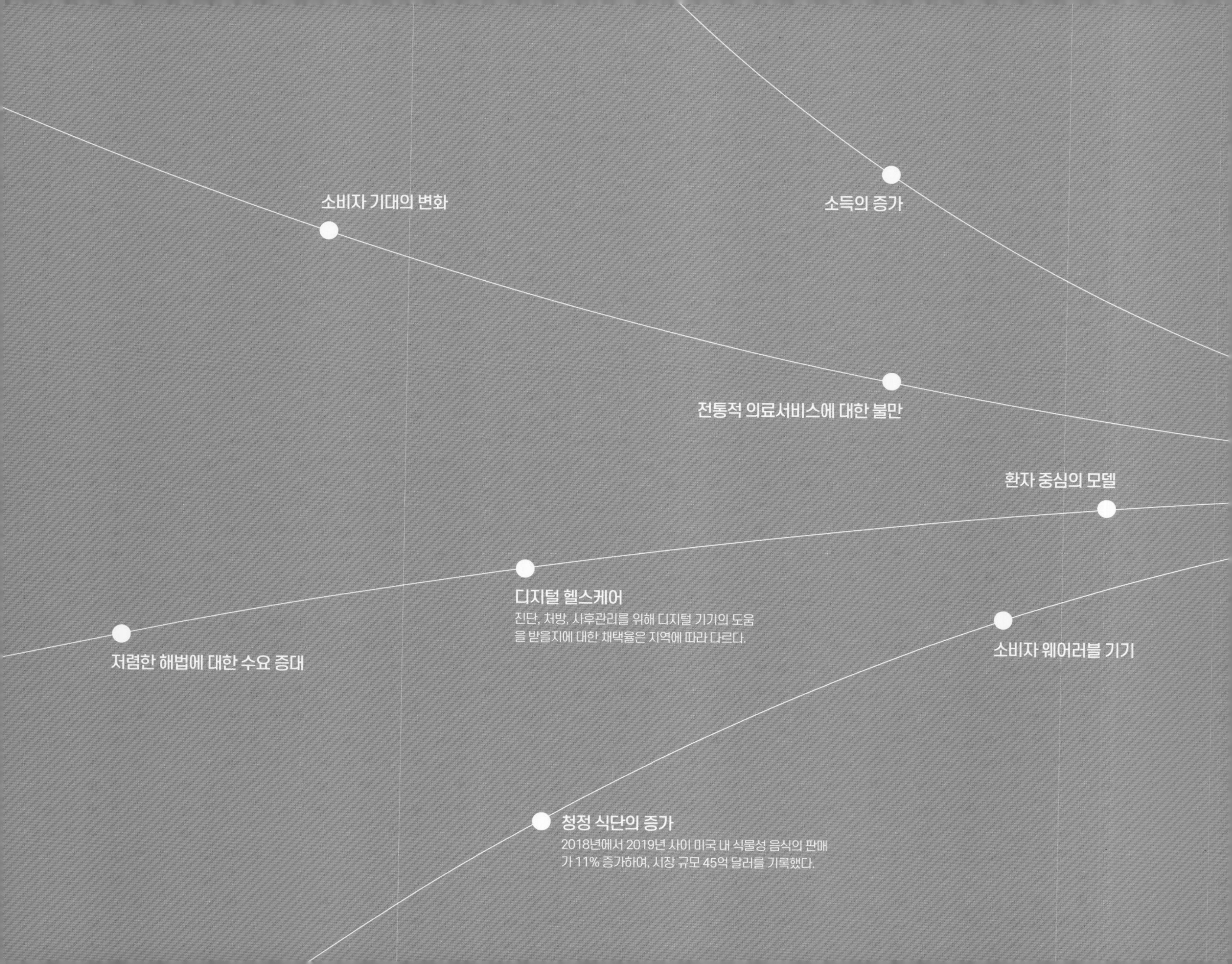

소비자 기대의 변화

소득의 증가

전통적 의료서비스에 대한 불만

환자 중심의 모델

디지털 헬스케어
진단, 처방, 사후관리를 위해 디지털 기기의 도움
을 받을지에 대한 채택율은 지역에 따라 다르다.

소비자 웨어러블 기기

저렴한 해법에 대한 수요 증대

청정 식단의 증가
2018년에서 2019년 사이 미국 내 식물성 음식의 판매
가 11% 증가하여, 시장 규모 45억 달러를 기록했다.

디지털 헬스케어

만성질환 증가

새로운 투자 기회

디지털 헬스케어

시그널 범위 광범위함 (4/5)

시그널/노이즈 비율 보통 수준 (3/5)

전통적 보건의료 시스템에 대한 불만 속에서, 소비자들은 건강에 대한 정보로 무장하고서 이 문제를 자기 손으로 직접 해결하겠다는 결심을 한 상태다.

SIGNAL
디지털 건강 기기의 도입

● 2015 ● 2019

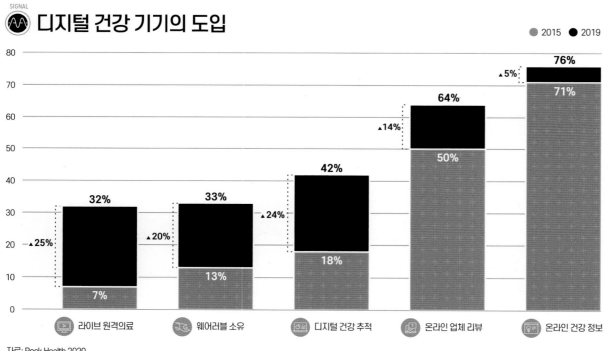

자료: Rock Health 2020

점점 더 많은 소비자들이 웨어러블 같은 혁신적 건강관리 도구들을 활용하고 있다. 이는 만성 질병을 예방하려는 시도이다. 건강을 위한 이런 선제 조치는 전통적 보건의료 시스템에 대한 의존도를 줄일 것이다. 따라서 보건의료 서비스는 환자들을 어떻게 돌볼 것인지에 대해 재고를 해야 한다.

지난 12개월간 1차 의료기관을 찾은 적이 있는 미국 인구 비율

자료: McKinsey 2019

의사를 찾는 미국인은 매년 줄고 있다. 하지만 이들은 몇몇 이유로 응급 서비스를 꾸준히 활용하고는 있다. 적당한 시간대에 의사를 예약할 수 없어서, 필요할 때 의료기관이 문을 열지 않아서 응급의료를 이용한다.

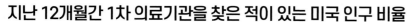

현 상태에 대한 불만

모든 연령대의 소비자들이 헬스케어 서비스에 대해 열린 태도를 보였다. 그런데 특히 젊은 세대가 기존의 보건의료 서비스에 큰 불만을 보였고 따라서 이들은 보다 많은 디지털 서비스의 도입을 요청했다.

전통적 보건의료 서비스에 대해 불만을 보인 사람들의 비율

○ Z세대 ○ 밀레니얼 세대 ● X세대 ○ 베이비붐 세대 ○ 침묵세대

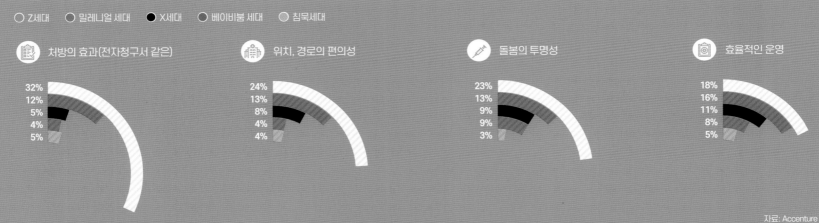

처방의 효과(전자청구서 같은)
32%
12%
5%
4%
5%

위치, 경로의 편의성
24%
13%
8%
4%
4%

돌봄의 투명성
23%
13%
9%
9%
3%

효율적인 운영
18%
16%
11%
8%
5%

자료: Accenture 2019

온라인 헬스케어 기기의 인기도

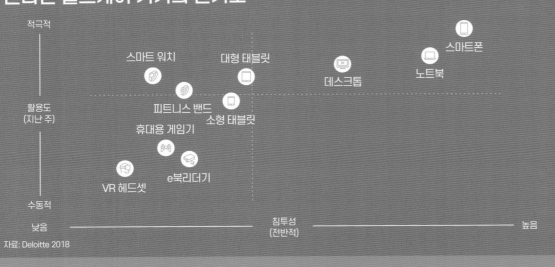

적극적

활용도
(지난 주)

수동적

스마트 위치
대형 태블릿
데스크톱
스마트폰
노트북
피트니스 밴드
소형 태블릿
휴대용 게임기
VR 헤드셋
e북리더기

낮음 ——— 침투성
(전반적) ——— 높음

자료: Deloitte 2018

소비자들은 웨어러블 기기를 일상생활에서 적극 활용하고 있다. 웨어러블 제품은 태블릿이나 데스크톱의 인기를 능가할 수 있다. 소비자들이 건강 관리 전반에 이를 더 적극 활용하고 있으니 말이다. 사실 웨어러블 기기는 5G 시대에는 더욱 매력적일 수 있다. 데이터의 정확도는 더 높아지고, 기기는 점점 더 작아져 거의 눈에 띄지 않을 수도 있기 때문이다.

온라인 헬스케어란 무엇인가?

5G 발전이 원격의료장비나 원격 환자 모니터링 같은 디지털 기술의 활용을 앞당기고 있다.
이를 통해 의료기관 중심이 아니라 환자 중심의 통합적 돌봄 솔루션이 마련되고 있다.

만성심장병 환자 연구에서 원격 모니터링이 전통적 돌봄보다 15~56% 사망률 하락을 기록했다.

자료: VMware 2017, Drobac et al., 2014

비용 절감 가능

2040년이면 디지털 혁신에 따른 건강 분야가 발전하며 전 세계 GDP가 약 12조 달러 늘어날 전망이다. 예를 들어 인공지능 시스템은 유전자 편집 같은 특정 분자기술에 혁명적인 효과를 자아낼 것이며, 이어서 비용 절감이 뒤따를 것이다.

자료: Remes et al., 2020

건강 분야 발전에 따른 경제적 혜택의 가능성(GDP)

2040년 예상 GDP **153.7조$**

2040년 기본 GDP **142조$**
조기사망의 감소 효과 **1.4조$**
건강 질환 감소 효과 **4.2조$**
참여의 증대 효과 **4.1조$**
생산성 증가 **2.0조$**

헬스케어 산업의 급성장

헬스케어 산업에 대한 수요는 2020년~2030년 사이에 8,840억 달러에 이르러 연평균 성장률 21.8%를 기록할 것이다.

2030년이면 데이터와 상호정보교환이 산업 표준이 되리라고 믿는 임원의 비율

94% 찬성

차세대 데이터 공유 및 상호정보교환 솔루션이 의료 돌봄 팀들로 하여금 자기 환자들의 데이터 대부분을 공유하도록 도울 것이다.

88% 찬성

소비자들의 개인 건강 기술 활용이 점점 확산되는 동시에 돌봄 서비스의 공급과 점차 통합되면서 그 결과 더욱 개인화된 맞춤 돌봄으로 이어질 것이다.

86% 찬성

환자로부터 수집된 데이터는 자동으로 전자 건강 기록물로 통합 저장될 것이며, 담당 의사와 환자가 판단을 내릴 때 근거 자료로 제공될 것이다.

IT가 빅 헬스케어와 만나다

2010년 이래 미국 최대의 IT 기업들이* 디지털 헬스케어 분야에 꾸준히 투자했다. 가장 활발하게 투자한 기업은 구글이다.

투자가 왕성했던 분야 (거래 건)

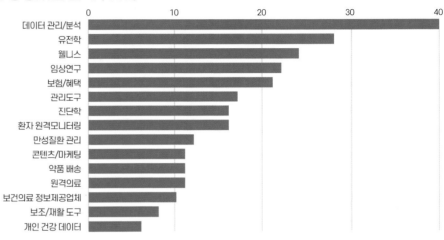

자료: CB Insights 2019
*2018년 시가총액 기준

투자가 점점 왕성해짐에 따라 디지털 헬스케어 장치의 효능을 입증하는 증거도 점점 쌓여가고 있다.

디지털 건강기기의 효능 연구물 발간 실적

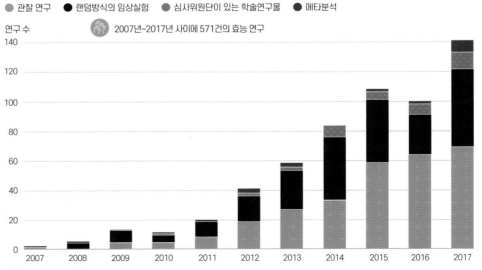

자료: Iqvia Institute 2017

건강과 웰니스

건강에 관심 많은 소비자들이 제품과 서비스를 꼼꼼하게 살피게 되자 수조 달러 규모의 헬스케어 및 웰니스 생태계 전반이 요동치기 시작했다.

웰니스 경제 부문

1조$

개인 위생, 미용
노화방지용품

7,020억$

건강식품, 영양제
체중감량 제품

6,390억$

웰니스 관광

5,950억$

신체단련
심신의 조화

5,750억$

예방/맞춤 의약품
공중보건

3,600억$

전통/대체의학

1,340억$
웰니스 부동산

1,190억$
스파 이코노미

560억$
온천/광천

480억$
직장 내 웰니스

자료: Global Wellness Institute 2018

유례없는 규모의 펀딩

2020년 디지털 건강 관련 기업체들이 만든 벤처 펀딩은 140억 달러였는데 이는
2019년 대비 2배였다.

미국 내 디지털 건강 벤처 펀딩

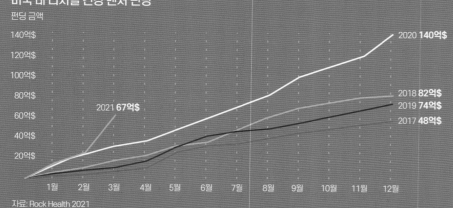

펀딩 금액

2021 **67억$**
2020 **140억$**
2018 **82억$**
2019 **74억$**
2017 **48억$**

자료: Rock Health 2021

헬스케어 혁신의 파괴력

전문가들은 디지털 헬스케어 솔루션이 저렴하고 효과적이며 활용도 높은 환자용
솔루션을 제공함으로써 헬스케어 산업을 완전히 탈바꿈시킬 것으로 전망한다.

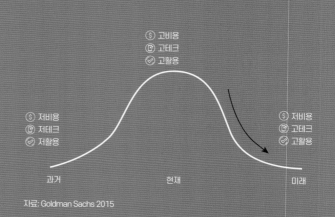

Ⓢ 고비용
Ⓣ 고테크
Ⓥ 고활용

Ⓢ 저비용
Ⓣ 저테크
Ⓥ 저활용

Ⓢ 저비용
Ⓣ 고테크
Ⓥ 고활용

과거　　　　현재　　　　미래

자료: Goldman Sachs 2015

데이터 프라이버시

소비자들은 자신의 개인 데이터를 기업과 공유하는 문제를 염려하고 있다. 앞으로 더 나아가기 위해서는 상호간의 신뢰 구축이 필요하다.

개인 데이터를 공유하는 데 대해 안심하는 정도 (미국과 영국)

- ● 아주 안심한다
- ● 어느 정도 안심한다
- ○ 어떤 느낌일지 잘 모르겠다
- ◐ 어느 정도 불안하다
- ◓ 아주 불안하다
- ○ 응답하기 싫다

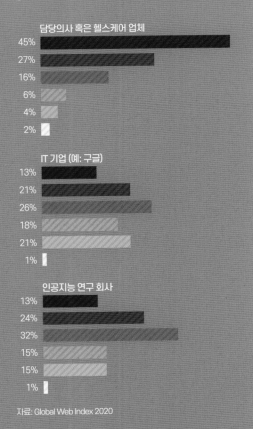

담당의사 혹은 헬스케어 업체
- 45%
- 27%
- 16%
- 6%
- 4%
- 2%

IT 기업 (예: 구글)
- 13%
- 21%
- 26%
- 18%
- 21%
- 1%

인공지능 연구 회사
- 13%
- 24%
- 32%
- 15%
- 15%
- 1%

자료: Global Web Index 2020

"예방에 한 냥을 쓰면
치료비 백 냥을 아낄 수 있다."

— 벤저민 프랭클린(Benjamin Franklin)

소비자들은 확실히 디지털 헬스케어 서비스를 선호한다. 전통적 의료 시스템은 이런 수요에 부응하는 데 있어 큰 도전에 직면할 것이다. 디지털 기술은 거침없는 기세로 도입될 것이며, 빠르게 늘고 있는 전 세계 인구를 위한 지속 가능한 헬스케어 시스템을 만들어낼 것이다.

세계의 변화

시그널 개수 / 03

선거 주기는 짧고, 정치 권력은 한순간에 다른 쪽으로 넘어갈 수 있다.

그렇지만 늘 존재하는 정치의 밀물과 썰물 바깥쪽에서는 지정학적 풍경의 모양새를
결정하는 크고 강력한 힘이 실제로 작동하고 있다. 경제와 돈, 문화의 변동은
비교적 점진적으로 일어나지만, 길게 보면 이런 변동에 의한 힘이 훨씬 더 막강하다.

여기서는 지구 경제에 영향을 미치는 꾸준한 요소인 중국의 경제적 성장이
어떤 파급효과를 가져올지에 초점을 맞춘다. 강력한 중국 경제의 힘은
뚜렷하게 구별되는 두 가지의 세계 무역 양상을 빚어냈으며,
나아가 인터넷조차도 두 개의 대립되는 방향으로 쪼개놓았다.
이런 뚜렷한 현상을 바탕으로 세계화가 어떻게 변화하고 있는지 살핀다.

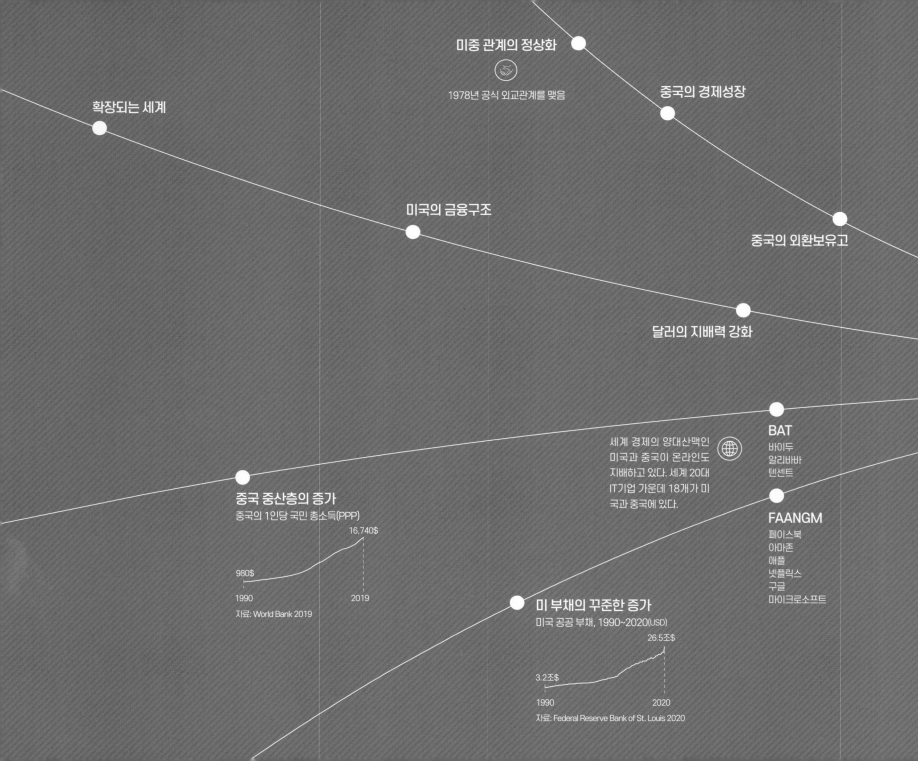

확장되는 세계

미중 관계의 정상화

1978년 공식 외교관계를 맺음

중국의 경제성장

미국의 금융구조

중국의 외환보유고

달러의 지배력 강화

BAT
바이두
알리바바
텐센트

세계 경제의 양대산맥인
미국과 중국이 온라인도
지배하고 있다. 세계 20대
IT기업 가운데 18개가 미
국과 중국에 있다.

FAANGM

페이스북
아마존
애플
넷플릭스
구글
마이크로소프트

중국 중산층의 증가
중국의 1인당 국민 총소득(PPP)

16,740$

980$

1990   2019

자료: World Bank 2019

미 부채의 꾸준한 증가
미국 공공 부채, 1990~2020(USD)

26.5조$

3.2조$

1990   2020

자료: Federal Reserve Bank of St. Louis 2020

일대일로(一帶一路)

양극단의 세계

양극단의 세계

미국이 독점하던 세계 유일의 초강대국 지위를 중국이 넘보고 있다.
중국의 영향력이 늘어나면서 미래에는 지구 세력권의 양극단 체제가 펼쳐질 전망이다.

시그널 범위
광범위함 (4/5)

시그널/노이즈 비율
아주 높음 (5/5)

숫자로 본 초강대국 지위

구매력평가지수(PPP) / 전 세계 총량에서 차지하는 비율(1980년~2020년)

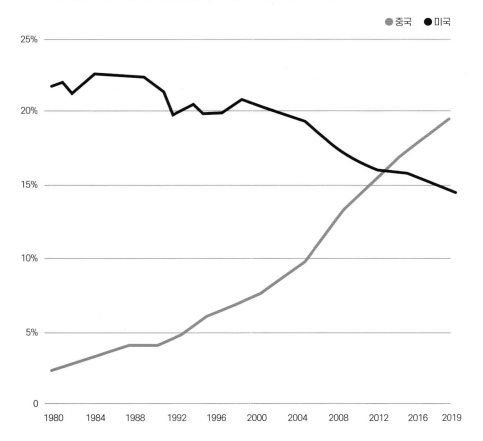

● 중국   ● 미국

자료: Morrison 2019

두 거대한 기둥이 세계의 무역과 금융 구조를 떠받치고 있다. 제2차 세계대전 이후 미국은 유일한 지구적 초강대국으로 군림했다. 달러의 지배력, 다자주의, 군사적 우위가 미국의 지위를 뒷받침했다.

그러나 중국도 그 사이에 꾸준히 힘을 키웠다. 1978년의 시장자유화 이후 중국 경제는 8년마다 2배씩 성장하는 기염을 토했다. 자산 규모 세계 1~4위의 거대 은행이 모두 중국에 있는데, 이들은 세계에서 가장 많은 돈을 빌려준 은행이 되었다.

평가 기준에 따라 세계 최강의 경제적 파워를 지닌 국가는 중국이기도 하고 미국이기도 하다. 미국 유일의 지배권 시대가 위협받고 있다. 여러 전략적 분야에서 미국은 이제 2위다.

2019년 명목 GDP

중국 경제의 명목 GDP 값이 더 작은 이유 중 하나는 중국 물가가 낮아서다.

중국 명목 GDP / 미국 명목 GDP

14.3조$ 21.4조$

누가 더 무역을 잘하나 2018년 지역별 현황

짧은 시간에 중국이 미국을 따라잡았음을 보여주는 지표 중 하나가 최대 무역상대국 지위이다. 190개 나라 중 128곳에서 중국이 최대무역국이 된 것이다.
더 놀라운 것은 2018년 현재 90개국에서는 중국과의 무역 규모가 미국의 2배를 넘었다는 점이다.

○ 중국과 2배 넘게 무역하는 나라   ● 중국과 주로 무역하는 나라   ● 미국과 주로 무역하는 나라   ● 미국과 2배 넘게 무역하는 나라   ○ 데이터 없음

북미

유럽

아시아

아프리카

남미/카리브해

호주/뉴질랜드

자료: Lowy Institute 2019

미국 혹은 중국과 더 많이 무역하는 나라의 비율

중국 20%
미국 80%

2001

중국 70%
미국 30%

2018

위안화
무역통화로서의 지위 상승

중국의 막강해지는 무역 지위는 위안화의 강세를 점치게 한다. 위안화가 주요 무역통화로서 달러의 지위를 대신할 수도 있다. 달러 대신 위안화로 무역결제를 하는 경우가 2010년 이래 기하급수적으로 늘고 있다.

무역결제 수단으로서의 위안화

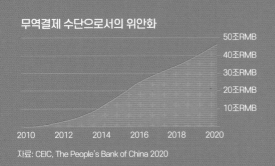

50조RMB
40조RMB
30조RMB
20조RMB
10조RMB

2010   2012   2014   2016   2018   2020

자료: CEIC, The People's Bank of China 2020

미중 무역의 역동성

지난 30년간 미중 간 교역 또한 10배 넘게 증가했다. 물론 최근의 무역전쟁은 두 나라의 무역관계에 긴장을 가져왔다.

미중 상호교역량

1980   50억$
2018   6,600억$

자료: Congressional Research Service 2019

일대일로

중국 외교의 일대일로 정책(BRI, Belt and Road Initiative)은 주로 개발도상국인 138개 국가와 인프라 구축에 합의하는 성과를 이루었다.
그리고 날이 갈수록 이 BRI 국가들이 중국의 대외 교역 규모에서 많은 부분을 차지하고 있다.

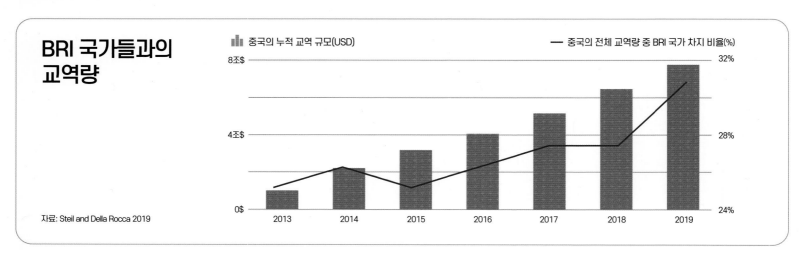

BRI 국가들과의 교역량

▦ 중국의 누적 교역 규모(USD)   ── 중국의 전체 교역량 중 BRI 국가 차지 비율(%)

자료: Steil and Della Rocca 2019

늘어나는 경제 교류 BRI 국가들과 중국 사이 양자관계는 핵심적인 경제 지표인 중국으로부터의 수입량과 중국에 진 부채 규모에서도 선명하게 드러난다.

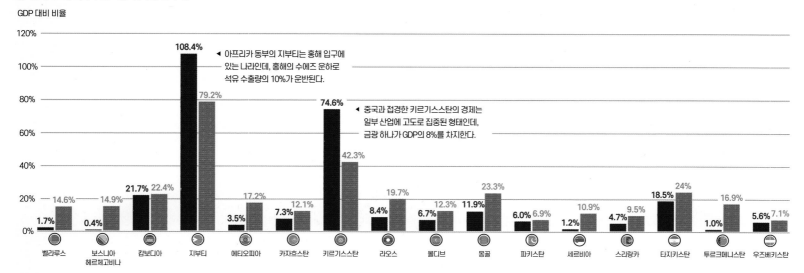

● 중국으로부터의 수입 ● 중국에 진 부채

GDP 대비 비율

◀ 아프리카 동부의 지부티는 홍해 입구에 있는 나라인데, 홍해의 수에즈 운하로 석유 수출량의 10%가 운반된다.

◀ 중국과 접경한 키르기스스탄의 경제는 일부 산업에 고도로 집중된 형태인데, 금광 하나가 GDP의 8%를 차지한다.

자료: Ding and Xiao 2020

중국 25개 메가프로젝트

중국의 인프라 프로젝트는 중국 금융외교의 핵심 중 하나다. 중국 정부가 지원하는 메가 프로젝트가 전 세계적으로 3,485가지 정도 진행 중인데,
상당수는 일대일로 국가들을 대상으로 한다. 전체 규모는 3,500억 달러 수준이다.

2009년 중국이 공식적으로 자금을 댄 상위 25개 메가프로젝트

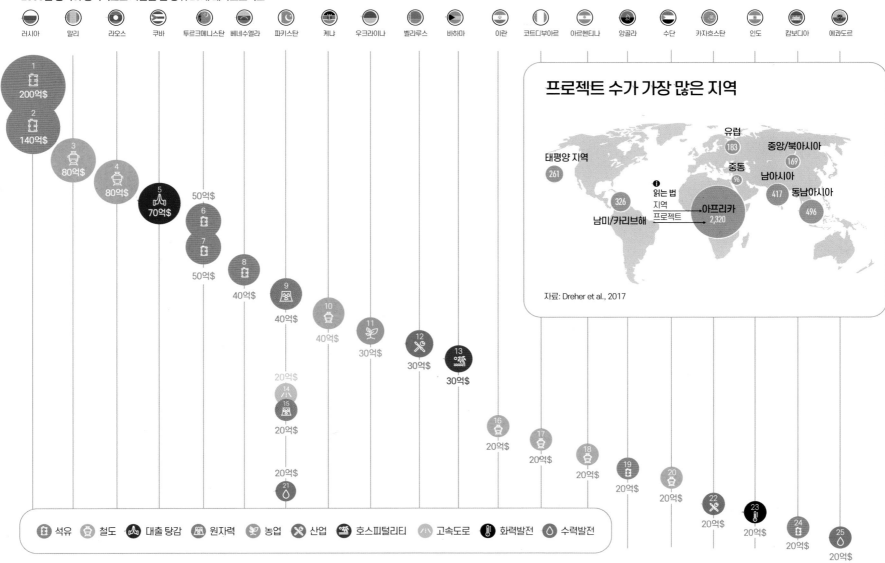

러시아 말리 라오스 쿠바 투르크메니스탄 베네수엘라 파키스탄 케냐 우크라이나 벨라루스 바하마 이란 코트디부아르 아르헨티나 앙골라 수단 카자흐스탄 인도 캄보디아 에콰도르

1 200억$
2 140억$
3 80억$
4 80억$
5 70억$
6 50억$
7 50억$
8 40억$
9 40억$
10 40억$
11 30억$
12 30억$
13 30억$
14 20억$
15 20억$
16 20억$
17 20억$
18 20억$
19 20억$
20 20억$
21 20억$
22 20억$
23 20억$
24 20억$
25 20억$

프로젝트 수가 가장 많은 지역

태평양 지역 261
유럽 183
중앙/북아시아 169
중동 96
남아시아 417
동남아시아 496
남미/카리브해 326
아프리카 2,320

읽는 법
지역
프로젝트 → 아프리카

자료: Dreher et al., 2017

범례:
🛢 석유 🚂 철도 🏛 대출 탕감 ⚛ 원자력 🌱 농업 ⚙ 산업 🏨 호스피털리티 🛣 고속도로 🌡 화력발전 💧 수력발전

자료: Dreher et al., 2017

중국 외교가 전 세계에 미치는 영향

중국의 양자관계 외교가 꽃을 피우면서 위안화가 전 세계에 남기는 발자국도 눈에 띄게 커지고 있다.
비록 달러 블록이 여전히 전 세계적으로 가장 크지만 위안화 비율도 전 세계 GDP의 약 30%에 달한다.

준비통화 블록 (지역별)

● 유로화 ● 파운드 ● 엔 ● 달러 ● 위안화 ● 데이터 없음

ⓘ 준비통화 블록은 그 나라에서 가장 큰 권위를 행
사하는 화폐로 표시된다. 즉 준비통화는 전 세계
환율에 영향을 미친다.

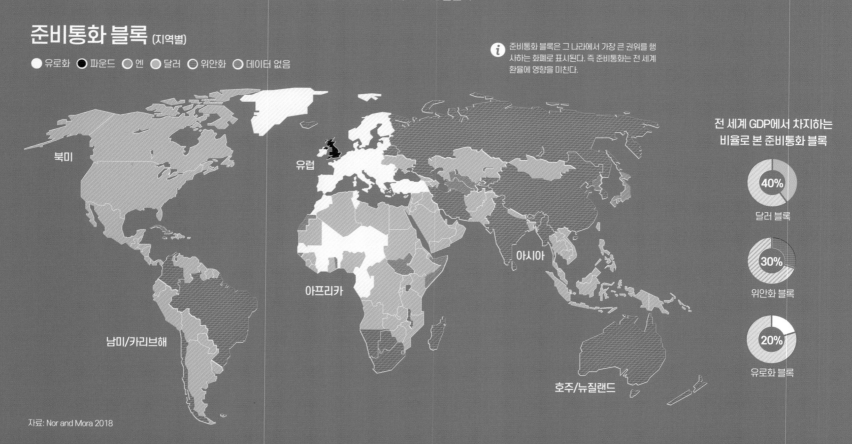

북미

유럽

아시아

아프리카

남미/카리브해

호주/뉴질랜드

자료: Nor and Mora 2018

전 세계 GDP에서 차지하는 비율로 본 준비통화 블록

40% 달러 블록

30% 위안화 블록

20% 유로화 블록

미국의 금융 주도권에 대한 도전

중국의 급상승에도 불구하고 전 세계 금융은 여전히 미국이 지배하고 있다. 제2차 세계
대전 이후 IMF와 세계은행(World Bank)의 탄생과 더불어 미국은 세계의 금융 흐름을
장악했다. 스위프트(SWIFT)에 속한 1만 1,000개의 전 세계의 은행이 매일 3,700만 건
의 은행 간 거래를 주고받는다. 그와 동시에 달러는 여전히 가장 안전한 가치 저장고 기
능을 한다. 달러는 여전히 각 나라 외환보유고의 대부분을 차지하며, 전 세계 공급망, 국
가 간 대출에서도 그렇다. 적어도 현재까지는 말이다.

자료: Gourinchas 2019, SWIFT 2020

달러 62%
유로 20%
엔 5%
파운드 4%
위안화 2%

외환보유고

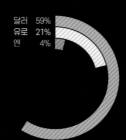

달러 59%
유로 21%
엔 4%

국가 간 대출

달러 63%
유로 22%
엔 3%

국가 간 부채

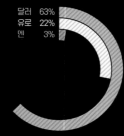

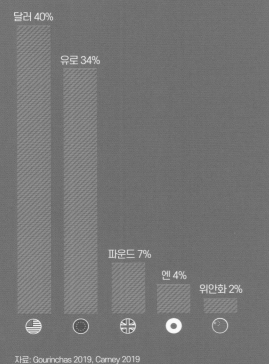

통화 집중도

결정적으로 전 세계 지불금의 40%가 달러로 결제되고 있다. 이 상황이 바뀌는 데는 상당한 시간이 걸릴 것 같다.

국제 결제 통화

달러 40%

유로 34%

파운드 7%

엔 4%

위안화 2%

자료: Gourinchas 2019, Carney 2019

달러 44%
유로 16%
엔 11%
파운드 6%
위안화 2%

외환 거래액

"강한 권력은 강한 통화를 가진다."

— 로버트 먼델(Robert Mundell), 1993년 노벨 경제학상 수상자

크게 늘어난 무역 네트워크와 강력한 통화를 바탕으로 신흥 초강대국으로서 중국의 지위는 갈수록 힘을 얻고 있다. 그렇지만 미국은 전 세계의 금융 구조에 깊이 뿌리를 내리고 있다. 아직 중국이 전 세계 유일의 초강대국 지위에 오를 수 있는지 여부는 미지수다.

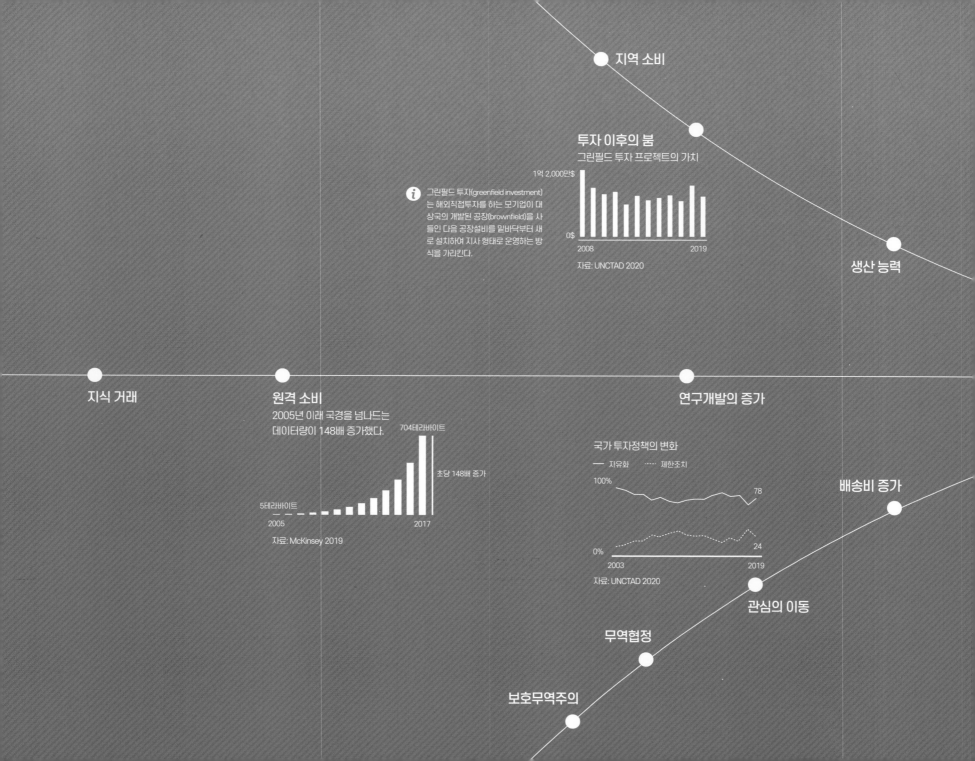

지역 소비

투자 이후의 붐
그린필드 투자 프로젝트의 가치

ⓘ 그린필드 투자(greenfield investment)
는 해외직접투자를 하는 모기업이 대
상국의 개발된 공장(brownfield)을 사
들인 다음 공장설비를 밑바닥부터 새
로 설치하여 지사 형태로 운영하는 방
식을 가리킨다.

1억 2,000만$

0$
2008   2019

자료: UNCTAD 2020

생산 능력

지식 거래

원격 소비
2005년 이래 국경을 넘나드는
데이터량이 148배 증가했다.

704테라바이트

초당 148배 증가

5테라바이트
2005   2017

자료: McKinsey 2019

연구개발의 증가

국가 투자정책의 변화

── 자유화   ⋯⋯ 제한조치

100%
                    78

0%   24
2003   2019

자료: UNCTAD 2020

배송비 증가

관심의 이동

무역협정

보호무역주의

낮은 노동력 수출

노동비용의 차익거래를 노린 무역은 세계 교역의 18%를 차지할 뿐이다.

자료: McKinsey 2019

ⓘ '노동비용의 차익거래'란 일인당 국민소득이 수입국의 1/5보다 더 적은 나라에서 노동이 수출되는 경우를 가리킨다.

코로나19 이후의 안전

리얼 글로벌 시대

글로벌 시대의 정점

수십 년에 걸친 거침없는 성장이 2008년의 세계 금융위기 때 크게 주춤했다. 그때 이후 세계 무역은 일대 변화를 겪었는데, 글로벌화가 앞으로는 다른 방향으로 전개될 듯하다.

시그널 범위
광범위함 (4/5)

시그널/노이즈 비율
보통 수준 (3/5)

SIGNAL
전 세계 무역 GDP 중 글로벌화 비율(%)

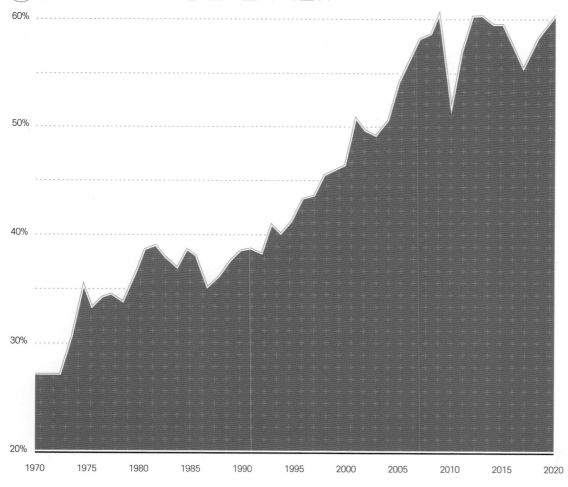

자료: Kuznetsov 2020

글로벌화는 고정된 상태도 아니고 변함없는 상태도 아니다. 국제 무역에 영향을 미치는 변수는 어마어마하게 많다. 이런 복잡성에도 불구하고 한 가지는 분명해 보이기 시작했다. 가파르게 치솟던 글로벌화의 기세가 한풀 꺾였다는 사실이다. 이 변화는 세계 경제와 지정학에 중대한 영향을 미칠 것이다.

평균 무역 규모의 성장

1990년~2007년

실질국민소득보다
2.1배 빠르게 성장

2011년 이후

실질국민소득보다
1.1배 빠르게 성장

보호무역의 귀환

금융위기 이후 시장보호주의가 새로운 트렌드가 되고 있는데, 미국이 그 선봉장 노릇을 하고 있다.

G20 국가들이 내놓은 보호주의 조치들

2008년 11월 이후 시행된 차별적 개입 정책의 숫자

■ 2010년 □ 2020년

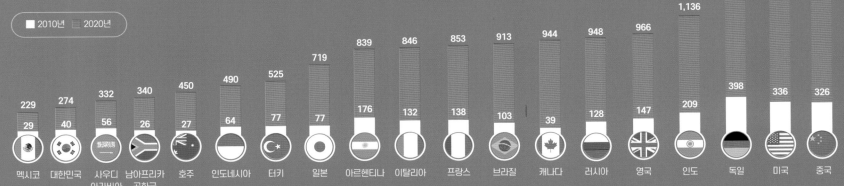

	멕시코	대한민국	사우디 아라비아	남아프리카 공화국	호주	인도네시아	터키	일본	아르헨티나	이탈리아	프랑스	브라질	캐나다	러시아	영국	인도	독일	미국	중국
2020년	229	274	332	340	450	490	525	719	839	846	853	913	944	948	966	1,136	1,968	2,480	2,952
2010년	29	40	56	26	27	64	77	77	176	132	138	103	39	128	147	209	398	336	326

자료: Evernet and Fritz 2020

무역자유화가 거꾸로 간다?

미국 관세율

1941년
대서양 헌장
(미국-영국)

1947년
GATT 창립

1964년~1967년
GATT-케네디 라운드

1973년
고정환율제 폐기

1994년
NAFTA 창립

1995년
WTO 창립

1997년~1999년
IT, 텔레콤, 금융서비스에 관한 WTO 협정

30%

20%

10%

0%

2020e

자료: Credit Suisse 2019

2019년 말
국제교역량의 40%가 포퓰리즘 시대의 무역 왜곡 조치 아래 행해지고 있다.

자료: Baldwin and Everett 2020

"밀물은 모든 배를 밀어 올린다."

글로벌화의 전성기

21세기가 시작될 무렵의 글로벌화는 세계 무대 전역을 거침없이 휘젓던 무소불위의 힘이었다.
놀라운 기술 진보와 지정학적 발전에 힘 입은 덕분에 글로벌화는 꾸준히 진행 중이며
국민소득에서 차지하는 무역의 비율도 늘어나는 추세다.

컨테이너의 도입

규격이 정해진 컨테이너를 도입함에 따라 세계 경제가 그야말로 발칵 뒤집혔다. 선박
운송비용이 떨어지고 부두의 효율성이 크게 증가한 것이다.

무너진 철의 장막

1991년 소련이 붕괴하면서 동유럽은 서유럽과의 기나긴 동화과정에 착수할 수 있었
다. 제2차 세계대전 이후 최초로 구소련 국가들은 자유롭게 새로운 무역관계를 맺기 시
작했다.

인도와 중국의 시장개혁

1990년대 초 금융위기를 겪은 뒤 인도는 발빠르게 정책 변화를 시도했다. 무역경쟁력
을 키우기 위해 통화 감가 및 규제와 허가제를 완화하기까지 한 것이다. 중국에서는 경
제개혁이 본격적으로 힘을 얻었고, 여러 자유무역 경제지대가 중국 곳곳에 설치되었다.
중국은 2001년 WTO에 가입했고, 2000년대에 이르러 '세계의 공장'이 되어 세계적 초
강대국 지위를 두고 미국에 바짝 따라붙고 있다.

미국의 경제적 지배권

빌 클린턴 행정부 때는 글로벌화와 자유무역이 탄력을 받던 시절이었다. 또한 탈소비에
트 불황과 아시아 금융위기 이후에도 미국은 전 지구적 사안에서 리더십을 굳힐 유리한
입지에 있었다.

해외여행의 대중화

전 세계 인구가 비교적 저렴하게 항공 서비스를 이용할 수 있게 됨에 따라, 관광과 이주
를 통한 사람들의 이동도 확산되었다.

인터넷의 성장

인터넷이 성장한 덕분에 국경을 넘나드는 원격통신의 속도가 큰 힘을 얻었고, e커머스
의 약진이 가능할 수 있었다.

자료: Fitch Solutions 2016, Altman 2020, WTO 2019, Baldwin and Evenett 2020, Lund et al., 2019

제로 성장의 시대

2008년의 금융위기 이후 경제는 찔끔찔끔 회복하고 있다.
세계무역의 확장세도 잠잠해졌다.
글로벌화를 막는 요인은 무엇일까?

미중갈등

미국과 중국 사이 양자관계는 누가 봐도 세계에서 가장 중차대한 것으로 보이는데, 이 관계가 최근 껄끄러워 보인다. 지속적인 무역전쟁과 특정 기업들을 사이에 두고 티격태격 앙갚음을 주고받다 보니 전 세계 경제에 악영향과 불확실성을 안겨주고 있다.

보호무역

지난 10여 년간 전 세계적으로 보호무역이 강세를 보였다. 2008년 이후 해외의 상품생산자를 차별하기 위한 정책 개입이 1만 4,000건을 넘었을 정도다.

코로나19

이번 팬데믹이 전 세계 경제에 큰 타격을 입힌 건 분명하지만, 국제 시장의 붕괴가 일어나고 있는 것 같지는 않다. 다만 코로나19는 전 세계 공급망의 취약성을 노출시켰다. 팬데믹이 중국 전역에 퍼지고서야 깨달았다. 전 세계가 세계 제일의 수출국에 얼마나 의존하고 있는지를 말이다.

지역화

보호무역주의와 WTO와의 갈등 속에서 각국은 점점 더 지역별 무역블록을 쌓는 데 집중하고 있다. 중국 주도의 역내 포괄적 경제동반자협정(RCEP)은 그중 두드러진 한 사례이다.

임금거래 축소

이제 저임금 국가에서 고임금 국가로의 교역량은 14% 수준까지 떨어졌다. 임금비용 차익 거래의 중요성이 떨어지고 있다.

전 세계 무역의 성격 변화

글로벌화를 떠받치는 건
네 개의
특별한 기둥이다.

무역　　자본　　정보　　인적자원

대부분의 범주는 불균등한 발전을 겪었지만, 정보 기둥의
파급효과는 관측을 시작한 이래 계속 커지고 있는 중이다.

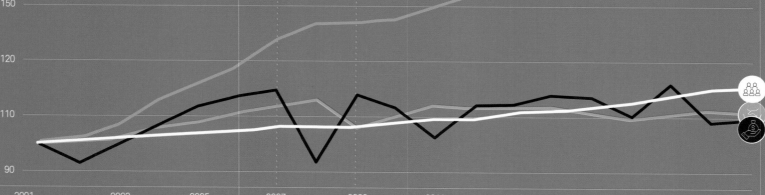

글로벌 통합성 지수

금융위기 이전의 확고한 성장세　　금융위기　　변덕스럽고 불균등한 회복세

자료: Altman and Bastian 2020

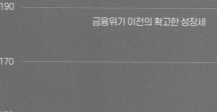

서비스 분야의 무역량이 상품보다
60% 빠르게 성장하고 있다.

상품 2.4%

서비스 3.9%

자료: Lund et al., 2019

서비스 분야는 국제교역 통계에서 평가
절하되고 있다. 다른 방식으로 집계할
경우, 서비스 무역이 이미 상품 무역의
가치를 뛰어넘었을 수도 있다.

자료: Lund et al., 2019

상품
(부가가치로 본 무역량)

13.0조$

13.0조$

서비스
(부가가치로 본 무역량)

5.1조$
총 서비스 무역량

4.3조$
상품 무역에
포함된 서비스

3.2조$ 해외 파트너들에게
채공된 무형의 자산

0.8조$
국가 간 무료
디지털 서비스

13.4조$

글로벌화의 다음은
어디인가

세계화 덕에 이익을 보게 될 국가, 기업, 노동자들

이익을 보게 될 경우

선진국 경제

개발도상국 경제
거대한 소비시장을 가까이 둔 경우

적응해야 하는 경우

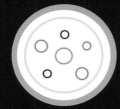

개발도상국 경제
통합망에서 상대적으로 누락된 경우

자료: Lund et al., 2019

세계화는 정점을
찍은 것처럼 보인다.

그렇지만 전 세계 무역은 예측하기 힘든 새로운 방향으로 진화를 거듭하고 있으며, 세계화도 그와 함께 나아가고 있다. 정책결정자들과 비즈니스 리더들은 무역의 흐름이 어떻게 변화하고 있는지를 이해해야만 한다. 그래야 세계화에 발맞출 수 있고, 그 안에서 생겨날 기회와 도전에 대응할 수 있을 것이다.

아르파네트(ARPANET)

1969년에 '인터넷' 접속이 가능한 곳은 딱 네 군데뿐이었다. UCLA, UC산타바버라(UCSB), 유타대학교, 스탠포드연구소(SRI)

자료: Smithsonian Magazine 2013

TCP/IP 표준화

미국에서 연방법 제230조 통과

미국 통신품위법 제230조는 1996년에 통과되었다. 그에 따라 이용자들이 포스팅하거나 온라인으로 공유한 정보로 인해 인터넷 서비스 제공업체나 웹호스팅 회사가 법적 책임을 지지 않게 되었다.

자료: Cornell Law School 2020

러시아, 엄격한 데이터 지역화 법 통과

국제인터넷주소관리기구(ICANN) 출범

EU, GDPR 공표

유럽의회, 2016년에
일반개인정보보호법(GDPR) 공표

중국의 황금방패 프로젝트*

*중국의 자국민 정보 검열 정책

중국, CL97 통과

양대 사이버 범죄, 즉 컴퓨터 네트워크를 겨냥한 범죄, 그리고 컴퓨터 네트워크를 타고 넘어가 수행한 범죄를 규정한 법

해저 케이블 네트워크

1988년에 TAT-8이라는 이름의 최초의 대륙간
광섬유 케이블이 대서양 해저에 설치되어 양대
륙을 이었다.

자료: Reuters 1988

중국 인터넷 보안법
(2016)

인터넷 통제

감시받는 인터넷

전 세계를 하나로 묶던 인터넷이 점점 조각조각으로 쪼개지고 있다. 동시에 여러 지역에서 제한 조치들이 늘어나고 있다.

시그널 범위
광범위함 (4/5)

시그널/노이즈 비율
보통 수준 (3/5)

SIGNAL **인터넷 자유도 전 세계 온라인 인구의 비율 %**

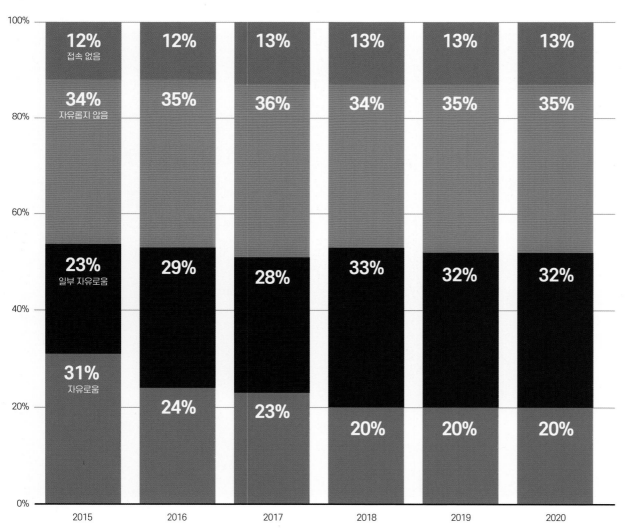

	2015	2016	2017	2018	2019	2020
접속 없음	12%	12%	13%	13%	13%	13%
자유롭지 않음	34%	35%	36%	34%	35%	35%
일부 자유로움	23%	29%	28%	33%	32%	32%
자유로움	31%	24%	23%	20%	20%	20%

자료: Freedom House 2020

자유롭고 열린 인터넷이 방해받고 있다. 그 중에서도 가장 충격적인 트렌드는 걸핏하면 고개를 쳐드는 디지털 권위주의 체제다. 인터넷의 역사가 쌓이면서 더 많은 온라인 인구가 자유롭지 못하다고 평가되는 나라에서 인터넷을 이용하게 되었다.

국제 언론감시 비영리 인권단체인 프리덤 하우스는 접속을 제한하는 방해물, 콘텐츠의 제한, 이용자 권리의 침해를 측정하는 방법론을 통해 각 나라에 점수를 매겼다. 점수가 높을수록 인터넷 자유도가 높음을 뜻한다.

● 자유로움(70~100)
● 일부 자유로움(40~69)
● 자유롭지 않음(0~39)

인터넷 선을 뽑아버리다

전 세계가 통합된 인터넷 개념과는 상반되게, 이제는 국가별 인트라넷의 시대가 닥치고 있다. 인트라넷에서는 검열과 콘텐츠 필터링, 추적이 벌어진다. 이제 마음만 먹으면 인터넷을 완전히 차단할 수도 있는 힘을 가진 나라가 아주 많아졌다.

네트워크 차단 건수가 전 세계적으로 늘어나고 있다

2016년~2019년

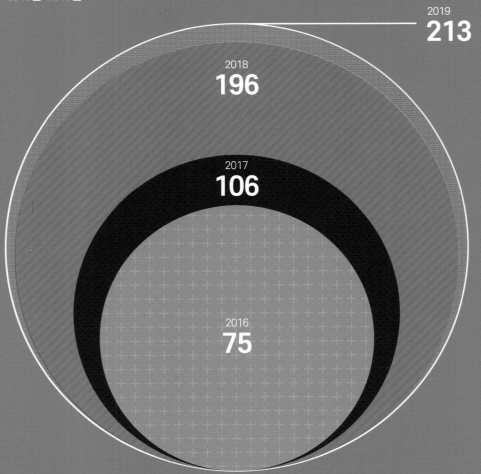

2019
213

2018
196

2017
106

2016
75

자료: Taye 2020

인터넷 중단 사태의 몇몇 원인

시위

선거

시험

탄압

정부는 어떻게 인터넷을 차단할까?

인터넷 서비스 제공업체

정부가 통제하는 인프라

정부

감시받는 디지털 세상

전 세계에서 목격되는 인터넷 감시와 보안, 노골적인 차단의 몇몇 사례를 소개한다.

❶ 분절화

EU의 GDPR 원칙이 프라이버시를 향상시키긴 했으나, 새로운 규정 준수 탓에 정보와 디지털 서비스 접근이 제한될 수도 있다.

❷ 차단

2019년 시위 때 런던 지하철 교통망 전체에 와이파이를 막아버렸다.

❸ 저지

차드에서는 소셜미디어와 문자전송 플랫폼 이용을 1년 훨씬 넘게 저지했다.

❹ 차단

쿠데타 시도가 실패한 뒤, 에티오피아는 1억 명 넘는 사람의 인터넷을 차단했다.

❺ 국내 인트라넷

이란은 글로벌 인터넷과는 분리된 '국가적 네트워크' 설치 의지를 보인 바 있다. 실현된다면 아마도 중국과의 파트너십으로 진행될 듯하다.

❻ 접속 제한

타지키스탄은 '테러리스트 행위에 취약한' 국내 사정을 이유로 페이스북, 트위터, 인스타그램 등 대부분의 소셜 네트워크 접속을 제한했음을 시인했다.

❼ 차단

인도의 지방정부들은 걸핏하면 망접속을 제한한다. 이들은 시위, 가짜뉴스, 시험, 공공질서 유지 등의 이유를 들며 이런 차단 시책을 정당화한다.

❽ 국내 인트라넷

북한 주민들은 오로지 광명(국내 유일의 공식 인트라넷)을 통해서만 온라인에 접속할 수 있을 뿐이다. 몇몇 핵심 엘리트들만 글로벌 인터넷에 접속할 수 있다.

❾ 콘텐츠 필터링

남한은 국가안보와 공중도덕에 위협이 된다고 여기는 웹사이트들을 꾸준히 차단하고 있다.

자료: Huang 2019

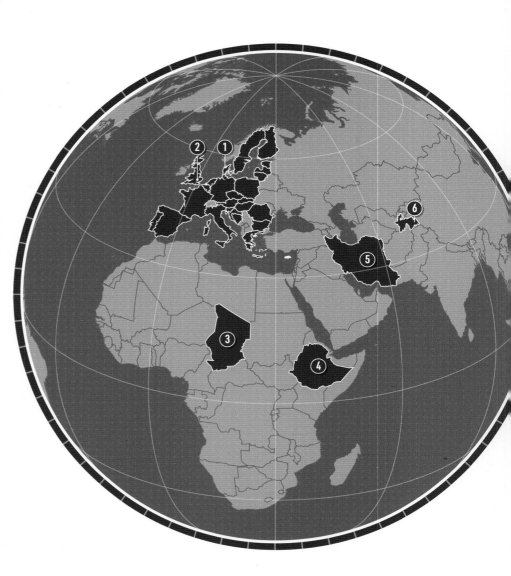

중국은 어떻게
인터넷을 통제하는가

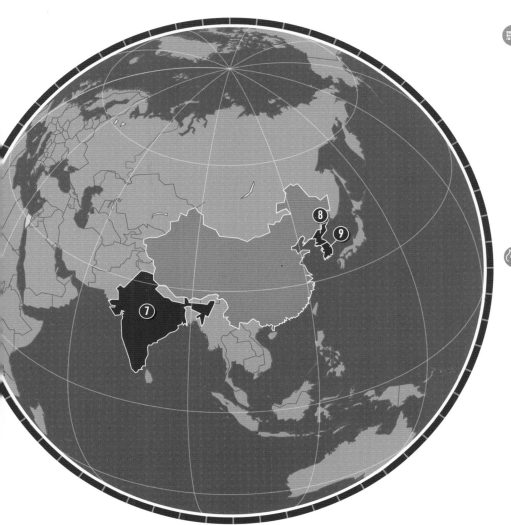

데이터 주권

1990년대 이래 중국에서는 데이터 로 컬화가 실질적 필수사항이었고, 이후 실제 법제화되기도 했다. 이는 중국에 서 운영하는 모든 회사가 중국 시민의 개인 데이터 및 다른 '중요한 데이터' 를 모두 국내 서버에 저장해야만 한다 는 뜻이다. 중국 밖으로 데이터를 내보 낼 경우 정부의 보안 검사를 받아야만 한다.

방화장성

전 세계 최대 규모인 중국의 인터넷 이 용자들은 중국이 쌓은 방화장성 안에 갇혀 있다. 이 거대한 보안 시스템은 세 계 제일의 세련된 검열 생태계라고 할 수 있다. 중국의 인터넷은 몇 안 되는 서버를 통해서만 월드와이드웹에 접속 할 수 있으며, 이 서버들은 죄다 국가가 면밀히 감시 중이다.

콘텐츠 온건화

중국의 IT 기업은 수천의 콘텐츠 온건 화 인력을 운용한다. 정부가 바람직하 지 않다고 여길 콘텐츠들을 사전 검열 하는 게 이들의 임무다. 문자 앱을 통해 주고받는 개인 간 대화조차도 검토의 대상이 된다.

신원 등록

인터넷 회사와 서비스 제공업체는 이 용자들이 최초 등록할 때 반드시 실제 이름을 확인해야 한다. 이로써 익명성 이 불러올 폐해를 예방할 수는 있지만, 정부가 인터넷 이용자를 추적, 처벌하 는 게 용이해지기도 한다.

중국의 거대한 대포

이 사이버 전쟁 무기가 노골적으로 이 용되는 경우는 흔치 않지만, 과녁을 초 토화시키는 능력을 지닌 무기임에는 분명하다. 디도스는 2019년 홍콩 친민 주 포럼 사이트를 공격한 바 있다.

자료: Huang 2019

프리덤하우스가 '자유롭지 않다'고 정리한 나라들은
OECD의 디지털교역제한지수에서는
더 낮은 점수를 기록했다.

● 자유로움 ○ 자유 없음

자유로움

- 아르헨티나
- 호주
- 캐나다
- 에스토니아
- 프랑스
- 독일
- 헝가리
- 아이슬란드
- 이탈리아
- 일본
- 남아프리카공화국
- 영국
- 미국

점수의 변동폭 2014~2019
▼ 0.008

자유 없음

- 중국
- 러시아
- 사우디아라비아
- 터키

점수의 변동폭 2014~2019
▼ 0.115

자유롭지 않은 나라들이 무역 측면에서도
더 많은 제한 조치를 쓸 공산이 크다.

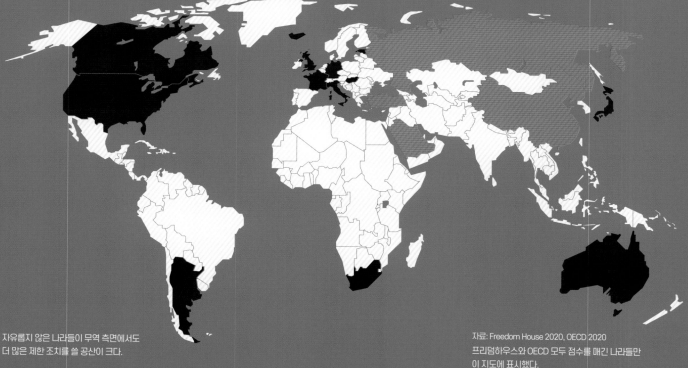

자료: Freedom House 2020, OECD 2020
프리덤하우스와 OECD 모두 점수를 매긴 나라들만
이 지도에 표시했다.

모든 큰 변동에서 늘 그렇듯, 점점 더 쪼개지고 뒤엉키는 이 인터넷 세상에서도 승자와 패자가 생겨날 것이다.

승리자들

빅 클라우드 벤더

AWS나 애저(Azure) 같은 서비스는 각 지역별 필수사항이나 데이터 주권 규정에 발맞출 규모를 지녔다.

중국 IT 기업

화웨이나 전자수출입공사(CEIEC) 같은 기업들은 자국 인터넷을 통제하려는 나라들에 대규모 솔루션을 제공할 수 있다.

페이스북, 구글

인터넷이 점점 복잡해짐에 따라, 광고주들은 구글이나 페이스북 정도면 전 세계의 로컬 룰을 잘 따를 것이라고 믿고 맡길 수 있다.

실패자들

미국 소매, 디지털 서비스

방벽 속 중국과 유럽의 엄격한 GDPR 원칙 사이에서 많은 미국 기업들은 다국적 고객들의 요청에 힘들어하고 있다.

광고 네트워크

관할권이 바뀔 때마다 새로운 정보보호법이 만들어짐에 따라, 쿠키 기반으로 작동하는 광고 네트워크들은 실패하기 십상이다.

언론의 자유

검열이 심하고 인터넷 차단이 잦은 나라에 사는 시민들은 결국 자신들이 누릴 언론의 자유가 줄어드는 것을 목격할 수밖에 없다.

양극단의 세계

인터넷이란 어떠해야 하는지를 두고 두 버전이 치열하게 경합 중이다. 세계의 두 초강대국에 속한 기업들이 이 충돌의 선봉장 노릇을 하고 있다.

 중국　　⊕ 미국

"향후 전망 중 가장 그럴듯한 것은 인터넷의 양극화일 것이다. 하나는 중국 주도의 인터넷, 다른 하나는 미국이 주도하는 비중국 인터넷, 그렇게 둘로 말이다."

— 에릭 슈미트, 전 구글 CEO

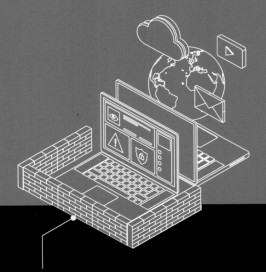

중국의 방화장성 작동 기술을 구현한 기업들은 이 기술을 활용, 새로운 시장을 개척할 수 있을 것이다.

"우리는 개별 나라들이 자신들만의 고유한 사이버 발전 방식을 독립적으로 선택할 수 있는 권한을 존중해야 한다."

— 시진핑, 중국 주석

자유롭고 열린 인터넷이라는 유토피아에 대한 꿈은 이미 사라진 지 오래다.

보다 엄격한 프라이버시 법이 늘어나는 경향에서 볼 수 있듯, '자유롭고 열린 인터넷'조차도 완벽한 것과는 거리가 멀다. 각 정부는 웹의 이상적 형태가 어떠해야 할지를 두고 서로 다른 생각을 가질 수 있다. 최근까지는 실리콘밸리 기업인들의 인터넷을 전 세계 대다수가 써왔다. 하지만 이제 각 나라들이 자국 고유의 사이버공간을 더욱 더 통제하려 듦에 따라, 인터넷이 글로벌 네트워크로 남을지, 아니면 국가별 인트라넷이 표준이 될지 지켜볼 일이다.

마켓 트렌드는
당신의 것

인공지능과 기계학습 덕분에 인류는 오늘날 상상 가능한 모든 것들에 대해 빅데이터를 쌓고 처리하는 데이터 크런칭(data crunching)을 시도하고 있다. CNBC의 이먼 재버스(Eamon Javers)가 표현한 대로, 그와 같은 현상을 우리는 영화 <머니볼>에 빗대 이해할 수 있다. 단, 야구에 대해서만이 아니라 세상 만물 모두에 대한 '머니볼'으로서 말이다.

(철저하게 데이터 분석을 중심으로 선수를 기용해 좋은 성과를 거둔 미국 메이저리그 야구단 오클랜드 어슬레틱스의 실화를 다룬 책인 <머니볼>이 주장하듯) 어마어마한 양의 데이터를 쌓아 올리면 새로운 안목을 갖출 수 있다는 데는 의심의 여지가 없다. 그렇지만 인간의 뇌와 기계가 직접 소통하기 전까지는 인간은 어쩔 수 없이 지극히 제한된 처리 용량만으로 고도의 복잡계를 더듬어 이해하려는 노력을 기울일 수밖에 없다.

이 책은 미래에 어떤 일이 벌어질지 예측하는 데 매달리지 않는다. 그 대신 당신의 머릿속에 빅픽처를 그릴 수 있도록 돕는 데 주력한다. 이 머릿속 모델은 개념지도이면서 동시에 데이터에 기반한 지도로서, 당신은 이 지도를 통해 비즈니스와 투자, 나아가 세계 전반에 닥칠 미래에 대체 어떤 거대한 힘들이 작용하고 있는지를 파악할 수 있다.

특히 여러 세대에 걸친 인구통계학적 변동이 어떤 스토리를 담고 있는지, 또 기술 진보의 파급효과는 어떻게 벌어지는지에 주목함으로써 나무를 보며 숲을 읽어내는 빅픽처 감수성을 기를 수 있도록 구성했다.

이런 분석 틀을 이용해 세상을 보면 온갖 노이즈로 가득찬 것 같던 세상이 훨씬 조용해 보이기 시작할 것이다. 그리고 그럴 때에야 비로소, 당신의 머릿속에 번쩍 떠오를 새로운 안목까지 완벽하게 자기 것으로 만들 수 있다.

제프 데자댕
비주얼 캐피털리스트

참고문헌

BIBLIOGRAPHY

CHAPTER 01
사회변화 & 인구통계

SIGNAL 01
늙어가는 세계

시작 → United Nations, Department of Economic and Social Affairs, Population Division. (2019). World Urbanization Prospects: The 2018 Revision, Online Edition. *United Nations.* Retrieved September 8, 2020, from https://population.un.org/wpp/
- OECD. (2020). OECD Labour Force Statistics 2020. OECD Publishing, Paris. Retrieved September 8, 2020, from https://doi.org/10.1787/5842cc7f-en
- Farley, T. and Cohen, D. (2006, May 1). Prescription for a Healthy Nation: A New Approach to Improving Our Lives by Fixing Our Everyday World. Beacon Press.
- O'Neill, A. (June, 2019). Fertility Rate of the World and Continents 1950–2020. *Statista.* Retrieved September 8, 2020, from https://www.statista.com/statistics/1034075/fertility-rate-world-continents-1950-2020/

시그널 → United Nations, Department of Economic and Social Affairs, Population Division. (2019). 2019 Revision of World Population Prospects. United Nations. Retrieved September 8, 2020, from https://population.un.org/wpp/

판독하기 → United Nations, Department of Economic and Social Affairs, Population Division. (2019). 2019 Revision of World Population Prospects. United Nations. Retrieved September 8, 2020, from https://population.un.org/wpp/
- United Nations, Department of Economic and Social Affairs, Population Division. (2018). World Population Ageing 2019. United Nations. Retrieved September 8, 2020, from https://www.un.org/en/development/desa/population/publications/pdf/ageing/WorldPopulationAgeing2019-Highlights.pdf

파급효과 → World Economic Forum. (2017, May). We'll Live to 100 - How Can We Afford It? *World Economic Forum.* Retrieved September 8, 2020, from http://www3.weforum.org/docs/WEF_White_Paper_We_Will_Live_to_100.pdf
- National Transfer Accounts. (2016). National Transfer Accounts: Data Sheet. National Transfer Accounts Project. Retrieved September 9, 2020, from https://www.ntaccounts.org/doc/repository/NTA%20Data%20Sheet%202016.pdf
- Lee, R. and Mason, A. (2017, March). Cost of Aging. International Monetary Fund. *Finance and Development, 54,* (1). Retrieved September 9, 2020, from https://www.imf.org/external/pubs/ft/fandd/2017/03/lee.htm

SIGNAL 02
도시의 진화

시작 → Florida, R. (2018, October 23). Wages Are Higher in Urban Areas, but Growing Faster in Rural Ones. Bloomberg CityLab. Retrieved September 9, 2020, from https://www.bloomberg.com/news/articles/2018-10-23/urban-wages-in-the-u-s-are-vhigher-rural-wages-are-growing-more
- World Bank via Our World in Data. (2018). Share of the Labor Force Employed in Agriculture, 1991 to 2017. Our World in Data. Retrieved September 12, 2020, from https://ourworldindata.org/grapher/share-of-the-labor-force-employed-in-agriculture?tab=chart&time=1991..2017&country=~OWID_WRL

시그널 → Ritchie, H. and Roser, M. (2018, September). Urbanization. Our World In Data. Retrieved September 9, 2020, from https://ourworldindata.org/urbanization
- World Bank. (2020, April 20). Urban Development Overview. The World Bank. Retrieved September 9, 2020, from https://www.worldbank.org/en/topic/urbandevelopment/overview
- Satterthwaite, D. (2020, January 16). The World's 100 Largest Cities from 1800 to 2020, and Beyond. International Institute for Environment and Development. Retrieved September 9, 2020, from https://www.iied.org/worlds-100-largest-cities-1800-2020-beyond

- Hoornweg, D. and Pope, K. (2014, January). Global Cities Institute Working Paper No. 04: Socioeconomic Pathways and Regional Distribution of the World's 101 Largest Cities. Global Cities Institute. Retrieved September 9, 2020, from https://docs.wixstatic.com/ugd/672989_62cfa13ec4ba47788f78ad660489a2fa.pdf

판독하기
- Lin, V. et al. (2017, March 20) Synergistic Development in the Beijing-Tianjin-Hebei Region: An International Comparative Perspective. Boston Consulting Group. Retrieved September 9, 2020,from https://www.bcg.com/en-ca/synetic-development-in-the-beijing-tianjin-hebei-region-an-international-comparative-perspective
- Ritchie, H. and Roser, M. (2018, September). Urbanization. Our World In Data. Retrieved September 9, 2020, from https://ourworldindata.org/urbanization

파급효과
- Phys.org. (2019, August 16). Sinking City: Indonesia's Capital on Brink of Disaster. Phys.org. Retrieved September 9, 2020, from https://phys.org/news/2019-08-city-indonesia-capital-brink-disaster.html
- Geophysical Fluid Dynamics Laboratory, NOAA. (2020, June 12). Global Warming and Hurricanes. NOAA. Retrieved September 12, 2020, from https://www.gfdl.noaa.gov/global-warming-and-hurricanes/
- Hauer, M. (2017, April 17). Migration Induced by Sea-Level Rise Could Reshape the US Population Landscape. *Nature Climate Change*, 7, 321–325. Retrieved September 9, 2020, from https://doi.org/10.1038/nclimate3271
- Climate Impact Lab. (2019). Climate Change and Heat-Induced Mortality in India. Tata Center For Development at UChicago. Retrieved September 9, 2020, from https://epic.uchicago.edu/wp-content/uploads/2019/10/IndiaMortality_webv2.pdf
- CoreLogic. (2019). 2019 Wildfire Risk Report. CoreLogic, Inc. Retrieved September 9, 2020, from https://www.corelogic.com/downloadable-docs/wildfire-report_0919-01-screen.pdf

SIGNAL 03
중산층의 증가

시작
- OECD. (2019). Equity Market Review of Asia 2019. OECD Capital Market Series, Paris. Retrieved September 9, 2020, from http://www.oecd.org/daf/ca/oecd-equity-market-review-asia.htm
- Pramanik, A. K. (2017, February 24). The Technology That's Making a Difference in the Developing World. U.S. Global Leadership Coalition. Retrieved September 9, 2020, from https://www.usglc.org/blog/the-technology-thats-making-a-difference-in-the-developing-world/

시그널
- Gapminder. (2020). Number of People by Income [online chart tool]. Gapminder Foundation. Retrieved September 9, 2020, from https://www.gapminder.org/tools/#$chart-type=mountain
- Hellebrandt, T. and Mauro, P. via Our World in Data. (2013). Global Income Inequality. Our World in Data. Retrieved September 9, 2020, from https://ourworldindata.org/global-economic-inequality
- Kharas, H. (2017, February 28). The Unprecedented Expansion of the Global Middle Class. The Brookings Institution. Retrieved September 9, 2020, from https://www.brookings.edu/research/the-unprecedented-expasion-of-the-global-middle-class-2/
- McNamara, C. L,. Labonte, R., Schram, A. et al. (2021). Glossary on Free Trade Agreements and Health Part 1: The Shift from Multilateralism and the Rise of 'WTO-Plus' Provisions. *Journal of Epidemiology and Community Health*, 75, 402-406

판독하기
- World Data Lab via The Brookings Institution. (2018, September 27). A Global Tipping Point: Half the World Is Now Middle Class or Wealthier. The Brookings Institution. Retrieved September 9, 2020, from https://www.brookings.edu/blog/future-development/2018/09/27/a-global-tipping-point-half-the-world-is-now-middle-class-or-wealthier/
- World Data Lab. (2019, April 17). Emerging Trends in the Global Middle Class: A Private Conversation with Dr. Homi Kharas. World Data Lab. Retrieved September 9, 2020, from https://worlddata.io/blog/emerging-trends-in-the-global-middle-class-a-private-conversation-with-dr-homi-kharas
- Canals, C.. (2019, September 16). The Emergence of the Middle Class: An Emerging-Country Phenomenon. Caixa Bank Research. Retrieved September 9, 2020, from https://www.caixabankresearch.com/en/economics-markets/labour-market-demographics/emergence-middle-class-emerging-country-phenomenon
- Kharas, H. (2017, February 28). The Unprecedented Expansion of the Global Middle Class. The Brookings Institution. Retrieved September 9, 2020, from https://www.brookings.edu/wp-content/uploads/2017/02/global_20170228_global-middle-class.pdf

파급효과
- World Bank. (2019). GDP per Capita (current US$) [online chart tool]. World Bank Group. Retrieved May 2019, from https://data.worldbank.org/indicator/NY.GDP.PCAP.CD
- OECD. (2019). Meat Consumption [online chart tool]. OECD. Retrieved May 2019, from https://data.oecd.org/agroutput/meat-consumption.htm#indicator-chart
- Federal Reserve Bank of Cleveland. (2020, February 12). Is the Middle Class Worse Off Than It Used to Be? Federal Reserve Bank of Cleveland. Retrieved September 9, 2020, from https://www.clevelandfed.org/newsroom-and-events/publitions/economic-commentary/2020-economic-commentaries/ec-202003-is-middle-class-worse-off.aspx

- Keyu, K. J. (2015, November 12). What's Holding Back China's Consumers? World Economic Forum. Retrieved September 9, 2020. https://www.weforum.org/agenda/2015/11/whats-holding-back-chinas-consumers
- Lung, R. and Batbold, D. (2018). The Geography of the Global Middle Class: Where They Live, How They Spend. Visa and Oxford Economics. Retrieved September 9, 2020. https://usa.visa.com/dam/VCOM/global/partner-with-us/documents/middle-class-spending-whitepaper.pdf

SIGNAL 04
미디어의 탈중앙화

시작
- Kepios, We Are Social, and Hootsuite. (2021). Digital 2021 Global Overview Report. We Are Social and Hootsuite. Retrieved June 14, 2021, from https://wearesocial.com/digital-2021
- Edelman, via Salmon, F. (2021, January 21). Media Trust Hits New Low. Axios. Retrieved June 14, 2021 from https://www.axios.com/media-trust-crisis-2bf0ec1c-00c0-4901-9069-e26b21c283a9.html
- Hindman, D. B. and Wiegand, K. (2008, March). The Big Three's Prime-Time Decline: A Technological and Social Contact. Journal of Broadcasting & Electronic Media. Retrieved September 8, 2020, from https://robertoigarza.files.wordpress.com/2008/10/art-the-big-threes-prime-time-decline-hindman-2008.pdf
- Perrin, N. (2019, March 21). US Advertisers Still Eager to Target at Scale with Duopoly. eMarketer. Retrieved September 8, 2020, from https://www.emarketer.com/content/us-advertisers-still-eager-to-target-at-scale-with-duopoly
- Wasserman, T. (2013, August 9). This Is the World's First Banner Ad. Mashable. Retrieved September 12, 2020, from https://mashable.com/2013/08/09/first-banner-ad/

시그널
- Watson, A. via Statista. (2020, February 21). Number of Commercial Radio Stations in the U.S. from 1952 to 2019. Statista. Retrieved September 8, 2020, from https://www.statista.com/statistics/252235/number-of-commercial-radio-stations-in-the-us/
- Watson, A. via Statista. (2019, November 21). Number of Commercial TV Stations in the U.S. 1950-2017. Statista. Retrieved September 8, 2020, from https://www.statista.com/statistics/189655/number-of-commercial-television-stations-in-the-us-since-1950/
- Watson, A. via Statista. (2020, March 3). Number of Daily Newspapers in the U.S. 1970-2018. Statista. Retrieved September 8, 2020, from https://www.statista.com/statistics/183408/number-of-us-daily-newspapers-since-1975/
- Kepios, We Are Social, and Hootsuite. (2021). Digital 2021 Global Overview Report. We Are Social and Hootsuite. Retrieved June 14, 2021, from https://wearesocial.com/digital-2021
- Internet Live Stats. (n.d.). Total Number of Websites. Internet Live Stats. Retrieved June 15, 2021, from https://www.internetlivestats.com/total-number-of-websites/
- Pew Research Center. (1996, May 13). TV News Viewership Declines. Pew Research Center. Retrieved September 11, 2020, from https://www.pewresearch.org/politics/1996/05/13/tv-news-viewership-declines/
- Pew Research Center via Suciu, P. for Forbes. (2019, October 11). More Americans Are Getting Their News From Social Media. Forbes. Retrieved September 11, 2020, from https://www.forbes.com/sites/petersuciu/2019/10/11/more-americans-are-getting-their-news-from-social-media/
- Domo. (2019). Data Never Sleeps 7.0. Domo. Retrieved September 9, 2020, from https://www.domo.com/learn/data-never-sleeps-7
- Wordpress. (2020). About Us [webpage]. Wordpress. Retrieved September 9, 2020, from https://wordpress.com/about/?aff=2718
- Clement, J. via Statista. (2020, August 25). Hours of Video Uploaded to YouTube Every Minute as of May 2019. Statista. Retrieved September 9, 2020, from https://www.statista.com/statistics/259477/hours-of-video-uploaded-to-youtube-every-minute/

판독하기
- Shampnois, B. (2019, May 23). Personalization & Customer Data: Why Context Is Critical to Optimize Your Customer Experience. Brooks Bell. Retrieved September 9, from https://www.brooksbell.com/resource/blog/personalization-customer-data-why-context-is-critical-to-optimize-your-customer-experience/
- PwC. (2020). IAB Internet Advertising Revenue Report. PricewaterhouseCoopers. Retrieved September 9, 2020, from https://www.iab.com/wp-content/uploads/2020/05/FY19-IAB-Internet-Ad-Revenue-Report_Final.pdf
- eMarketer. (2019, February 20). US Digital Ad Spending Will Surpass Traditional in 2019. eMarketer. Retrieved September 9, 2020, from https://www.emarketer.com/newsroom/index.php/us-digital-ad-spending-will-surpass-traditional-in-2019/
- Berg, M. (2020, December 18) The Highest-Paid YouTube Stars of 2020. Forbes. Retrieved June 14, 2021, from https://www.forbes.com/sites/maddieberg/2020/12/18/the-highest-paid-youtube-stars-of-2020/?sh=4b784f0d6e50

파급효과
- Gallup. (2018). Indicators of News Media Trust. Gallup Foundation. Retrieved September 9, 2020, from https://kf-site-production.s3.amazonaws.com/media_elements/files/000/000/216/original/KnightFoundation_Panel4_Trust_Indicators_FINAL.pdf
- UNC Hussman School of Journalism and Media. (2020). News Deserts and Ghost Newspapers: Will Local News Survive? UNC Hussman School of Journalism and Media. Retrieved September 9, 2020, from https://www.usnewsdeserts.com/reports/news-deserts-and-ghost-newspapers-will-local-news-survive/the-news-landscape-in-2020-transformed-and-diminished/vanishing-newspapers/

- Newman, N. (2020). Journalism, Media, and Technology Trends and Predictions 2020. Reuters Institute for the Study of Journalism. Retrieved September 9, 2020, from http://www.digitalnewsreport.org/publications/2020/journalism-media-and-technology-trends-and-predictions-2020
- Pew Research Center. (2020, January 24). U.S. Media Polarization and the 2020 Election: A Nation Divided. Pew Research Center. Retrieved September 9, 2020, from https://www.journalism.org/2020/01/24/u-s-media-polarization-and-the-2020-election-a-nation-divided/

SIGNAL 05
심각해지는 불평등

시작
- U.S. Bureau of Labor Statistics. (2020). Databases, Tables & Calculators by Subject [online tool]. U.S. Bureau of Labor Statistics. Retrieved September 7, 2020, from https://www.bls.gov/data/
- U.S. Bureau of Labor Statistics. (2020). Consumer Price Index for All Urban Consumers: Medical Care in U.S. City Average [CPIMEDSL]. Federal Reserve Bank of St. Louis (FRED). Retrieved September 12, 2020, from https://fred.stlouisfed.org/series/CPIMEDSL
- Boyington, B., & Kerr, E. (2019, September 19). 20 Years of Tuition Growth at National Universities. US News. Retrieved September 7, 2020, from https://www.usnews.com/education/best-colleges/paying-for-college/articles/2017-09-20/see-20-years-of-tuition-growth-at-national-universities

시그널
- Credit Suisse. (2019). Global Wealth Report 2019. Credit Suisse Research Institute. Retrieved September 7, 2020, from https://www.credit-suisse.com/media/assets/corporate/docs/about-us/research/publications/global-wealth-report-2019-en.pdf
- Roser, M. and Ortiz-Ospina, E. via Our World in Data. (2013, May 25). Global Extreme Poverty. Our World in Data. Retrieved September 7, 2020, from https://ourworldindata.org/extreme-poverty
- OECD. ((n.d.). GDP and Spending - Gross Domestic Product (GDP) - OECD Data. (n.d.). Retrieved September 7, 2020, from https://data.oecd.org/gdp/gross-domestic-product-gdp.htm
- Forbes 2019 Billionaire List. (n.d.). Retrieved September 7, 2020, from https://www.forbes.com/billionaires/

판독하기
- FRED Economic Data. (2019). Federal Reserve Bank of St. Louis. Retrieved September 7, 2020, from https://fred.stlouisfed.org/
- Distribution of Household Wealth in the U.S. since 1989 (2020). Federal Reserve. Retrieved September 7, 2020, from https://www.federalreserve.gov/releases/z1/dataviz/dfa/distribute/chart/
- Parker, K. and Fry, R. (2020, July 27). More than Half of U.S. Households Have Some Investment in the Stock Market. Pew Research Center. Retrieved September 7, 2020, from https://www.pewresearch.org/fact-tank/2020/03/25/more-than-half-of-u-s-households-have-some-investment-in-the-stock-market/
- Yahoo Finance - Stock Market Live, Quotes, Business & Finance News. (n.d.). Retrieved September 7, 2020, from https://ca.finance.yahoo.com/

파급효과
- Mishel, L., & Kandra, J. (2020, August 18). CEO Compensation Surged 14% in 2019 to $21.3 Million. Economic Policy Institute. Retrieved September 7, 2020, from https://www.epi.org/publication/ceo-compensation-surged-14-in-2019-to-21-3-million-ceos-now-earn-320-times-as-much-as-a-typical-worker/
- Shierholz, H. (2019, August 27). Labor Day 2019: Working People Have Been Thwarted in Their Efforts to Bargain for Better Wages by Attacks on Unions. Economic Policy Institute. Retrieved September 7, 2020, from https://www.epi.org/publication/labor-day-2019-collective-bargaining/
- Trade Union - OECD Data. (n.d.). OECD.Stat. Retrieved September 07, 2020, from https://stats.oecd.org/Index.aspx?DataSetCode=TUD#
- Horowitz, J. M. et al. (2020, January 9). Views of U.S. Economic Inequality. Pew Research Center. Retrieved September 7, 2020, from https://www.pewsocialtrends.org/2020/01/09/views-of-economic-inequality/

SIGNAL 06
기후 위기

시작
- BP p.l.c. (2020). bp Statistical Review of World Energy 2020. BP p.l.c.. Retrieved September 8, 2020, from https://www.bp.com/content/dam/bp/business-sites/en/global/corporate/pdfs/energy-economics/statistical-review/bp-stats-review-2020-full-report.pdf
- NOAA/ESRL, via Our World in Data. (2018). Atmospheric Concentrations of CO2 Continue to Rise. Our World in Data. Retrieved August 10, 2020, from https://ourworldindata.org/co2-and-other-greenhouse-gas-emissions
- Earth System Research Laboratories Global Monitoring Laboratory. (2020, August). Trends in Atmospheric Carbon Dioxide. NOAA Oceanic and Atmospheric Research. Retrieved September 8, 2020, from https://www.esrl.noaa.gov/gmd/webdata/ccgg/trends/co2_data_mlo.pdf
- Food and Agriculture Organization of the United Nations. (2012). State of the World's Forests 2012. Food and Agriculture Organization of the United Nations. Retrieved September 8, 2020, from http://www.fao.org/3/a-i3010e.pdf
- Kharas, H. and Hamel, K. (2018, September 27). A Global Tipping Point: Half the World Is Now Middle Class or Wealthier. The Brookings Institute. Retrieved September 8, 2020, from https://www.brookings.edu/blog/future-development/2018/09/27/a-global-tipping-point-half-the-world-is-now-middle-class-or-wealthier/

시그널
- Jia, G. et al. via the Intergovernmental Panel on Climate Change. (2020, January). Climate Change and Land. Intergovernmental Panel on Climate Change. Retrieved September 8, 2020, from https://www.ipcc.ch/site/assets/uploads/sites/4/2020/08/05_Chapter-2-V3.pdf
- Lindsey, R. (2020, August 14). Climate Change: Atmospheric Carbon Dioxide. NOAA Climate.gov. Retrieved June 14, 2021, from https://www.climate.gov/news-features/understanding-climate/climate-change-atmospheric-carbon-dioxide
- Navigant. (2019). Total GHG Emissions Worldwide: 53.7 Gt CO eq (2017). Navigant, a Guidehouse Company. Retrieved September 11, 2020, from https://guidehouse.com/media/www/site/downloads/energy/2019/asn_navigant_emissionsflowchart.pdf

판독하기
- Union of Concerned Scientists. (2008, July 16; revised 2020, August 12). Each Country's Share of CO2 Emissions. Union of Concerned Scientists. Retrieved September 8, 2020, from https://www.ucsusa.org/resources/each-countrys-share-co2-emissions
- Intergovernmental Panel on Climate Change. (2020, January). Climate Change and Land. Intergovernmental Panel on Climate Change. Retrieved September 8, 2020, from https://www.ipcc.ch/site/assets/uploads/sites/4/2020/02/SPM_Updated-Jan20.pdf
- Union of Concerned Scientists. (2018, Jun 4; revised 2018, June 6). The Science Connecting Extreme Weather to Climate Change. Union of Concerned Scientists. Retrieved September 8, 2020, from https://www.ucsusa.org/resources/science-connecting-extreme-weather-climate-change

파급효과
- Climate Action Tracker. (2021). Temperatures - Addressing Global Warming. Climate Action Tracker. Retrieved June 16, 2021, from https://climateactiontracker.org/global/temperatures/
- Economist Intelligence Unit. (2019, November 20). Global Economy Will Be 3 Percent Smaller by 2050 Due to Lack of Climate Resilience. The Economist Intelligence Unit. Retrieved September 8, 2020, from https://www.eiu.com/n/global-economy-will-be-3-percent-smaller-by-2050-due-to-lack-of-climate-resilience/
- Fagan, M. and Huang, C. (2020, October 16). Many Globally Are as Concerned about Climate Change as about the Spread of Infectious Diseases. Pew Research Center. Retrieved June 14, 2021, from https://www.pewresearch.org/fact-tank/2020/10/16/many-globally-are-as-concerned-about-climate-change-as-about-the-spread-of-infectious-diseases/

SIGNAL 07
식수 위기

시작
- Ritchie, H. and Roser, M. via Our World in Data. (2015; revised 2018, July). Water Use and Stress. Our World in Data. Retrieved September 11, 2020, from https://ourworldindata.org/water-use-stress
- World Health Organization. (2019, June 18). 1 in 3 People Globally Do Not Have Access to Safe Drinking Water – UNICEF, WHO. World Health Organization. Retrieved September 11, 2020, from https://www.who.int/news-room/detail/18-06-2019-1-in-3-people-globally-do-not-have-access-to-safe-drinking-water-unicef-who
- NASA. (2019; updated 2020, September 9). Arctic Sea Ice Minimum. NASA's Jet Propulsion Laboratory. Retrieved September 11, 2020, from https://climate.nasa.gov/vital-signs/arctic-sea-ice/

시그널
- Luo, T. et al. via World Resources Institute. (2015, August). Aqueduct Projected Water Stress Country Rankings. World Resources Institute. Retrieved September 11, 2020, from https://www.wri.org/publication/aqueduct-projected-water-stress-country-rankings?utm_campaign=WRIAqueduct&utm_source=blogpostgraphic&utm_medium=image
- UN Water. (2020, March 21). World Water Development Report 2020: Water and Climate Change. United Nations. Retrieved September 11, 2020, from https://www.unwater.org/publications/world-water-development-report-2020/
- Perlman, H. et al. via U.S. Geological Survey. (2019). All of Earth's Water in a Single Sphere! United States Geological Survey. Retrieved September 11, 2020, from https://www.usgs.gov/media/images/all-earths-water-a-single-sphere

판독하기
- Otto, B. and Schleifer, L. via World Resources Institute. (2020, February 10). Domestic Water Use Grew 600% over the Past 50 Years. World Resources Institute. Retrieved September 11, 2020, from https://www.wri.org/blog/2020/02/growth-domestic-water-use
- World Bank Group. (2019). Urban Population (% of total population) [online chart tool]. Retrieved September 11, 2020, from https://data.worldbank.org/indicator/SP.URB.TOTL.IN.ZS
- UN Water. (2019, March 18). World Water Development Report 2019: Leaving No One Behind. United Nations. Retrieved September 11, 2020, from https://www.unwater.org/publications/world-water-development-report-2019/
- OECD/FAO. (2019). OECD-FAO Agricultural Outlook 2019–2028. OECD iLibrary. Retrieved September 11, 2020, from https://www.oecd-ilibrary.org/agriculture-and-food/oecd-fao-agricultural-outlook-2019-2028_agr_outlook-2019-en
- Roser, M. for Our World in Data. (2019). Pesticides. Our World in Data. Retrieved September 11, 2020, from https://ourworldindata.org/pesticides

파급효과
- Strong, C. et al. via World Resources Institute. (2020, January). Achieving Abundance: Understanding the Cost of a Sustainable Water Future. World Resources Institute. Retrieved September 11, 2020, from https://files.wri.org/s3fs-public/achieving-abundance.pdf
- Global Commission on Adaptation (2019) and World Bank (2016) via World Resources Institute. (2020, January). Achieving Abundance: Understanding the Cost of a Sustainable Water Future. World Resources Institute Retrieved September 11, 2020, from https://files.wri.org/s3fs-public/achieving-abundance.pdf
- Gleick, P. et al. (2018) via World Resources Institute. (2020, September). Ending Conflicts over Water. World Resources Institute. Retrieved September 11, 2020, from https://www.wri.org/publication/ending-conflicts-over-water

SIGNAL 08
전기의 시대

시작
- Goldenberg, C. et al. via Rocky Mountain Institute (RMI). (2018, February). Demand Flexibility: The Key to Enabling a Low-Cost, Low-Carbon Grid. Rocky Mountain Institute. Retrieved September 11, 2020, from https://rmi.org/wp-content/uploads/2018/02/Insight_Brief_Demand_Flexibility_2018.pdf
- Hutchins, P. via U.S. Energy Information Administration. (2019, July 10). U.S. Utility-Scale Battery Storage Power Capacity to Grow Substantially by 2023. U.S. Energy Information Administration. Retrieved September 11, 2020, from https://www.eia.gov/todayinenergy/detail.php?id=40072
- World Bank Group. (2019). Access to Electricity. (% of Population). Retrieved June 14, 2021, from https://data.worldbank.org/indicator/EG.ELC.ACCS.ZS?end=2018&start=1990&view=chart&year_high_desc=true
- Newzoo (2021). Global Mobile Market Report. Newzoo. Retrieved June 14, 2021, from https://newzoo.com/key-numbers/
- Gu, T. via Newzoo. (2019, September 17). Newzoo's Global Mobile Market Report: Insights into the World's 3.2 Billion Smartphone Users, the Devices They Use & the Mobile Games They Play. Newzoo. Retrieved September 11, 2020, from https://newzoo.com/insights/articles/newzoos-global-mzbile-market-report-insights-into-the-worlds-3-2-billion-smartphone-users-the-devices-they-use-the-mobile-games-they-play/

시그널

- National Renewable Energy Laboratory. (2018, July 9). NREL Analysis Explores Demand-Side Impacts of a Highly Electrified Future. National Renewable Energy Laboratory. Retrieved September 11, 2020, from https://www.nrel.gov/news/program/2018/analysis-demand-side-electrification-futures.html
- IEA. (2019, November 21). Global electricity demand by region in the Stated Policies Scenario, 2000-2040. International Energy Agency. Retrieved September 11, 2020, from https://www.iea.org/data-and-statistics/charts/global-electricity-demand-by-region-in-the-stated-policies-scenario-2000-2040
- Jadun, P. et al. via National Renewable Energy Laboratory (2017). Electrification Futures Study: End-Use Electric Technology Cost and Performance Projections through 2050. National Renewable Energy Laboratory. Retrieved September 11, 2020, from https://www.nrel.gov/docs/fy18osti/70485.pdf
- IEA. (2019, November 21). Electricity generation by fuel and scenario, 2018-2040. International Energy Agency. Retrieved September 11, 2020, from https://www.iea.org/data-and-statistics/charts/electricity-generation-by-fuel-and-scenario-2018-2040 ta-are-giant-tech-companies-collecting-from-you.html

판독하기

- IEA. (2019, November 26). Electricity Demand Growth by End-Use and Scenarios in Advanced and Developing Economies, 2018–2040. International Energy Agency. Retrieved September 11, 2020, from https://www.iea.org/data-and-statistics/charts/electricity-demand-growth-by-end-use-and-scenarios-in-advanced-and-developing-economies-2018–2040
- Billimoria, S. et al. via Rocky Mountain Institute (RMI). (2018). The Economics of Electrifying Buildings. Rocky Mountain Institute. Retrieved September 11, 2020, from https://rmi.org/insight/the-economics-of-electrifying-buildings/
- Mosquet, X. et al. via Boston Consulting Group. (2020, January 2). Who Will Drive Electric Cars to the Tipping Point? Boston Consulting Group. Retrieved September 11, 2020, from https://www.bcg.com/en-us/publications/2020/drive-electric-cars-to-the-tipping-point
- IEA. (2020, Jan 29). Installed Power Generation Capacity by Source in the Stated Policies Scenario, 2000–2040. International Energy Agency. Retrieved September 11, 2020, from https://www.iea.org/data-and-statistics/charts/installed-power-generation-capacity-by-source-in-the-stated-policies-scenario-2000–2040
- Heiligtag, S. via McKinsey & Company. (2019, May 9). Fueling the Energy Transition: Opportunities for Financial Institutions. McKinsey & Company. Retrieved September 11, 2020, from https://www.mckinsey.com/industries/electric-power-and-natural-gas/our-insights/fueling-the-energy-transition-opportunities-for-financial-institutions

파급효과

- Energy Insights by McKinsey. (2019, January). Global Energy Perspective 2019: Reference Case. McKinsey & Company. Retrieved September 11, 2020, from https://www.mckinsey.com/~/media/McKinsey/Industries/Oil%20and%20Gas/Our%20Insights/Global%20Energy%20Perspective%202019/McKinsey-Energy-Insights-Global-Energy-Perspective-2019_Reference-Case-Summary.ashx
- Benchmark Mineral Intelligence. (2019, July 30). Lithium's Price Paradox. Benchmark Mineral Intelligence. Retrieved September 12, 2020, from https://www.benchmarkminerals.com/lithiums-price-paradox/
- Mosquet, X. et al. via Boston Consulting Group. (2020, January 2). Who Will Drive Electric Cars to the Tipping Point? Boston Consulting Group. Retrieved September 11, 2020, from https://www.bcg.com/en-us/publications/2020/drive-electric-cars-to-the-tipping-point

03
CHAPTER

다시, 디지털 시대

SIGNAL 09
정보 과부하의 시대

시작 → Jarich, P. et al. via GSMA Intelligence. (2019). Global Mobile Trends 2020 New Decade, New Industry? GSMA Intelligence. Retrieved September 11, 2020, from https://data.gsmaintelligence.com/api-web/v2/research-file-download?id=47743151&file=2863-071119-GMT-2019.pdf
- Reinsel, D. et al. via IDC. (2018, November). The Digitization of the World from Edge to Core. International Data Corporation (IDC). Retrieved September 8, 2020, from https://www.seagate.com/files/www-content/our-story/trends/files/idc-seagate-dataage-whitepaper.pdf
- Pielot, M. et al. (2018, September). Dismissed!: A Detailed Exploration of How Mobile Phone Users Handle Push Notifications. MobileHCI'18 Article No. 3, 1-11. Retrieved September 11, 2020, from https://dl.acm.org/doi/10.1145/3229434.3229445

시그널 → Reinsel, D. et al. via IDC. (2018, November). The Digitization of the World from Edge to Core. International Data Corporation (IDC). Retrieved September 8, 2020, from https://www.seagate.com/files/www-content/our-story/trends/files/idc-seagate-dataage-whitepaper.pdf
- eMarketer via Bond Internet Trends. (2019). Daily Hours Spent with Digital Media per Adult User, USA. Bond Internet Trends. Retrieved September 11, 2020, from https://www.bondcap.com/report/itr19/#view/41
- Nielsen. (2020, August 13). The Nielsen Total Audience Report: August 2020. Nielsen. Retrieved September 11, 2020, from https://www.nielsen.com/us/en/insights/report/2020/the-nielsen-total-audience-report-august-2020/
- U.S. Bureau of Labor Statistics. (2020). Reading for Personal Interest: Average Hours Spent Reading per Day, U.S. Adults. U.S. Bureau of Labor Statistics. Retrieved September 11, 2020, from https://www.bls.gov/
- Watson, A. via Statista. (2019, December 9). Number of Podcast Listeners in the U.S. 2014–2023. Statista. Retrieved September 11, 2020, from https://www.statista.com/statistics/786826/podcast-listeners-in-the-us/
- StreamHatchet. (2020). COVID-19 Impact on Streaming Audiences. StreamHatchet. Retrieved September 11, 2020, from https://docs.google.com/presentation/d/1IjqIT3R4tmTgqBzyO_Kt6EaIsISD30EkKAuAihmRrJ4/present?slide=id.p

판독하기 → Clinton, D. via Loup Ventures. (2018, June 12). Defining the Future of Human Information Consumption. Loup Ventures. Retrieved September 11, 2020, from https://loupventures.com/defining-the-future-of-human-information-consumption/

파급효과 → Reinsel, D. et al. via IDC. (2018, November). The Digitization of the World from Edge to Core. International Data Corporation (IDC). Retrieved September 8, 2020, from https://www.seagate.com/files/www-content/our-story/trends/files/idc-seagate-dataage-whitepaper.pdf
- Wojcik, S. via Pew Research Center. (2018, April 9). 5 things to know about bots on Twitter. Pew Research Center. Retrieved September 11, 2020, from https://www.pewresearch.org/fact-tank/2018/04/09/5-things-to-know-about-bots-on-twitter/

SIGNAL 10
데이터의 시대

시작 → Amazon. (n.d.). The Beginners Guide to Selling on Amazon. Amazon.com, Inc.. Retrieved September 9, 2020, from https://sell.amazon.com/beginners-guide.html
- Apple. (2020, January 28). Apple Reports First Quarter Results. Apple Inc. Retrieved September 9, 2020, from https://www.apple.com/newsroom/2020/01/apple-reports-record-first-quarter-results/

- Brandom, R. (2019, May 7). There Are Now 2.5 Billion Active Android Devices. The Verge. Retrieved September 12, 2020, from https://www.theverge.com/2019/5/7/18528297/google-io-2019-android-devices-play-store-total-number-statistic-keynote
- Clement, J. via Statista. (2020, August 10). Number of Monthly Active Facebook Users Worldwide as of 2nd Quarter 2020. Statista. Retrieved September 9, 2020, from https://www.statista.com/statistics/264810/number-of-monthly-active-facebook-users-worldwide/
- *The Economist*. (2019, September 12). Drastic Falls in Cost Are Powering Another Computer Revolution. *The Economist*. Retrieved July 2, 2021, from https://www.economist.com/technology-quarterly/2019/09/12/drastic-falls-in-cost-are-powering-another-computer-revolution
- IBM. (2018, September 6). Hu-manity.co Collaborates with IBM Blockchain on Consumer App to Manage Personal Data Property Rights. IBM Inc. Retrieved September 9, 2020, from https://newsroom.ibm.com/2018-09-06-Hu-manity-co-Collaborates-with-IBM-Blockchain-on-Consumer-App-to-Manage-Personal-Data-Property-Rights
- Elumalai, A. and Roberts, R. via McKinsey. (2019, August 26). Unlocking Business Acceleration in a Hybrid Cloud World. McKinsey Digital. Retrieved September 9, 2020, from https://www.mckinsey.com/business-functions/mckinsey-digital/our-insights/unlocking-business-acceleration-in-a-hybrid-cloud-world

시그널

- Macrotrends. (2005–2019). Stock Comparisons: Revenue. Macrotrends. Retrieved September 9, 2020, from https://www.macrotrends.net/stocks/stock-comparison?s=revenue&axis=single&comp=AMZN:GOOGL:AAPL:FB:MSFT
- Clement, J. via Statista. (2020, August 10). Number of Monthly Active Facebook Users Worldwide as of 2nd Quarter 2020. Statista. Retrieved September 9, 2020, from https://www.statista.com/statistics/264810/number-of-monthly-active-facebook-users-worldwide/
- Valens Research. (2020, August 6). Do You Want Your Brand to Reach a Wider Audience? Use This Email Platform That Has 1.8 Billion Users. Valens Research. Retrieved September 10, 2020, from https://www.valens-research.com/dynamic-marketing-communique/do-you-want-your-brand-to-reach-a-wider-audience-use-this-email-platform-that-has-1-8-billion-users-every-thursday-fyo/
- Amazon. The Beginners Guide to Selling on Amazon. Amazon. Retrieved September 9, 2020, from https://sell.amazon.com/beginners-guide.html
- Apple. (2020, January). Apple Reports First Quarter Results. Apple. Retrieved September 9, 2020, from https://www.apple.com/newsroom/2020/01/apple-reports-record-first-quarter-results/
- CB Insights. (2019, September 17). The Race for AI: Here Are the Tech Giants Rushing to Snap Up Artificial Intelligence Startups. CB Insights. Retrieved September 9, 2020, from https://www.cbinsights.com/research/top-acquirers-ai-startups-ma-timeline/

판독하기

- Vigderman, A. and Turner, G. (2020, July). The Data Big Tech Companies Have on You. Security.org. Retrieved September 9, 2020, from https://www.security.org/resources/data-tech-companies-have/
- Digital Information World. (2020, August 12). The Information Major Tech Companies Collect from Their Users. Digital Information World. Retrieved September 9, 2020, from https://www.mckinsey.com/business-functions/mckinsey-digital/our-insights/unlocking-business-acceleration-in-a-hybrid-cloud-world
- Elumalai, A. and Roberts, R. via McKinsey. (2019, August 26). Unlocking Business Acceleration in a Hybrid Cloud World. McKinsey Digital. Retrieved September 9, 2020, from https://www.mckinsey.com/business-functions/mckinsey-digital/our-insights/unlocking-business-acceleration-in-a-hybrid-cloud-world
- Amazon. (2020, January 31). 10-K 2019. https://ir.aboutamazon.com/sec-filings/default.aspx
- Apple. (2019, October 31). 10-K 2019. https://investor.apple.com/sec-filings/sec-filings-details/default.aspx?FilingId=13709514
- Alphabet. (2020, February 4). 10-K 2019. https://abc.xyz/investor/static/pdf/20200204_alphabet_10K.pdf?cache=cdd6dbf
- Microsoft. (2020, July 31). 10-K 2019. https://microsoft.gcs-web.com/static-files/4e7064ed-bbf7-4140-a8cb-79aba77421b9
- Facebook. (2020, January 30). 10-K 2019. http://d18rn0p25nwr6d.cloudfront.net/CIK-0001326801/45290cc0-656d-4a88-a2f3-147c8de86506.pdf
- IDC. (2019, September 4). Worldwide Spending on Artificial Intelligence Systems Will Be Nearly $98 Billion in 2023, According to New IDC Spending Guide. International Data Corporation. Retrieved September 9, 2020, from https://www.idc.com/getdoc.jsp?containerId=prUS45481219#:~:text=According%20to%20the%20recently%20updated,will%20be%20spent%20in%202019
- IDC. (2020, August 25). Worldwide Spending on Artificial Intelligence Is Expected to Double in Four Years, Reaching $110 Billion in 2024, According to New IDC Spending Guide. International Data Corporation. Retrieved September 9, 2020, from https://www.businesswire.com/news/home/20200825005099/en/Worldwide-Spending-Artificial-Intelligence-Expected-Double-Years

파급효과

- Grand View Research, via MarketResearch.com. (2020). Artificial Intelligence Market Size, Share & Trends Analysis Report by Solution (Hardware, Software, Services), by Technology (Deep Learning, Machine Learning), by End Use, by Region, and Segment Forecasts, 2020–2027. MarketResearch.com. Retrieved August 10, 2021, from https://www.marketresearch.com/Grand-View-Research-v4060/Artificial-Intelligence-Size-Share-Trends-13485050/
- PwC. (2017). Sizing the Prize What's the Real Value of AI for Your Business and How Can You Capitalise? PricewaterhouseCoopers. Retrieved September 7, 2020, from https://www.pwc.com/gx/en/issues/data-and-analytics/publications/artificial-intelligence-study.html

SIGNAL 11
보안의 시대

시작

- Bravo, T. (2020, January 15). Wild Wide Web. World Economic Forum. Retrieved September 8, 2020, from https://reports.weforum.org/global-risks-report-2020/wild-wide-web/

- ITU. (n.d.). Individuals Using the Internet 2005-2019*. ITU. Retrieved September 8, 2020, from https://www.itu.int/en/ITU-D/Statistics/Pages/stat/default.aspx
- Gomez, M. (2020, July 12). Dark Web Price Index 2020. Privacy Affairs. Retrieved September 8, 2020, from https://www.privacyaffairs.com/dark-web-price-index-2020/
- McGuire, M. (2018, April 20). Into the Web of Profit. Bromium.com. Retrieved September 7, 2020, from https://www.bromium.com/wp-content/uploads/2018/05/Into-the-Web-of-Profit_Bromium.pdf

시그널

- ITRC. (2021, January 28). 2020 End-of-Year Data Breach Report. Identity Theft Resource Center. Retrieved June 11, 2021, from https://notified.idtheftcenter.org/s/
- Eoyang, M. et al. (2018, October 29). To Catch a Hacker: Toward a Comprehensive Strategy to Identify, Pursue, and Punish Malicious Cyber Actors. Third Way. Retrieved September 12, 2020, from https://www.thirdway.org/report/to-catch-a-hacker-toward-a-comprehensive-strategy-to-identify-pursue-and-punish-malicious-cyber-actors
- F-secure. (2019, July 31). Cyber Threat Landscape for the Finance Sector. F-Secure. Retrieved September 12, 2020, from https://blog-assets.f-secure.com/wp-content/uploads/2019/08/01125725/f-secure-cyber-threat-landscape-finance-sector.pdf
- IBM. (2020, July 29). Cost of a Data Breach Study. IBM. Retrieved September 8, 2020, from https://www.ibm.com/security/data-breach

판독하기

- IBM. (2020, July 29). Cost of a Data Breach Study. IBM. Retrieved September 8, 2020, from https://www.ibm.com/security/data-breach
- McCandless, D. et al. (2020, May 11). World's Biggest Data Breaches & Hacks. databreaches.net, IDTheftCentre and Media Reports. Information Is Beautiful. Retrieved September 8, 2020, from https://www.informationisbeautiful.net/visualizations/worlds-biggest-data-breaches-hacks/
- VPN Mentor. (2020, June 16). Report: Data Breach in Biometric Security Platform Affecting Millions of Users. VPN Mentor. Retrieved September 12, 2020, from https://www.vpnmentor.com/blog/report-biostar2-leak/
- Whittaker, Z. (2019, September 4). A Huge Database of Facebook Users' Phone Numbers Found Online. Techcrunch. Retrieved September 12, 2020, from https://techcrunch.com/2019/09/04/facebook-phone-numbers-exposed/?guccounter=1
- Sandler, R. (2019, July 29). Capital One Says Hacker Breached Accounts of 100 Million People; Ex-Amazon Employee Arrested. *Forbes*. Retrieved September 12, 2020, from https://www.forbes.com/sites/rachelsandler/2019/07/29/capital-one-says-hacker-breached-accounts-of-100-million-people-ex-amazon-employee-arrested/#27002a9541d2

파급효과

- CBInsights. (2019, July 30). Cybersecurity Trends. CBInsights. Retrieved September 7, 2020, from https://www.cbinsights.com/reports/CB-Insights_Cybersecurity-Trends.pdf
- Deloitte. (2019, March 4). The Future of Cyber Survey 2019. Deloitte & Touche LLP. Retrieved September 7, 2020, from https://www2.deloitte.com/content/dam/Deloitte/us/Documents/finance/us-the-future-of-cyber-survey.pdf
- Australian Cyber Security Growth Network. (2019, December 19). Australia's Cyber Security Sector Competitiveness Plan 2019. Australian Cyber Security Growth Network. Retrieved September 7, 2020, from https://www.austcyber.com/resources/sector-competitiveness-plan/chapter1

SIGNAL 12

기술의 진화 속도

시작
- Laws, D. (2018, April 02). 13 Sextillion & Counting: The Long & Winding Road to the Most Frequently Manufactured Human Artifact in History. Computer History Museum. Retrieved September 8, 2020, from https://computerhistory.org/blog/13-sextillion-counting-the-long-winding-road-to-the-most-frequently-manufactured-human-artifact-in-history/
- Reinsel, D. et al. via IDC. (2018, November). The Digitization of the World from Edge to Core. International Data Corporation (IDC). Retrieved September 8, 2020, from https://www.seagate.com/files/www-content/our-story/trends/files/idc-seagate-dataage-whitepaper.pdf
- International Telecommunication Union. (2019). Measuring Digital Development - Facts and Figures 2019. International Telecommunication Union. Retrieved September 8, 2020, from https://www.itu.int/en/ITU-D/Statistics/Documents/facts/FactsFigures2019.pdf
- Schrittweiser, J. et al. (2019, November 19). Mastering Atari, Go, Chess, and Shogi by Planning with a Learned Model. DeepMind. Retrieved September 8, 2020, from https://deepmind.com/research/publications/Mastering-Atari-Go-Chess-and-Shogi-by-Planning-with-a-Learned-Model
- Wetterstrand, K. A. (2020, August 25). DNA Sequencing Costs: Data from the NHGRI Genome Sequencing Program (GSP). National Human Genome Research Institute. Retrieved September 8, 2020, from https://www.genome.gov/about-genomics/fact-sheets/DNA-Sequencing-Costs-Data

시그널
- Jurveston, S. (2016, December 10). Moore's Law over 120 Years. Flickr. Retrieved September 8, 2020, from https://www.flickr.com/photos/jurvetson/31409423572/
- Kurzweil, R. (2005, September 22). The Singularity Is Near. Page 67. Viking Press. Retrieved September 8, 2020, from http://www.singularity.com/charts/page67.html
- Experts Exchange. (2015) via Routley, N. (2017, November 4). Visualizing the Trillion-Fold Increase in Computing Power. Visual Capitalist. Retrieved September 8, 2020, from https://www.visualcapitalist.com/visualizing-trillion-fold-increase-computing-power/
- Ritchie, H. (2017). Technology Adoption. Our World in Data. Retrieved September 8, 2020, from https://ourworldindata.org/technology-adoption

판독하기
- Top500. (2020, June). Performance Development. Top500. Retrieved September 8, 2020, from https://www.top500.org/statistics/perfdevel/
- Cisco. (2020, March 9). Cisco Annual Internet Report (2018–2023) White Paper. Retrieved September 8, 2020, from https://www.cisco.com/c/en/us/solutions/collateral/executive-perspectives/annual-internet-report/white-paper-c11-741490.html
- Reinsel, D. (2018, November). The Digitization of the World from Edge to Core. International Data Corporation (IDC). Retrieved September 8, 2020, from https://www.seagate.com/files/www-content/our-story/trends/files/idc-seagate-dataage-whitepaper.pdf
- Taylor, B. (2018, April 10). 200 Years of the United States Stock Market in One Graph. Global Financial Data. Retrieved September 8, 2020, from http://www.globalfinancialdata.com/200-years-of-the-united-states-stock-market-in-one-graph/
- Unesco Institute for Statistics. (2020). How Much Does Your Country Invest in R&D? Unesco Institute for Statistics. Retrieved September 9, 2020, from http://uis.unesco.org/apps/visualisations/research-and-development-spending/
- Renaissance Capital. (2020, January 5). US IPO Market: 2020 Annual Review. Renaissance Capital. Retrieved June 1, 2021, from https://www.renaissancecapital.com/review/2020USReview_Public.pdf
- Behrmann, E. and Wilkes, W. (2021, May 6). BMW CEO Sees Semiconductor Investment Wave Easing Supply Crunch. BNN Bloomberg. Retrieved June 1, 2021, from https://www.bnnbloomberg.ca/bmw-ceo-sees-semiconductor-investment-wave-easing-supply-crunch-1.1600235

파급효과
- World Economic Forum. (2016). The Global Risks Report 2016: 11th Edition. World Economic Forum. Retrieved September 9, 2020, from http://www3.weforum.org/docs/GRR/WEF_GRR16.pdf
- Renaissance Capital. (2019, December 23). US IPO Market: 2019 Annual Review. Renaissance Capital. Retrieved September 9, 2020, from https://www.renaissancecapital.com/review/2019_US_IPO_Review_Press.pdf
- International Data Corporation (IDC). (2020). IDC - Global ICT Spending: Forecast 2020–2023. International Data Corporation (IDC). Retrieved September 9, 2020, from https://www.idc.com/promo/global-ict-spending/forecast
- Coppola, G. et al. (2021, May 5). Chip Shortage Forces Carmakers to Leave Out Some High-End Features. Bloomberg. Retrieved July 2, 2021, from https://www.bloomberg.com/news/articles/2021-05-06/chip-shortage-forces-carmakers-to-strip-out-high-tech-features

SIGNAL 13
5G 혁명

시작
- Fortune Business Insights. (2019, July). 5G Infrastructure Market Size, Share and Industry Analysis by Component (Fibers, Cables, Antenna, Transceiver, Wireless Backhaul, Modem, Router), by Communication Infrastructure (Small Cell, Macro Cell, Radio Access Network (RAN), Distributed Antenna System (DAS)), and Regional Forecast 2019–2026. Fortune Business Insights. Retrieved September 10, 2020, from https://www.fortunebusinessinsights.com/industry-reports/5g -infrastructure-market-100869
- Gartner. (2019, October 17). Gartner Predicts Outdoor Surveillance Cameras Will Be Largest Market for 5G Internet of Things Solutions over Next Three Years. Gartner, Inc. Retrieved September 10, 2020, from https://www.gartner.com/en/newsroom/press-releases/2019-10-17-gartner-predicts-outdoor-surveillance-cameras-will-be
- Statcounter. (2020). Desktop vs Mobile vs Tablet Market Share Worldwide. Statcounter GlobalStats. Retrieved September 10, 2020, from https://gs.statcounter.com /platform-market-share/desktop-mobile-tablet
- 3GPP. (2020). 3GPP: A Global Initiative. Retrieved September 10, 2020, from https://www.3gpp.org/

시그널
- McKinsey & Company. (2020, January). The 5G Era. McKinsey & Company. Retrieved September 10, 2020, from https://www.mckinsey.com/~/media/mckinsey /industries/advanced%20eletrics/our%20isights/the%205g%20era%20new%20horizons%20for%20advanced%20electronics%20and%20industrial%20companies/the-5g-era -new-horizons-for-advanced-electronics-and-industrial-companies.ashx
- GSMA. (2020). 5G Global Launches & Statistics. GSM Association. Retrieved September 10, 2020, from https://www.gsma.com/futurenetworks/ip_services /understanding-5g/5g-innovation/
- World Economic Forum & PWC. (2020, January). The Impact of 5G: Creating New Value across Industries and Society. World Economic Forum. Retrieved September 10, 2020, from http://www3.weforum.org/docs/WEF_The_Impact_of_5G_Report.pdf

판독하기
- IHS Markit. (2019, November). The 5G Economy: How 5G Will Contribute to the Global Economy. IHS Markit. Retrieved September 10, 2020, from https://www.qualcomm.com/media/documents/files/ihs-5g-economic-impact-study-2019.pdf
- McKinsey & Company. (2020, January). The 5G Era. McKinsey & Company. Retrieved September 10, 2020, from https://www.mckinsey.com/~/media/mckinsey /industries/advanced%20electronics/our%20insights/the%205g%20era%20new%20horizons%20for%20advanced%20electronics%20and%20industrial%20 companies/the-5g-era-new-horizons-for-advanced-electronics-and-industrial-companies.ashx

파급효과
- Kennedy, S. via Center for Strategic & International Studies. (2020, July 27). Washington's China Policy Has Lost Its Wei. Center for Strategic & International Studies. Retrieved September 10, 2020, from https://www.csis.org/analysis/washingtons-china-policy-has-lost-its-wei
- Business Performance Innovation Network. (2019, May). Opportunities and Challenges in a 5G Connected Economy. BPI Network. Retrieved September 10, 2020, from https://futurecio.tech/wp-content/uploads/2019/09/2019Report_SecuringFutureSmartWorld.pdf
- GSMA. (2020). 5G Global Launches & Statistics. GSM Association. Retrieved September 10, 2020, from https://www.gsma.com/futurenetworks/ip_services /understanding-5g/5g-innovation/

SIGNAL 14
우주 개발

시작
- Euroconsult. (2019). Satellites to Be Built and Launched by 2028. Euroconsult. Retrieved September 9, 2020, from https://www.euroconsult-ec.com/research/WS319 _free_extract_2019.pdf
- Union of Concerned Scientists. (2005, December 8; Updated 2020, April 1). UCS Satellite Database. Union of Concerned Scientists. Retrieved September 9, 2020, from https://www.ucsusa.org/resources/satellite-database
- Markets and Markets. (2020, August 12). Small Satellite Market Worth $7.1 Billion by 2025. Markets and Markets. Retrieved September 9, 2020, from https://www .marketsandmarkets.com/Market-Reports/small-satellite-market-150947396.html
- Mosher, D. (2018, December 15). Elon Musk Beat a World Record for Rocket Launches in 2018. Here's Every History-Making SpaceX Mission of the Year. Business Insider. Retrieved September 9, 2020, from https://www.businessinsider.com/spacex-falcon-9-commercial-rocket-record-most-launches-2018-12

시그널
- Euroconsult. (2019). Satellites to Be Built and Launched by 2028. Euroconsult. Retrieved September 9, 2020, from https://www.euroconsult-ec.com/research/WS319 _free_extract_2019.pdf
- Union of Concerned Scientists. (2005, December 8; Updated 2020, April 1). UCS Satellite Database. Union of Concerned Scientists. Retrieved September 9, 2020, from https://www.ucsusa.org/resources/satellite-database

판독하기
- Johnson-Freese, J. (2018, December 19). China Launched More Rockets into Orbit in 2018 Than Any Other Country. *MIT Technology Review*. Retrieved September 9, 2020, from https://www.technologyreview.com/2018/12/19/66274/china-launched-more-rockets-into-orbit-in-2018-than-any-other-country/

- Euroconsult. (2019). Satellites to Be Built and Launched by 2028. Euroconsult. Retrieved September 9, 2020, from https://www.euroconsult-ec.com/research/WS319_free_extract_2019.pdf
- Union of Concerned Scientists. (2005, December 8; Updated 2020, April 1). UCS Satellite Database. Union of Concerned Scientists. Retrieved September 9, 2020, from https://www.ucsusa.org/resources/satellite-database

파급효과

- Euroconsult. (2019). Satellites to Be Built and Launched by 2028. Euroconsult. Retrieved September 9, 2020, from https://www.euroconsult-ec.com/research/WS319_free_extract_2019.pdf
- Grijpink, F. et al. (2020, February). Connected World: An Evolution in Connectivity Beyond the 5G Revolution. McKinsey Global Institute. Retrieved September 9, 2020, from https://www.mckinsey.com/~/media/mckinsey/industries/technology%20media%20and%20telecommunications/telecommunications/our%20insights/connected%20world%20an%20evolution%20in%20connectivity%20beyond%20the%205g%20revolution/mgi_connected-world_discussion-paper_february-2020.pdf
- Federal Aviation Association, via Bloomberg. (2018). The New Rockets Racing to Make Space Affordable. Bloomberg. Retrieved September 12, 2020, from https://www.bloomberg.com/graphics/2018-rocket-cost/

SIGNAL 15
유전자의 미래

시작

- Zimmer, C. (2015, February 6). Breakthrough DNA Editor Born of Bacteria. *Quanta Magazine*. Retrieved September 9, 2020, from https://www.quantamagazine.org/crispr-natural-history-in-bacteria-20150206/
- Lewis, T. (2013, April 14). Human Genome Project Marks 10th Anniversary. Live Science. Retrieved September 9, 2020, from https://www.livescience.com/28708-human-genome-project-anniversary.html
- Weintraub, K. (2016, July 5). 20 Years after Dolly the Sheep Led the Way—Where Is Cloning Now? *Scientific American*. Retrieved September 9, 2020, from https://www.scientificamerican.com/article/20-years-after-dolly-the-sheep-led-the-way-where-is-cloning-now/

시그널

- Wetterstrand, K. A. (2020, August 25). DNA Sequencing Costs: Data from the NHGRI Genome Sequencing Program (GSP). National Human Genome Research Institute. Retrieved September 9, 2020, from https://www.genome.gov/about-genomics/fact-sheets/DNA-Sequencing-Costs-Data
- *The Economist*. (2015, August 22). Genome Editing: The Age of the Red Pen. The Economist Group Limited. Retrieved September 9, 2020, from https://www.economist.com/briefing/2015/08/22/the-age-of-the-red-pen
- Hsu, P. et al. (2014, June 5). Development and Applications of CRISPR-Cas9 for Genome Engineering. *Cell*, 157(6). Pages 1262-1278. Retrieved September 9, 2020, from https://www.sciencedirect.com/science/article/pii/S0092867414006047

판독하기

- Bergan, B. (2017, August 07). 11 incredible Things CRISPR Has Helped Us Achieve in 2017. Futurism. Retrieved September 9, 2020, from https://futurism.com/neoscope/11-incredible-things-crispr-has-helped-us-achieve-in-2017
- Plumer B., et al. (2018, December 27). A Simple Guide to CRISPR, One of the Biggest Science Stories of the Decade. Vox. Retrieved September 9, 2020, from https://www.vox.com/2018/7/23/17594864/crispr-cas9-gene-editing
- Veerasamy, K. (2018, November 21). CRISPR: Discovery and Potential Applications. Xeraya Capital. Retrieved September 9, 2020, from https://www.slideshare.net/kumaraguruveerasamy/crispr-discovery-potential-applications-123587963
- Schwartz, M. (2018). Target, Delete, Repair: CRISPR Is a Revolutionary Gene-Editing Tool, but It's Not without Risk. Stanford Medicine. Retrieved September 9, 2020, from https://stanmed.stanford.edu/2018winter/CRISPR-for-gene-editing-is-revolutionary-but-it-comes-with-risks.html
- Cohen, J. (2019, August 1). Did CRISPR Help—or Harm—the First-Ever Gene-Edited Babies? Science. Retrieved September 9, 2020, from https://www.sciencemag.org/news/2019/08/did-crispr-help-or-harm-first-ever-gene-edited-babies
- Brodwin, E. (2020, April 16). Scientists Tap CRISPR's Search-and-Detect Skills to Create a Rapid COVID-19 Test. STAT. Retrieved September 9, 2020, from https://www.statnews.com/2020/04/16/coronavirus-test-crispr-mammoth-biosciences/
- Zsögön, A. et al. (2018, October 1). De Novo Domestication of Wild Tomato Using Genome Editing. Nature Biotechnology. Retrieved September 9, 2020, from https://www.nature.com/articles/nbt.4272

파급효과

- iPlytics. (2019, February 8). Recent Patent Trends in CRISPR. iPlytics. Retrieved September 9, 2020, from https://www.iplytics.com/report/recent-patent-trends-crispr
- Plumer B., et al. (2018, December 27). A Simple Guide to CRISPR, One of the Biggest Science Stories of the Decade. Vox. Retrieved September 9, 2020, from https://www.vox.com/2018/7/23/17594864/crispr-cas9-gene-editing
- Scheufele, D. et al. (2017, August 11). U.S. Attitudes on Human Genome Editing. *Science*. Retrieved September 9, 2020, from https://science.sciencemag.org/content/357/6351/553
- AP-NORC Center. (2018). Human Genetic Engineering: December 2018 Poll. The Associated Press and NORC. Retrieved September 12, 2020, from https://apnorc.org/projects/human-genetic-engineering/

SIGNAL 16
빛의 세계

시작
- OECD. (2020b). Household Debt (indicator). OECD. Retrieved September 7, 2020, from https://data.oecd.org/hha/household-debt.htm
- Banerjee, R. and Hofmann, B. (2018). The Rise of Zombie Firms: Causes and Consequences. *BIS Quarterly Review*. Retrieved September 9, 2020, from https://www.bis.org/publ/qtrpdf/r_qt1809g.pdf
- OECD. (2020a). General Government Debt (indicator). OECD. Retrieved September 7, 2020, from https://data.oecd.org/gga/general-government-debt.htm

시그널
- Tiftik, E. et al. (2020, January 13). Global Debt Monitor - Sustainability Matters. Institute of International Finance. Retrieved September 7, 2020, from https://www.iif.com/Portals/0/Files/content/Global Debt Monitor_January2020_vf.pdf
- Tiftik, E. and Mahmood, K. (2020, April 6). Global Debt Monitor COVID-19 Lights a Fuse. International Institute of Finance. Retrieved September 7, 2020, from https://www.iif.com/Portals/0/Files/content/Research/Global Debt Monitor_April2020.pdf
- The Economist Intelligence Unit. (2012, September 3). The Global Debt Clock. *The Economist*. Retrieved September 7, 2020, from https://www.economist.com/content/global_debt_clock

판독하기
- Gaspar, V., Lam, W., and Raissi, M. (2020, April 15). Fiscal Policies to Contain the Damage from COVID-19. IMFBlog. Retrieved September 7, 2020, from https://blogs.imf.org/2020/04/15/fiscal-policies-to-contain-the-damage-from-covid-19/
- Peter G. Peterson Foundation. (2020). Key Drivers of the National Debt. PGPF. Retrieved September 7, 2020, from https://www.pgpf.org/the-fiscal-and-economic-challenge/drivers
- International Monetary Fund, via Federal Reserve. (2020). Total Debt to Equity for United States [TOTDTEUSQ163N], Retrieved August 10, 2020, from https://fred.stlouisfed.org/series/TOTDTEUSQ163N
- International Monetary Fund. (2020, April). Global Financial Stability Report: Markets in the Time of COVID-19. International Monetary Fund. Retrieved September 7, 2020, from https://www.imf.org/en/Publications/GFSR/Issues/2020/04/14/global-financial-stability-report-april-2020

파급효과
- Tiftik, E., and Guardia, P. D. (2020, March 26). IIF Weekly Insight COVID-19 Exacerbates Household Debt Burdens. Institute of International Finance. Retrieved September 7, 2020, from https://www.iif.com/Portals/0/Files/content/200326Weekly Insight_vf.pdf
- Stolba, S. L. (2020, March 9). Debt Reaches New Highs in 2019, but Credit Scores Stay Strong. Experian. Retrieved September 7, 2020, from https://www.experian.com/blogs/ask-experian/research/consumer-debt-study/
- Tiftik, E. and Mahmood, K. (2020, April 6). Global Debt Monitor COVID-19 Lights a Fuse. International Institute of Finance. Retrieved September 7, 2020, from https://www.iif.com/Portals/0/Files/content/Research/Global Debt Monitor_April2020.pdf

SIGNAL 17
낮은 금리와 채권

시작
- Roser, M. (2016). War and Peace. Our World in Data. Retrieved September 10, 2020, from https://ourworldindata.org/war-and-peace
- Benigno, G. and Fornaro, L. (2019, April 1). The Keynesian Growth Approach to Macroeconomic Policy and Productivity. Liberty Street Economics, Federal Reserve Bank of New York. Retrieved September 10, 2020, from https://libertystreeteconomics.newyorkfed.org/2019/04/the-keynesian-growth-approach-to-macroeconomic-policy-and-productivity.html

시그널

- Schmelzing, P. (2018, May 24). The 'Suprasecular' Stagnation. VoxEU. Retrieved September 10, 2020, from https://voxeu.org/article/suprasecular-stagnation
- Schmelzing, P. (2020, January). Eight Centuries of Global Real Interest Rates, R-G, and the 'Suprasecular' Decline, 1311–2018. Bank of England. Retrieved September 7, 2020, from https://www.bankofengland.co.uk/-/media/boe/files/working-paper/2020/eight-centuries-of-global-real-interest-rates-r-g-and-the-suprasecular-decline-1311-2018.pdf
- Schmelzing, P. (2020, January 3). Eight Centuries of Global Real Interest Rates, R-G, and the 'Suprasecular' Decline, 1311–2018.
- Goldman Sachs Investment Research via Isabelnet. (2019, May 15). More than 200 Years of US Interest Rates in One Chart. Retrieved September 8, 2020, from https://www.isabelnet.com/more-than-200-years-of-us-interest-rates-in-one-chart/
- International Monetary Fund via World Bank. Real Interest Rate (%) - United States. [online chart tool] (n.d.). World Bank Group. Retrieved September 8, 2020, from https://data.worldbank.org/indicator/FR.INR.RINR?locations=US

판독하기

- OECD. (2021). Short term interest rates (indicator). OECD. Retrieved June 14, 2021, from https://data.oecd.org/interest/short-term-interest-rates.htm
- Freddie Mac. (2020, September 03). Mortgage Rates. Retrieved September 8, 2020, from http://www.freddiemac.com/pmms/
- Schmelzing, P. (2020, January 3). Eight Centuries of Global Real Interest Rates, R-G, and the 'Suprasecular' Decline, 1311–2018.
- Mee, K. (2019, September 04). Six Reasons Why It Can Make Sense to Buy a Bond with a Negative Yield. Schroders. Retrieved September 8, 2020, from https://www.schroders.com/en/uk/adviser/insights/markets/six-reasons-why-it-can-make-sense-to-buy-a-bond-with-a-negative-yield/

파급효과

- Neely, C. J. (2020, February 28). Negative U.S. Interest Rates? Federal Reserve Bank of St. Louis. Retrieved September 8, 2020, from https://research.stlouisfed.org/publications/economic-synopses/2020/02/28/negative-u-s-interest-rates
- International Monetary Fund via World Bank. Deposit Interest Rate (%) [online chart tool]. (n.d.). World Bank Group. Retrieved September 8, 2020, from https://data.worldbank.org/indicator/FR.INR.DPST?end=2019
- Mercer. (2019, July 2). European Asset Allocation Survey 2019. Mercer. Retrieved September 7, 2020, from https://www.mercer.com/content/dam/mercer/attachments/private/ie-2019-mercer-european-asset-allocation-survey-2019-final.pdf

SIGNAL 18
무기력한 중앙은행

시작

- World Bank Group. (2019). Population growth (annual %). Retrieved September 7, 2020, from https://data.worldbank.org/indicator/SP.POP.GROW?end=2019
- Rabouin, D. (2020, June 15). "Zombie" Companies May Soon Represent 20% of U.S. Firms. DB Global Research via Axios Visuals. Retrieved September 7, 2020, from https://www.axios.com/zombie-companies-us-e2c8be18-6786-484e-8fbe-4b56cf3800ac.html
- Federal Reserve Bank of St. Louis. (2019). FRED Economic Data. Retrieved September 7, 2020, from https://fred.stlouisfed.org/

시그널

- Ovaska, M. (2020). Central Bank Balance Sheets. Reuters Graphics. Retrieved September 7, 2020, from https://graphics.reuters.com/GLOBAL-CENTRALBANKS/010041ZQ4B7/index.html
- Bank for International Settlements. (2020). Central Bank Policy Rates. Retrieved September 7, 2020, from https://www.bis.org/statistics/cbpol.htm
- Central Bank News. (2020). Inflation Targets. Central Bank News. Retrieved September 7, 2020, from http://www.centralbanknews.info/p/inflation-targets.html
- Federal Reserve Bank of Dallas. (2020). Trimmed Mean PCE Inflation Rate. Federal Reserve Bank of St. Louis. Retrieved September 10, 2020, from https://fred.stlouisfed.org/graph/?g=1ED0

판독하기

- World Bank, via Macrotrends. (2020). Japan Inflation Rate 1960–2020. Macrotrends. Retrieved September 7, 2020, from https://www.macrotrends.net/countries/JPN/japan/inflation-rate-cpi
- Japan Macro Advisors. (2020, August 4). Bank of Japan Balance Sheet. Japan Macro Advisors. Retrieved September 7, 2020, from https://www.japanmacroadvisors.com/page/category/bank-of-japan/boj-balance-sheet/
- Statista Research Department. (2020, June 8). Average Annual Real Wages in Japan from 2000 to 2018. Statista. Retrieved September 7, 2020, from https://www.statista.com/statistics/612513/average-annual-real-wages-japan/
- Federal Reserve Bank of St. Louis. (2019). FRED Economic Data. Retrieved September 7, 2020, from https://fred.stlouisfed.org/
- Yahoo Finance - Stock Market Live, Quotes, Business & Finance News. (2020). Retrieved September 7, 2020, from https://ca.finance.yahoo.com/

파급효과

- Bank of America Research Investment Committee and Haver Analytics, via Zerohedge. (2020). Bank of America Research Investment Committee. Retrieved September 7, 2020, from https://www.zerohedge.com/markets/here-stunning-chart-blows-all-modern-central-banking
- Deutsche Bank, via Zerohedge. (2020). Bank of Japan Owns Almost 80% of All ETFs Domiciled in Japan. Deutsche Bank Global Research. Retrieved September 7, 2020, from https://www.zerohedge.com/s3/files/inline-images/BOJ%20owns%2080%25%20of%20ETFs.jpg?itok=-TPsSn4V
- CNBC. (2020). JP10Y-JP: Japan 10 Year Treasury - Stock Price, Quote and News. CNBC. Retrieved September 7, 2020, from https://www.cnbc.com/quotes/?symbol=JP10Y-JP

SIGNAL 19
10년 후, 주식시장

시작
- Kepios, We Are Social, and Hootsuite. (2020). Digital 2020 Global Overview Report. We Are Social and Hootsuite. Retrieved September 9, 2020, from https://wearesocial.com/digital-2020
- CB Insights. (2019, November 6). The Top 20 Reasons Startups Fail. CB Insights. Retrieved September 9, 2020, from https://www.cbinsights.com/research/startup-failure-reasons-top/
- Greenwich Associates. (2019). Investing in the Digital Age: Media's Role in the Institutional Investor Engagement Journey. Greenwich Associates [research commissioned by LinkedIn]. Retrieved September 9, 2020, from https://business.linkedin.com/content/dam/me/business/en-us/marketing-solutions/cx/2019/pdfs/investing-in-the-digital-age-research-by-greenwich-associates-2019.pdf

시그널
- Hulbert, M. (2020, May 30). Why the Stock Market Right Now Is Stronger Than Even The Most Bullish Investors Believe. MarketWatch. Retrieved June 11, 2021, from https://www.marketwatch.com/story/why-the-stock-market-right-now-is-stronger-than-even-the-most-bullish-investors-believe-2020-05-29
- BMO Global Asset Management. (2020). FAAMG Stocks Contribution to S&P 500® Return. BMO Global Asset Management. Retrieved June 11, 2021, from https://www.bmogam.com/us-en/advisors/market-charts/faamg-stocks-contribution-to-sp-500-return/
- Sources for the Chart "Market Capitalization of Top 5 Firms as % of Total Market Capitalization":
- Euronext. (2020). Euronext Brussels. Euronext. Retrieved September 12, 2020, from https://www.euronext.com/en/markets/brussels
- Bolsa de Madrid. (2020). IBEX35. Bolsas y Mercados Españoles. Retrieved September 12, 2020, from https://www.bolsamadrid.es/docs/SBolsas/InformesSB/FS-Ibex35_ING.pdf
- Hang Send Indexes. (2020). Hang Seng Index. Hang Seng Indexes. Retrieved September 12, 2020, from https://www.hsi.com.hk/static/uploads/contents/en/dl_centre/factsheets/hsie.pdf
- NSE India. (2020). Nifty 50 Index. NSE India. Retrieved September 12, 2020, from https://www.nseindia.com/products-services/indices-nifty50-index
- MSCI. (2020). MSCI Australia Index. MSCI. Retrieved September 12, 2020, from https://www.msci.com/documents/10199/ec1e0308-fb1a-42b7-baa3-756cab1a9de1
- MSCI. (2020). MSCI France Index. MSCI. Retrieved September 12, 2020, from https://www.msci.com/documents/10199/a4197489-9d3d-4f46-8c87-c7ec1685c2fe
- MSCI. (2020). MSCI Canada Index. MSCI. Retrieved September 12, 2020, from https://www.msci.com/documents/10199/641d0cad-f861-4cb0-b9c5-7d37f0d33f55
- MSCI. (2020). MSCI China All Shares Index. MSCI. Retrieved September 12, 2020, from https://www.msci.com/msci-china-all-shares
- Nikkei Indexes. (2020). Nikkei 225 Index. Nikei Indexes. Retrieved September 12, 2020, from https://indexes.nikkei.co.jp/en/nkave/index/profile?idx=nk225
- FTSE Russell. (2020). FTSE 100. FTSE Russell. Retrieved September 12, 2020, from https://www.ftserussell.com/analytics/factsheets/home/constituentsweights
- S&P 500 via Slickcharts. (2020). S&P 500 Companies by Weight. Slickcharts. Retrieved September 12, 2020, from https://www.slickcharts.com/sp500
- MSCI. (2020). MSCI ACWI. MSCI. Retrieved September 12, 2020.

판독하기
- Carlson, B. (2017, July 20). The Biggest Stocks. A Wealth of Common Sense. Retrieved September 9, 2020, from https://awealthofcommonsense.com/2017/07/the-biggest-stocks/
- S&P 500 via Slickcharts. (2020). S&P 500 Companies by Weight. Slickcharts. Retrieved September 9, 2020, from https://www.slickcharts.com/sp500
- S&P Global via finbox. (2020). [online chart tool]. finbox. Retrieved September 9, 2020, from https://finbox.com/NASDAQGS:AAPL/charts
- Gurdus, L. (2019, November 9). ETF Assets Rise to Record $4 Trillion and Top Industry Expert Says It's Still 'Early Days'. CNBC. Retrieved September 9, 2020, from https://www.cnbc.com/2019/11/09/etf-assets-rise-to-a-record-4-trillion-and-its-still-early-days.html
- Aviva Investors. (2018, November 30). Beware the Risks of Equity Market Concentration. Aviva Investors. Retrieved September 12, 2020, from https://www.avivainvestors.com/en-ca/views/aiq-investment-thinking/2018/11/the-risks-of-equity-market-concentration/
- McDevitt, K. and Watson, N. (2020, January 29). The Decade in Fund Flows: A Recap in 5 Charts. Morningstar Research Services LLC. Retrieved September 9, 2020, from https://www.morningstar.com/insights/2020/01/29/fund-flows-recap
- Divine, J. (2019, November 14). Has Passive Investing Become Fraught With Risk? U.S. News. Retrieved September 9, 2020, from https://money.usnews.com/investing/funds/articles/do-index-funds-etfs-quietly-pose-a-systemic-risk-michael-burry-thinks-so

파급효과
- Goldman Sachs Asset Management Connect. (2020, August 19). Concentrating on Market Concentration. Goldman Sachs. Retrieved September 9, 2020, from https://www.gsam.com/content/gsam/us/en/advisors/market-insights/gsam-connect/2020/Concentrating_on_Market_Concentration.html
- S&P Dow Jones Indices. (2020). S&P 500 Equal Weight Index. S&P Global. Retrieved September 9, 2020, from https://www.spglobal.com/spdji/en/indices/equity/sp-500-equal-weight-index/#overview
- Bae, K. et al. (2020, June 29). Why Is Stock Market Concentration Bad for the Economy? Journal of Financial Economics (JFE), Forthcoming. Retrieved September 12, 2020, from https://papers.ssrn.com/sol3/papers.cfm?abstract_id=3655312

SIGNAL 20
10년 후에도 살아남을 기업

시작 → PitchBook. (2019, August 9). 2019 Unicorn Report. PitchBook. Retrieved September 9, 2020, from https://pitchbook.com/news/reports/2019-unicorn-report
- Bain & Company. (2020). Corporate M&A Report 2020. Bain & Company. Retrieved September 9, 2020, from https://www.bain.com/insights/topics/global-corporate-ma-report/
- Anthony, S. et al. (2018, February). 2018 Corporate Longevity Forecast: Creative Destruction Is Accelerating. Innosight. Retrieved September 9, 2020, from https://www.innosight.com/insight/creative-destruction/
- Kemp, S. (2019, January 31). Digital 2019: Global Digital Overview. Datareportal. Retrieved September 9, 2020, from https://datareportal.com/reports/digital-2019-global-digital-overview

시그널 → Viguerie, S. et al. (2021). 2021 Corporate Longevity Forecast. Innosight. Retrieved June 11, 2021, from https://www.innosight.com/wp-content/uploads/2021/05/Innosight_2021-Corporate-Longevity-Forecast.pdf
- Anthony, S. et al. (2018, February). 2018 Corporate Longevity Forecast: Creative Destruction Is Accelerating. Innosight. Retrieved September 2, 2020, https://www.innosight.com/wp-content/uploads/2017/11/Innosight-Corporate-Longevity-2018.pdf
- S&P Dow Jones Indices. (2020). S&P 500. S&P Dow Jones Indices. Retrieved September 9, 2020, from https://www.spglobal.com/spdji/en/indices/equity/sp-500/#overview
- Mauboussin, M. et al. (2017, February 7). Corporate Longevity: Index Turnover and Corporate Performance. Credit Suisse. Retrieved September 9, 2020, from https://plus.credit-suisse.com/rpc4/ravDocView?docid=V6y0SB2AF-WErIce

판독하기 → PitchBook. (2021, April 13). PitchBook- NVCA Venture Monitor Q1 2021. Pitchbook. Retrieved June 11, 2021, from https://files.pitchbook.com/website/files/pdf/Q1_2021_PitchBook-NVCA_Venture_Monitor.pdf
- Mauboussin, M. et al. (2017, February 7). Corporate Longevity: Index Turnover and Corporate Performance. Credit Suisse. Retrieved September 9, 2020, from https://plus.credit-suisse.com/rpc4/ravDocView?docid=V6y0SB2AF-WErIce
- Ritchie, H. (2017). Technology Adoption. Our World in Data. Retrieved September 8, 2020, from https://ourworldindata.org/technology-adoption
- Anthony, S. (2016, July 15). Kodak's Downfall Wasn't about Technology. *Harvard Business Review.* Retrieved September 9, 2020, from https://hbr.org/2016/07/kodaks-downfall-wasnt-about-technology
- Satell, G. (2014, September 5). A Look Back at Why Blockbuster Really Failed and Why It Didn't Have To. *Forbes.* Retrieved September 9, 2020, from https://www.forbes.com/sites/gregsatell/2014/09/05/a-look-back-at-why-blockbuster-really-failed-and-why-it-didnt-have-to/#603cc3201d64
- Keyes, D. (2020, February 24). E-commerce Sales Surpassed 10% of Total Retail Sales in 2019 for the First Time. Business Insider. Retrieved September 9, 2020, from https://www.businessinsider.com/ecommerce-topped-10-percent-of-us-retail-in-2019-2020-2
- Droesch, B. (2021, February 1). How Will the Pandemic Affect US Ecommerce Sales in 2021? eMarketer. Retrieved June 14, 2021, from https://www.emarketer.com/content/how-will-pandemic-affect-us-ecommerce-sales-2021

파급효과 → Govindarajan, V. et al. (2019, March 20). R&D Spending Has Dramatically Surpassed Advertising Spending. *Harvard Business Review.* Retrieved September 9, 2020, from https://hbr.org/2019/05/rd-spending-has-dramatically-surpassed-advertising-spending
- PWC. (2020). Talent Trends 2020 - Upskilling: Building Confidence in an Uncertain World. PWC. Retrieved September 9, 2020, from https://www.pwc.com/gx/en/ceo-survey/2020/trends/pwc-talent-trends-2020.pdf
- PWC. (2019). Talent Trends 2019: Upskilling for a Digital World. PWC. Retrieved September 9, 2020, from https://www.pwc.com/gx/en/ceo-survey/2019/Theme-assets/reports/talent-trends-report.pdf
- Garelli, S. (2016). Why You Will Probably Live Longer Than Most Big Companies. IMD. Retrieved September 12, 2020, from https://www.imd.org/research-knowledge/articles/why-you-will-probably-live-longer-than-most-big-companies
- Reeves, M. (2015, December 2). Die Another Day: What Leaders Can Do about the Shrinking Life Expectancy of Corporations. BCG. Retrieved September 12, 2020, from https://www.bcg.com/publications/2015/strategy-die-another-day-what-leaders-can-do-about-the-shrinking-life-expectancy-of-corporations

SIGNAL 21
지속 가능한 투자

시작 → Hale, J. (2020, February 14). Sustainable Funds U.S. Landscape Report. Morningstar Research. Retrieved September 8, 2020, from https://www.morningstar.com/lp/sustainable-funds-landscape-report
- Global Carbon Atlas. (2018). Global CO2 Emissions. Global Carbon Atlas. Retrieved September 8, 2020, from http://www.globalcarbonatlas.org/en/CO2-emissions
- Sabin Center for Climate Change Law. (2020). Climate Change Litigation Databases. Sabin Center for Climate Change Law, Arnold & Porter. Retrieved September 8, 2020, from http://climatecasechart.com/

시그널

Deutsche Bank Research. (2019, September). Climate Change and Corporates: Past the Tipping Point with Customers and Stock Markets. Deutsche Bank Research. Retrieved September 8, 2020, from http://docs.publicnow.com/viewDoc.asp?filename=8046%5CEXT%5C3B53F66870B80187A7F1A1F8B85F2867372367F0_2F12C25AD131FC5E85DBEE3CF39A6D339B1B9C10.PDF
- Collins. S, Sullivan, K. (2020, February, 20). Advancing Environmental, Social, and Governance Investing. Deloitte & Touche LLP. Retrieved September 8, 2020, from https://www2.deloitte.com/us/en/insights/industry/financial-services/esg-investing-performance.html
- Global Sustainable Investment Alliance. (2018). 2018 Global Sustainable Investment Review. Global Sustainable Investment Alliance. Retrieved September 8, 2020, from http://www.gsi-alliance.org/wp-content/uploads/2019/06/GSIR_Review2018F.pdf

판독하기

Morgan Stanley Institute for Sustainable Investing. (2019). Sustainable Signals: Individual Investor Interest Driven by Impact, Conviction, and Choice. Morgan Stanley Institute for Sustainable Investing. Retrieved September 8, 2020, from https://www.morganstanley.com/pub/content/dam/msdotcom/infographics/sustainable-investing/Sustainable_Signals_Individual_Investor_White_Paper_Final.pdf
- Hamel, K. et al. (2018, April 30). How to Harness the Spending Power of Millennials: Move beyond the US. The Brookings Institution. Retrieved September 8, 2020, from https://www.brookings.edu/blog/future-development/2018/04/30/how-to-harness-the-spending-power-of-millennials-move-beyond-the-us/
- MSCI. (2021). MSCI ACWI ESG Leaders Index. MSCI. Retrieved June 14, 2021, from https://www.msci.com/documents/10199/9a760a3b-4dc0-4059-b33e-fe67eae92460
- Governance and Accountability Institute, Inc. (2019). 2020 S&P 500 Flash Report: 90% of S&P 500 Index® Companies Publish Sustainability / Responsibility Reports in 2019. Governance and Accountability Institute. Retrieved September 11, 2020, from https://www.ga-institute.com/research-reports/flash-reports/2020-sp-500-flash-report.html

파급효과

Principles for Responsible Investment. (2021). PRI Update Q1 2021. Principles for Responsible Investment. Retrieved June 14, 2021, from https://www.unpri.org/download?ac=12423&adredir=1
- U.S. Energy Information Administration. (2019, October 2). EIA Projects That Renewables Will Provide Nearly Half of World Electricity by 2050. United States Energy Information Administration. Retrieved September 11, 2020, from https://www.eia.gov/todayinenergy/detail.php?id=41533#:~:text=EIA%20projects%20that%20renewables%20will%20provide%20nearly%20half%20of%20world%20electricity%20by%202050,-Source%3A%20U.S.%20Energy&text=In%202018%2C%2028%25%20of%20global,%2C%20wind%2C%20and%20solar%20technologies.

SIGNAL 22

폭발하는 쇼핑

시작

- Hamel, K. and Kharas, H. (2018) A Global Tipping Point: Half the World Is Now Middle Class or Wealthier. Brookings. Retrieved August 10, 2021, from https://www.brookings.edu/blog/future-development/2018/09/27/a-global-tipping-point-half-the-world-is-now-middle-class-or-wealthier/
- European Commission. (n.d.). Knowledge for Policy: Growing Consumption. European Commission. Retrieved September 10, 2020, from https://ec.europa.eu/knowledge4policy/growing-consumerism_en
- Accenture Interactive. (2018). Pulse Check 2018. Accenture. Retrieved September 10, 2020, from https://www.accenture.com/_acnmedia/PDF-77/Accenture-Pulse-Survey.pdf
- Nolan, M. via Accenture Newsroom. (2020, June 16). A LICENSE FOR GROWTH Customer-Centric Supply Chains. Accenture. Retrieved September 10, 2020, from https://www.accenture.com/_acnmedia/PDF-127/Accenture-Customer-Centric-Supply-Chains-License-Growth.pdf
- Market Research Future. (2020, September). Global Omnichannel Retail Commerce Platform Market Research Report. Market Research Future. Retrieved September 10, 2020, from https://www.marketresearchfuture.com/reports/omnichannel-retail-commerce-platform-market-6956

시그널

- CBInsights. (2020). State of Retail Tech: Ahead In 2020. CBInsights. Retrieved September 11, 2020, from https://www.cbinsights.com/reports/CB-Insights_Retail-Trends-2020.pdf
- Hadwick, A. via Eye For Transport. (2019). Dynamic Disruption Distribution: 2019 State of Retail Supply Chain Report. Eye for Transport. Retrieved September 11, 2020, from https://www.eft.com/publications?qt-reports_page=2#qt-reports_page
- Scriven, R. (2020). Warehouse Automation Market Off to a Strong Start in 2020. Interact Analysis. Retrieved September 12, 2020, from https://www.interactanalysis.com/warehouse-automation-market-off-to-a-strong-start-in-2020/

판독하기

- Ali, F. (2021, April 16). Amazon Prime Reaches 200 Million Members Worldwide. Digital Commerce 360. Retrieved June 15, 2021: https://www.digitalcommerce360.com/article/amazon-prime-membership/
- The E-Commerce Observer via Rakuten Intelligence. (2019, May 6). Rakuten Intelligence. Retrieved September 11, 2020, from https://www.rakutenintelligence.com/observer/marriott-tries-home-sharing-amazon-ups-the-ante-on-shipping-speeds
- Smith. S. (2017, October 10). Smart Store Technologies to Generate over $78 Billion in Annual Transaction Revenue by 2022. Juniper Research via Business Wire. https://www.businesswire.com/news/home/20171010005945/en/Juniper-Research-Smart-Store-Technologies-Generate-78
- Bridges, T. et al. via Capgemini Research Institute. (2020). Smart Stores: Rebooting the Retail Store through in-Store Automation. Capgemini. Retrieved September 10, 2020, from https://www.capgemini.com/wp-content/uploads/2020/01/Report-%E2%80%93-Smart-Stores-1.pdf
- PYMNTS. (2020, February) The Future of Unattended Retail. PYMNTS.com and USA Technologies. https://www.pymnts.com/wp-content/uploads/2020/02/The-Future-Of-Unattended-Retail-Report_February-2020.pdf
- Cook, A. V. et al. via Deloitte Insights. (2020, January 10). Augmented Shopping: The Quiet Revolution. Deloitte & Touche LLP. Retrieved September 11, 2020, from https://www2.deloitte.com/us/en/insights/topics/emerging-technologies/augmented-shopping-3d-technology-retail.html

파급효과

- McKinsey & Company. (2020, January). Future of Retail Operations: Winning in a Digital Era. McKinsey & Company. Retrieved September 11, 2020, from https://www.mckinsey.com/~/media/McKinsey/Industries/Retail/Our%20Insights/Future%20of%20retail%20operations%20Winning%20in%20a%20digital%20era/McK_Retail-Ops-2020_FullIssue-RGB-hyperlinks-011620.pdf
- Wellener, P. et al. via Deloitte Insights. (2018, August 23). Distinctive Traits of Digital Frontrunners in Manufacturing: Embracing the Fourth Industrial Revolution. Deloitte & Touche LLP. Retrieved September 11, 2020, from https://www2.deloitte.com/us/en/insights/focus/industry-4-0/digital-leaders-in-manufacturing-fourth-industrial-revolution.html
- U.S. Bureau of Labor Statistics. (2020). Employment Projections Data: Employment by Detailed Occupation. U.S. Bureau of Labor Statistics. Retrieved September 11, 2020, from https://www.bls.gov/emp/tables/emp-by-detailed-occupation.htm
- Frey, C. B. and Osborne, M. (2013). The Future of Employment: How Susceptible Are Jobs to Computerization? Oxford Martin School & University of Oxford. Retrieved June 15, 2021, from https://www.oxfordmartin.ox.ac.uk/publications/the-future-of-employment/

SIGNAL 23
대체육의 시대

시작
- Ritchie, H. via Our World in Data. (2020, February 04). Less Meat is Nearly Always Better Than Sustainable Meat, to Reduce Your Carbon Footprint. Our World in Data. Retrieved September 11, 2020, from https://ourworldindata.org/less-meat-or-sustainable-meat
- BBC News. (2019, May 2). Beyond Meat: Shares in Vegan Burger Company Sizzle 160%. BBC. Retrieved September 11, 2020, from https://www.bbc.com/news/business-48141428
- United Nations - Department of Economic and Social Affairs. (2019, June 17). World Population Prospects 2019: Highlights. United Nations. Retrieved September 11, 2020, from https://www.un.org/development/desa/publications/world-population-prospects-2019-highlights.html
- Allen, M. et al. (2018, September 8). The Dirt on Clean Eating: A Cross Sectional Analysis of Dietary Intake, Restrained Eating and Opinions about Clean Eating among Women. *Nutrients*, 10(9), 1266. Retrieved September 11, 2020, from https://www.mdpi.com/2072-6643/10/9/1266

시그널
- Gerhardt, C. et al. via Kearney. (2020). When Consumers Go Vegan, How Much Meat Will Be Left on the Table for Agribusiness? Kearney. Retrieved September 11, 2020, from https://www.kearney.com/consumer-retail/article?/a/when-consumers-go-vegan-how-much-meat-will-be-left-on-the-table-for-agribusiness
- The Good Food Institute. (2020). Plant-based Market Overview. The Good Food Institute. Retrieved September 11, 2020, from https://www.gfi.org/marketresearch
- Bashi, Z. et al. for McKinsey & Company. (2019, August 16). Alternative Proteins: The Race for Market Share Is On. Google Trends. McKinsey & Company. Retrieved September 11, 2020, from https://www.mckinsey.com/industries/agriculture/our-insights/alternative-proteins-the-race-for-market-share-is-on

판독하기
- Springmann, M. et al. (2019, November 12). Multiple Health and Environmental Impacts of Foods. *PNAS*, 116(46) 23357-23362. Retrieved September 11, 2020, from https://www.pnas.org/content/116/46/23357
- UN FAO, 2020, via Our World in Data. (2020). Number of Animals Slaughtered for Meat, World, 1961 to 2018 [chart]. Our World in Data. Retrieved September 12, 2020, from https://ourworldindata.org/grapher/animals-slaughtered-for-meat
- Merrill, D. et al. (2018, July 31). Here's How America Uses Its Land. Bloomberg. https://www.bloomberg.com/graphics/2018-us-land-use/

파급효과
- CBInsights via Monigroup. (2019). Our Meatless Future: How The $90B Global Meat Market Gets Disrupted. Monigroup. Retrieved September 11, 2020, from https://www.monigroup.com/article/our-meatless-future-how-90b-global-meat-market-gets-disrupted
- Markets and Markets. (2020, June 26). Dairy Alternatives Market Worth $36.7 billion by 2025. Markets and Markets. Retrieved September 11, 2020, from https://www.marketsandmarkets.com/PressReleases/dairy-alternative-plant-milk-beverages.asp
- Bashi, Z. et al. via McKinsey & Company. (2019, August 16). Alternative Proteins: The Race for Market Share Is On. McKinsey & Company. Retrieved September 11, 2020, from https://www.mckinsey.com/industries/agriculture/our-insights/alternative-proteins-the-race-for-market-share-is-on
- Gerhardt, C. et al. via Kearney. (2020). When Consumers Go Vegan, How Much Meat Will Be Left on the Table for Agribusiness? Kearney. Retrieved September 11, 2020, from kearney.com/consumer-retail/article?/a/when-consumers-go-vegan-how-much-meat-will-be-left-on-the-table-for-agribusiness-

SIGNAL 24
디지털 헬스케어

시작
- United Nations. (2019). Global Issues: Ageing. United Nations. Retrieved September 11, 2020, from https://www.un.org/en/sections/issues-depth/ageing
- Roser, M. et al. via Our World in Data. (2015). Internet. Our World in Data. Retrieved September 11, 2020, from https://ourworldindata.org/internet
- Jones, G. L. et al. via McKinsey & Company. (2019, June 20). Promoting an Overdue Digital Transformation in Healthcare. McKinsey & Company. Retrieved September 11, 2020, from https://www.mckinsey.com/industries/healthcare-systems-and-services/our-insights/promoting-an-overdue-digital-transformation-in-healthcare
- Plant Based Foods Association (PBFA). (2019, June 12). U.S. Plant-Based Retail Market Worth $4.5 Billion, Growing at 5X Total Food Sales. Plant Based Foods Association. Retrieved September 11, 2020, from https://plantbasedfoods.org/2019-data-plant-based-market/

시그널
- Rock Health and Stanford Center for Digital Health. (2019). Digital Health Consumer Adoption Report 2019. Rock Health. Retrieved September 11, 2020, from https://rockhealth.com/reports/digital-health-consumer-adoption-report-2019/
- Cordina, J. et al. via McKinsey & Company. (2019, April). Healthcare Consumerism Today: Accelerating the Consumer Experience. McKinsey & Company. Retrieved September 11, 2020, from https://www.mckinsey.com/~/media/McKinsey/Industries/Healthcare%20Systems%20and%20Services/Our%20Insights Healthcare%20consumerism%20today%20Accelerating%20the%20consumer%20experience/Healthcare-consumerism-today-Accelerating-the-consumer-experience.pdf
- Accenture - Health. (2019, February 12). Today's Consumers Reveal the Future of Healthcare. Accenture. Retrieved September 11, 2020, from https://www.accenture.com/us-en/insights/health/todays-consumers-reveal-future-healthcare
- Ciampa, D. via Deloitte Perspectives. (2018, December 19). The Fight for Device Relevance: Could the Practicality of Wearables Be a Boon for Future Sales? Deloitte & Touche LLP. Retrieved September 11, 2020, from https://www2.deloitte.com/us/en/pages/technology-media-and-telecommunications/articles/wearable-device-usage-versus-penetration.html

판독하기

- VMware via YouTube. (2017, July 5). Connected Healthcare: Improving Health and Saving lives. VMware via YouTube.com. Retrieved September 11, 2020, from https://www.youtube.com/watch?v=6SrkIL6x-DA&ab_channel=VMware
- Remes, J. et al. (2020, July 8). Prioritizing Health: A Prescription for Prosperity. McKinsey. Retrieved February 14, 2020. https://www.mckinsey.com/industries/health-care-systems-and-services/our-insights/prioritizing-health-a-prescription-for-prosperity#
- Drobac et al. (2014, June 20). Connected Care Is Key to Accountable Care: The Case for Supporting Telehealth in ACOs. AJMC. Retrieved September 12, 2020, from https://www.ajmc.com/view/connected-care-is-key-to-accountable-care-the-case-for-supporting-telehealth-in-acos
- Fera, B. et al. via Deloitte Insights. (2020, April 30). The Future of Virtual Health: Executives See Industrywide Investments on the Horizon. Deloitte & Touche LLP. Retrieved September 11, 2020, from https://www2.deloitte.com/us/en/insights/industry/health-care/future-of-virtual-health.html
- Iqvia Institute. (2017, November). The Growing Value of Digital Health: Evidence and Impact on Human Health and the Healthcare System. Iqvia Institute. Retrieved September 11, 2020, from https://www.iqvia.com/-/media/iqvia/pdfs/institute-reports/the-growing-value-of-digital-health.pdf?&_=1599844314147
- CBInsights. (2019, September 13). Where Tech Giants Are Betting on Digital Health. CBInsights. Retrieved September 11, 2020, from https://www.cbinsights.com/research/tech-giants-digital-healthcare-investments/

파급효과

- Global Wellness Institute. (2018, October). Global Wellness Economy Monitor. Global Wellness Institute. Retrieved September 11, 2020, from https://globalwellnessinstitute.org/wp-content/uploads/2019/04/GWIWellnessEconomyMonitor2018_042019.pdf
- Goldman Sachs via Seeking Alpha. (2015, December 3). Goldman Sachs Predicts Digital Healthcare Will Revolutionize the Industry. Seeking Alpha. Retrieved September 11, 2020, from https://seekingalpha.com/instablog/1240561-ray-dirks/4602236-goldman-sachs-predicts-digital-healthcare-will-revolutionize-industry
- Micca, P. et al. for Deloitte Insights. (2020, March 12). Health Tech Investment Trends: How Are Investors Positioning for the Future of Health? Rock Health. Deloitte & Touche LLP. Retrieved September 11, 2020, from https://www2.deloitte.com/us/en/insights/industry/health-care/health-tech-investment-trends.html
- Global Web Index. (2020). Digital Healthcare: Understanding the Evolution and Digitization of Healthcare. Global Web Index. Retrieved September 11, 2020, from https://www.globalwebindex.com/hubfs/Downloads/Digital%20Healthcare%20Report.pdf

세계의 변화

SIGNAL 25
양극단의 세계

- World Bank. (2019). GNI per capita, PPP (current international $) - China. Retrieved September 7, 2020, from https://data.worldbank.org/indicator/NY.GNP.PCAP.PP.CD?locations=CN
- FRED - Federal Reserve Bank of St. Louis. (2020, September 1). Federal Debt: Total Public Debt. Retrieved September 8, 2020, from https://fred.stlouisfed.org/series/GFDEBTN
- Bush, R. C. and Rigger, S. (2019, January 16). The Taiwan Issue and the Normalization of US-China Relations. The Brookings Institution. Retrieved September 8, 2020, from https://www.brookings.edu/research/the-taiwan-issue-and-the-normalization-of-us-china-relations/

시그널
- Morrison, W. M. (2019, June 25). China's Economic Rise: History, Trends, Challenges, and Implications for the United States. Congressional Research Service. Retrieved September 7, 2020, from https://fas.org/sgp/crs/row/RL33534.pdf
- Leng, A. and Rajah, R. (2019, December 18). Chart of the Week: Global Trade through a US-China Lens. Lowy Institute. Retrieved September 8, 2020, from https://www.lowyinstitute.org/the-interpreter/chart-week-global-trade-through-us-china-lens
- CEIC. (2020, July 10) China: Cross-border RMB Settlement: Accumulation: Trade: Economic Indicators. Retrieved September 8, 2020, from https://www.ceicdata.com/en/china/crossborder-rmb-settlement/crossborder-rmb-settlement-accumulation-trade

판독하기
- Ding, Y. and Xiao, A. (2020, June 15). China's Belt and Road Initiative in a Post-Pandemic World. Invesco Limited. Retrieved September 8, 2020, from https://www.invesco.com/invest-china/en/institutional/insights/chinas-belt-and-road-initiative-in-a-post-pandemic-world.html
- Steil, B. and Della Rocca, B. (2019, May 8). Belt and Road Tracker. Greenberg Center for Geoeconomic Studies. Retrieved September 8, 2020, from https://www.cfr.org/article/belt-and-road-tracker
- Dreher, A. et al. (2017, September 15). Aid, China, and Growth: Evidence from a New Global Development Finance Dataset. College of William & Mary. Retrieved September 7, 2020, from https://wmpeople.wm.edu/asset/index/mjtier/aidchinaandgrowth

파급효과
- Nor, T. M. and Mora, C. T. (2018, January 24). Reserve Currency Blocs: A Changing International Monetary System? International Monetary Fund. Retrieved September 8, 2020, from https://www.imf.org/en/Publications/WP/Issues/2018/01/25/Reserve-Currency-Blocs-A-Changing-International-Monetary-System-45586
- Gourinchas, P. (2019, May 16). The Dollar Hegemon? Evidence and Implications for Policy Makers. Paris School of Economics. Retrieved September 7, 2020, from https://www.parisschoolofeconomics.eu/IMG/pdf/chaire-bdf-sept-2019-speaker-gourinchas.pdf
- Carney, M. (2019, August 23). The Growing Challenges for Monetary Policy in the Current International Monetary and Financial System. Bank of England. Retrieved September 7, 2020, from https://www.bankofengland.co.uk/-/media/boe/files/speech/2019/the-growing-challenges-for-monetary-policy-speech-by-mark-carney.pdf
- SWIFT. (2020). RMB Tracker. Retrieved September 12, 2020, from https://www.swift.com/our-solutions/compliance-and-shared-services/business-intelligence/renminbi/rmb-tracker/rmb-tracker-document-centre

SIGNAL 26
리얼 글로벌 시대

시작

- UNCTAD. (January 2020a). Global Investment Trends Monitor No. 33. United Nations. Retrieved September 11, 2020, from https://unctad.org/en/PublicationsLibrary/diaeiainf2020d1_en.pdf

- UNCTAD. (2020b). World Investment Report 2020: International Production beyond the Pandemic. United Nations. Retrieved September 11, 2020, from https://unctad.org/en/PublicationsLibrary/wir2020_en.pdf
- Lund, S. et al. via McKinsey Global Institute. (2019, January 16). Globalization in Transition: The Future of Trade and Value Chains. McKinsey & Company. Retrieved September 11, 2020, from https://www.mckinsey.com/featured-insights/innovation-and-growth/globalization-in-transition-the-future-of-trade-and-value-chains

시그널
- Kuznetsov, A. (2019). Disintegration of the World Trade System: Reasons and Consequences. *Finance: Theory and Practice*, 23, 50–61. 10.26794/2587-5671-2019-23-5-50-61.
- Evenett, S. J. and Fritz, J. (2021, June 2). Advancing Sustainable Development with FDI: Why Policy Must Be Reset. Global Trade Alert. Retrieved August 10, 2021, from https://www.globaltradealert.org/reports/75
- Credit Suisse. (2020). Untangling the Trade War. Credit Suisse. Retrieved September 12, 2020, from https://www.credit-suisse.com/microsites/private-banking/investment-outlook/en/global-economy/trade-war.html
- Evenett, S. J. and Fritz, J.. (2020, January 23). How Has Global Trade Policy Shifted Over the Past 3 years? Brookings Institute. Retrieved September 12, 2020, from https://www.brookings.edu/blog/future-development/2020/01/23/how-has-global-trade-policy-shifted-over-the-past-3-years/

판독하기
- Fitch Solutions. (2016, October 29). Three Scenarios for Globalisation: 2017–2030. Fitch Solutions. Retrieved September 12, 2020, from https://www.fitchsolutions.com/country-risk-sovereigns/economics/three-scenarios-globalisation-2017-2030-29-10-2016
- Altman, S. A. (2020, May 20). Will Covid-19 Have a Lasting Impact on Globalization? *Harvard Business Review*. Retrieved September 12, 2020, from https://hbr.org/2020/05/will-covid-19-have-a-lasting-impact-on-globalization
- World Trade Organization. (2019, October 1). WTO Lowers Trade Forecast as Tensions Unsettle Global Economy. World Trade Organization. Retrieved September 11, 2020, from https://www.wto.org/english/news_e/pres19_e/pr840_e.htm
- Baldwin, R. E. and Evenett, S. J. (2020, April 29). COVID-19 and Trade Policy: Why Turning Inward Won't Work. VoxEU.org. Retrieved September 12, 2020, from https://voxeu.org/content/covid-19-and-trade-policy-why-turning-inward-won-t-work
- Lund, S. et al. (2019, January 16). Globalization in Transition: The Future of Trade and Value Chains. McKinsey & Company. Retrieved September 12, 2020, from https://www.mckinsey.com/featured-insights/innovation-and-growth/globalization-in-transition-the-future-of-trade-and-value-chains

파급효과
- Altman, S. A. and Bastian, P. (2020). DHL Global Connectedness Index. DHL. Retrieved June 1, 2021, from https://www.dhl.com/content/dam/dhl/global/dhl-spotlight/documents/pdf/spotlight-g04-global-connectedness-index-2020.pdf
- Lund, S. et al. (2019, January 16). Globalization in Transition: The Future of Trade and Value Chains. McKinsey & Company.

SIGNAL 27
인터넷 통제

시작
- Cornell Law School. (2020). U.S. Constitution Communications Decency Act, 47 U.S.C. §230. Cornell Law School: Legal Information Institute. Retrieved September 11, 2020, from https://www.law.cornell.edu/uscode/text/47/230
- Schultz, C. (2013, August 28). See How Fast ARPANET Spread in Just Eight Years. *Smithsonian Magazine*. Retrieved September 9, 2020, from https://www.smithsonianmag.com/smart-news/see-how-fast-arpanet-spread-in-just-eight-years-2341268/
- Reuters, via *LA Times*. (1988, December 13). IN BRIEF: New Transatlantic Cable Ready. *LA Times*. Retrieved September 9, 2020, from https://www.latimes.com/archives/la-xpm-1988-12-13-mn-382-story.html

시그널
- Freedom House. (2019, November). Freedom on the Internet: The Crisis of Social Media. Freedom House. Retrieved September 9, 2020, from https://freedomhouse.org/sites/default/files/2019-11/11042019_Report_FH_FOTN_2019_final_Public_Download.pdf
- Taye, B. (2020, February). Targeted, Cut Off, and Left in the Dark. Access Now. Retrieved September 9, 2020, from https://www.accessnow.org/cms/assets/uploads/2020/02/KeepItOn-2019-report-1.pdf
- Haynes, S. (2019, March 28). This African Country Has Had a Yearlong Ban on Social Media. Here's What's behind the Blackout. *Time*. Retrieved September 9, 2020, from https://time.com/5559491/chad-social-media-internet-ban-censorship/

판독하기
- Taye, B. (2020, February). Targeted, Cut Off, and Left in the Dark. Access Now.
- Tidy, J. and Dale, B. (2020, February 25). What Happens When the Internet Vanishes? BBC. Retrieved September 9, 2020, from https://www.bbc.com/news/technology-51620158
- Volodzko, D. (2019, February 25). Is South Korea Sliding toward Digital Dictatorship? *Forbes*. Retrieved September 9, 2020, from https://www.bbc.com/news/technology-51620158
- AfricaNews. (2019, August 1). Ethiopia Will Cut Internet as and When, 'It's Neither Water Nor Air' - PM Abiy. *AfricaNews*. Retrieved September 9, 2020, from https://www.africanews.com/2019/08/02/ethiopia-will-cut-internet-asand-when-it-s-neither-water-nor-air-pm-abiy/

- Huang, Z. (2019, April 18). 8 Ways China Controls the Internet. Inkstone News. Retrieved September 9, 2020, from https://www.inkstonenews.com/tech /what-china-can-teach-world-about-controlling-internet/article/3006687
- Freedom House. (2020). Freedom on the Internet: The Pandemic's Digital Shadow. Freedom House. Retrieved June 11, 2021, from https://freedomhouse.org/sites /default/files/2020-10/10122020_FOTN2020_Complete_Report_FINAL.pdf

파급효과
Tech Native. (2019, May 29). Winners and Losers in the Age of the 'Splinternet'. Tech Native. Retrieved September 9, 2020, from https://www.technative.io /winners-and-losers-in-the-age-of-the-splinternet/
- OECD. (2020). Digital Services Trade Restrictiveness Index [online dataset]. OECD. Retrieved September 9, 2020, from https://stats.oecd.org /Index.aspx?DataSetCode=STRI_DIGITAL

2030 마켓 트렌드

5년 후 부의 미래를 바꿀 27가지 시그널

초판 1쇄 인쇄 2022년 3월 15일
초판 1쇄 발행 2022년 3월 30일

지은이   제프 데자댕
옮긴이   박유안
감수자   이상우

발행인   장지웅
편집   선우지운
마케팅   이상혁
진행   이승희
표지디자인   여름과 가을
본문디자인   박은진

펴낸곳   여의도책방
인쇄   (주)예인미술
출판등록   2018년 10월 23일(제2018-000139호)
주소   서울시 영등포구 여의나루로 60 여의도포스트타워 13층
전화   02-6952-2431
팩스   02-6952-4213
이메일   esangbook@lsinvest.co.kr

ISBN 979-11-91904-13-0 (03320)